SCHÖLZEL-KLAMP / KÖHLER-SARETZKI
DAS BLINDE AUGE DES STAATES

DAS BLINDE AUGE DES STAATES
Die Heimkampagne von 1969 und die Forderungen der ehemaligen Heimkinder

von
Marita Schölzel-Klamp und
Thomas Köhler-Saretzki

VERLAG
JULIUS KLINKHARDT
BAD HEILBRUNN • 2010

Bibliografische Information der Deutschen Nationalbibliothek
Die Deutsche Nationalbibliothek verzeichnet diese Publikation in der Deutschen
Nationalbibliografie; detaillierte bibliografische Daten sind im Internet abrufbar über
http://dnb.d-nb.de.

2010.3.h. © by Julius Klinkhardt.
Das Werk ist einschließlich aller seiner Teile urheberrechtlich geschützt.
Jede Verwertung außerhalb der engen Grenzen des Urheberrechtsgesetzes ist ohne
Zustimmung des Verlages unzulässig und strafbar. Das gilt insbesondere für Vervielfältigungen,
Übersetzungen, Mikroverfilmungen und die Einspeicherung und Verarbeitung in elektronischen
Systemen.

Druck und Bindung: AZ Druck und Datentechnik.
Printed in Germany 2010.
Gedruckt auf chlorfrei gebleichtem alterungsbeständigem Papier.

ISBN 978-3-7815-1710-3

Inhalt

Vorwort 7

1. Einleitung 9

2. Die Folgen des Zweiten Weltkrieges 13

3. Innenpolitische Rahmenbedingungen und Zeitgeist
   der 50er und 60er Jahre 16

   Westintegration 16

   Der Weg in die Privatheit 17

   Verhinderung der Entnazifizierung 18

   Fehlende Entnazifizierung auch in den Heimen 25

   Exkurs: Verwahrlosung 39

   Vom Ende der Ära Adenauer bis zur Großen Koalition 43

   *1968: noch eine Bestimmung
   die verhinderte Entnazifizierung betreffend* 46

   Ein neuer Geist entsteht 49

   „Ein Stück Machtwechsel" 54

4. Die Heimkampagne 57

   Die Initiierung der Heimkampagne 57

   Die Staffelberg-Kampagne 60

   *Das juristische Gutachten „Jugendfürsorge und Grundgesetz"
   vom 8. Juli 1969* 67

   *Das pädagogische Gutachten „Stellungnahme zur Frage der
   Unterbringung von Jugendlichen aus der FE und FEH (Staffelberg)"
   vom 23. Juli 1969* 71

   Verhandlungen, Kompromiss, Rückzug 72

   Ergebnis 81

   Die Ausdehnung der Heimkampagne in Hessen 85

   Berlin 89

   Köln 92

   Die Wirkung der Heimkampagne 99

5. **Was 1971 bereits möglich war: das Beispiel Viersen-Süchteln** 101
   Rahmenbedingungen 103
   Konzeptionelle Veränderungen 104
   Freizeitangebot und Projekte 107
   Transparenz und wissenschaftliches Interesse 108
   Zusammenfassung 109

6. **Die aktuelle Situation in der Kinder- und Jugendhilfe** 113
   Professionalisierung des Personals 115
   Differenzierung und Regionalisierung 116
   Ökonomisierung und Qualitätsentwicklung 118
   Vernetzung und interdisziplinäres Arbeiten 120
   Einführung des Kinder- und Jugendhilfegesetzes 120
   Zusammenfassung 122

7. **Fazit: Die Heimkampagne und die Wahrnehmung gesellschaftlicher Verantwortung** 124
   Zur Bedeutung der Heimkampagne 124
   Vom Umgang mit der Wahrheit 125
   Die Heimkampagne und die Aktualität des Themas 131
   Die Kirchen und die Heimerziehung in den 50er und 60er Jahren 133
   Die Reaktion der katholischen Kirche 135
   Die Reaktion der evangelischen Kirche 141
   Die Reaktion des Bundesdachverbandes für Erziehungshilfe e.V. 146
   Die Frage der Schuld 148

8. **Literatur** 155

Wenn man die Wahrheit über schlimme Zustände schreiben will, muss man sie so schreiben, dass ihre vermeidbaren Ursachen erkannt werden können. Wenn die vermeidbaren Ursachen erkannt werden, können die schlimmen Zustände bekämpft werden.
Bertolt Brecht

Vorwort

Die Idee zu diesem Buch entstand, nachdem der Deutsche Bundestag auf Empfehlung des Petitionsausschusses die Einrichtung des Runden Tisches „Heimerziehung in den 50er und 60er Jahren" beschlossen hatte. Der Runde Tisch konstituierte sich am 17. Februar 2009 unter dem Vorsitz der ehemaligen Bundestagsvizepräsidentin Dr. Antje Vollmer. In zweimonatigen Abständen tritt er in Berlin zu seinen nichtöffentlichen Sitzungen zusammen. Beteiligte sind Betroffene, Heimträger, Wissenschaftler, Vertreter des Bundes und der Länder sowie Vertreter der Kirchen. Für Januar 2010 wurde ein Zwischenbericht geplant, für Dezember 2010 ist der Abschlussbericht vorgesehen. Nachdem der Hinweis der Familienministerin Ursula von der Leyen, eine Entschädigung der betroffenen ehemaligen Heimkinder werde nicht angestrebt, Empörung ausgelöst hat, tagt der Ausschuss nun mit der Vorgabe einer ergebnisoffenen Prüfung. Die Debatte um die Heimerziehung der 50er, 60er und auch noch 70er Jahre beschäftigt die Öffentlichkeit seit einigen Jahren wieder. Nachdem die ehemaligen Heimkinder an den Petitionsausschuss mit ihren Forderungen nach Anerkennung ihres in den Heimen erlittenen Unrechts, nach Entschuldigung und Wiedergutmachung herangetreten waren, hatte sich der Petitionsausschuss über eine Zeitspanne von drei Jahren mit der Thematik befasst. Schließlich sprach er sein Bedauern für das erlittene Unrecht und Leid, das Kindern und Jugendlichen in der untersuchten Zeit in den Heimen widerfahren ist, aus. Er war zu dem Ergebnis gekommen, dass die Aufarbeitung der damaligen Heimerziehungspraxis durch ein parlamentarisches Verfahren alleine nicht geleistet werden kann, und empfahl dem Deutschen Bundestag die Einrichtung des Runden Tisches. Eine derartige Einrichtung hat es im Bundestag zuvor noch nicht gegeben.
Ausgelöst wurde die Situation durch Peter Wensierskis dankenswerte Recherchen zur Heimerziehung in den 50er und 60er Jahren, deren Ergebnisse er 2003 in einem Artikel in der Zeitschrift *DER SPIEGEL* veröffentlichte. Wensierskis Artikel hat eine Flut von Leserbriefen und Zuschriften ausgelöst,

die von ähnlichen Schicksalen in vor allem westdeutschen Heimen und Fürsorgeanstalten bis weit in die 70er Jahre hinein berichten. Im Oktober 2004 ist der Verein ehemaliger Heimkinder gegründet worden. Wensierski recherchierte weiter und ließ seinem Artikel die Veröffentlichung seiner Dokumentation *Schläge im Namen des Herrn* als Buch im Frühjahr 2006 folgen. Die Resonanz war enorm. Noch im April desselben Jahres beschloss die Verbandsversammlung des Landeswohlfahrtsverbandes Hessen einstimmig eine Resolution, in der sie ihr tiefes Bedauern über die damaligen Verhältnisse in den Heimen aussprach und sich bei den ehemaligen Bewohnerinnen und Bewohnern, die körperliche und psychische Demütigungen und Verletzungen erlitten haben, entschuldigte. Im Juni 2006 veranstaltete der Landeswohlfahrtsverband Hessen gemeinsam mit der Internationalen Gesellschaft für Heimerziehung (IgfH), dem *SPIEGEL*-Buchverlag und dem Verein ehemaliger Heimkinder in Idstein eine Fachtagung unter der Vorgabe *Aus der Geschichte lernen – die Heimerziehung in den 50er und 60er Jahren, die Heimkampagne und die Heimreform*. Im Dezember 2006 fand vor dem Petitionsausschuss des Deutschen Bundestages eine erste Anhörung ehemaliger Heimkinder statt. Eine zweite Anhörung erfolgte im Mai 2007. Auch Landschaftsverbände und einzelne Vertreter kirchlicher Einrichtungen reagierten – zunächst eher zögerlich – auf die Anschuldigungen und entschuldigten sich für das Leid, das Kindern und Jugendlichen in von ihnen geführten Heimen widerfahren war. Innerhalb der evangelischen Kirche erfolgte die Anerkennung des Sachverhaltes auch auf höchster Ebene. Bischof Wolfgang Huber, Ratsvorsitzender der Evangelischen Kirche in Deutschland, stellte fest, dass die Kirche sich nicht vor den Anklagen der ehemaligen Heimkinder verschließen dürfe, denn wenn das Unrecht nicht beim Namen genannt werde, werde die Würde der betroffenen Menschen heute genauso verletzt wie damals. Es herrscht ein allgemeiner Konsens darüber, Betroffenheit und Anteilnahme auszudrücken und eine offene Auseinandersetzung mit dem Thema zu fordern.
1969 hat es in der Bundesrepublik schon einmal eine Situation gegeben, in der die Öffentlichkeit sich über die Verhältnisse in westdeutschen Heimen empörte. Die Heimkampagne hatte im Rahmen der Studentenrevolte die skandalösen Zustände in der Heimerziehung für eine breite Öffentlichkeit aufgedeckt. Es soll der Frage nachgegangen werden, welches die Gründe dafür sind, dass die Heimerziehung in den 50er, 60er und 70er Jahren wieder zu einem öffentlichen Thema geworden ist.

1. Einleitung

In dieser Untersuchung geht es um die Heimkampagne 1969 – und so zwangsläufig auch um ein Kapitel in der Geschichte der Bundesrepublik, das lange Zeit kaum beachtet wurde: die Heimerziehung in den ersten drei Jahrzehnten nach ihrer Gründung. Die Heimkampagne hatte die skandalösen Verhältnisse in den Heimen für eine breite Öffentlichkeit aufgedeckt und war damit zur Initialzündung für grundlegende Veränderungen in der Fürsorgeerziehung geworden. Heute gerät die Heimerziehung in den Anfangsjahrzehnten der Bundesrepublik wieder in den Fokus öffentlicher Aufmerksamkeit, denn das, was die Heimkampagne ans Tageslicht befördert hatte, war nur die Spitze eines Eisberges. Die Verhältnisse in deutschen Heimen waren noch viel katastrophaler, als es zur Zeit der Studentenbewegung deutlich geworden war. Außerdem waren jene Kinder und Jugendlichen, die bereits über zwei Jahrzehnte Unrecht, Demütigung und Gewalt erlitten hatten, von den Reformern vergessen worden. Jetzt geht es darum, dass die ehemaligen Heimkinder endlich die Möglichkeit erlangen, als das gesehen zu werden, was sie sind: als Menschen, die in ihrer Kindheit und Jugend die im Grundgesetz festgeschriebenen Grundrechte nicht für sich in Anspruch nehmen konnten. Die Garantie in Artikel 1 des Grundgesetzes *Die Würde des Menschen ist unantastbar* und die vorgeschriebene Verpflichtung aller staatlichen Gewalt, die Würde des Menschen zu achten und zu schützen, galten nicht für sie. So hatten auch eine Reihe der sich aus Artikel 1 des Grundgesetzes ableitenden Grundrechte für die Heimkinder in dieser Zeit keine Geltung. Sie konnten weder das Recht auf freie Entfaltung ihrer Persönlichkeit für sich in Anspruch nehmen, noch hatte ihre Behandlung dem Gleichheitsprinzip entsprochen, das neben anderem besagt, dass niemand wegen seiner Herkunft benachteiligt werden darf. Freie Meinungsäußerung war ihnen nicht erlaubt worden, Briefe waren geöffnet, zensiert, sogar vorenthalten worden. Freizügigkeit hatte sich häufig auf das Territorium der Heime beschränkt. In den Heimen gab es – oft fensterlose – kleine Zellen, die teilweise weder über ein Bett noch einen Tisch oder einen Stuhl verfügten und keine Toilette besaßen. In diese „Karzer" oder „Besinnungsräume" wurden Kinder und Jugendliche für „Vergehen" – wie zum Beispiel nächtliches Einnässen – eingesperrt. Zu diesen verfassungswidrigen Praktiken kamen häufig körperliche Gewalt und Ausbeutung durch Zwangsarbeit hinzu, die für die Betroffenen zum Teil lebenslange Einschränkungen nach sich zogen. Es herrschten, in manchen Heimen Zustände, wie man sie aus der damals noch sehr nahen Zeit der nationalsozialistischen Diktatur kannte.Was die Erziehung in Heimen in der Bundesrepublik bis 1969 und auch noch bis weit in die 70er Jahre hinein für die Entwicklung der Persönlichkeit der betroffenen Kinder und Jugendlichen bedeutete, können wir heute kaum noch nachvollziehen. Wir können uns auch nicht wirklich vorstellen, wie die ausgeübte Gewalt – Demütigung, Schläge, Vereinzelung, Diskriminierung, Stigmatisierung, das Fehlen einer Intimsphäre, harte körperliche Arbeit sowie Misshandlungen bis hin zu sexuellem Missbrauch – sich auf das spätere Leben dieser Kinder und Jugendlichen ausgewirkt haben, denn letztlich bleiben Begriffe abstrakt, wenn man sie nicht mit eigener Erfahrung füllen kann. Wir wissen aber, was Traumatisierungen bewirken. Ein psychisches Trauma kann einen Menschen hilflos machen, zu einer dauerhaften Erschütterung des Selbst- und Weltverständnisses führen. Das Gefühl der Hilflosigkeit verwandelt sich häufig in das einer generellen Hoffnungslosigkeit und Depression. Dazu gehören der Verlust von Selbstvertrauen sowie der Vertrauensverlust in die soziale oder pragmatische Realität. Traumatisierungen können zu Beziehungsunfähigkeit führen und lassen eine selbstbewusste Lebensgestaltung nicht zu. Auch wenn es zum (Schutz-)Verhalten eines traumatisierten Menschen gehört, sich gegen Erinnerungen an die traumatischen Erlebnisse zu wehren, mit dem Wunsch, sich von ihnen zu befreien, gelingt dies in den meisten Fällen – auch mit Hilfe von Tabletten, Alkohol oder anderen Drogen – nicht. Die moderne Traumaforschung hat erkannt, dass Opfer in der Regel erst drei bis vier Jahrzehnte nach ihren traumatischen Erlebnissen in der Lage sind, darüber zu sprechen. Schwere Traumata arbeiten so im Untergrund weiter. Sie müssen also angegangen werden, wenn der Mensch dazu befähigt werden soll, ein halbwegs normales Leben zu führen. Und das heißt zunächst, dass sie erkannt und anerkannt werden müssen. Peter Wensierski stellt in Bezug auf die ehemaligen Heimkinder entsprechend fest, dass es den Opfern nun nach Jahrzehnten des Schweigens ein großes Bedürfnis zu sein scheint, sich endlich freizureden von jenem Gefüge der Unterdrückung. Der Preis des Schweigens seien oftmals Angst, Panikattacken, chronische Schmerzen, Tabletten- oder Alkoholabhängigkeit, Essstörungen, Aggressionen gegen andere und sich selbst bis hin zu Suizidversuchen. Bei vielen sei nicht nur das Selbstvertrauen zerstört worden, sondern auch die Fähigkeit, einem anderen Menschen zu vertrauen.[1] So ist es nicht verwunderlich, dass die betroffenen ehemaligen Heimkinder jetzt erst auf sich aufmerksam machen, jetzt erst ihre Erfahrungen öffentlich preisgeben und eine Wiedergutmachung für das ihnen zugefügte Unrecht verlangen. Sie brauchen die Öffentlichkeit, damit ihre Anliegen eine Chance haben, angemessen behandelt zu werden – denn es geht um viel Geld. Wensierski hat mit seinem Engagement maßgeblich dazu beigetragen, dass die Bundesregierung sich der Aufarbeitung dieses dunklen

---

1   Vgl. Peter Wensierski: *Das Leid der frühen Jahre*. In: DIE ZEIT vom 9.2.2006, online S. 6

Kapitels der deutschen Geschichte stellt und auch die vollziehenden Institutionen, also die Träger der Heime, allen voran die Kirchen, gezwungen sind zu reagieren.

So war es auch 1969: Die Studenten hätten nur wenig erreichen können, vor allem hätten sie keine strukturellen Änderungen des maroden Systems in den Heimen bewirken können, wenn die Öffentlichkeit über das Unrecht und die Gewalt nicht so entrüstet gewesen wäre.

Das vorliegende Buch will aufzeigen, wie es um die gesellschaftliche Situation in Deutschland nach dem Krieg und in den Anfängen der Bundesrepublik bestellt war, was also dazu beigetragen hatte, dass es in einer so jungen Demokratie zu diesen menschenverachtenden Verhältnissen in der Heimerziehung hat kommen können. Da der Zusammenhang mit der nicht abgeschlossenen nationalsozialistischen Vergangenheit Deutschlands hier eine große Rolle spielt, wird der Thematik der gescheiterten Entnazifizierung relativ viel Raum gegeben. Das Buch will des Weiteren aufzeigen, wie es überhaupt möglich wurde, dass das Unrecht und die Gewalt in den Heimen 1969 in die öffentliche Aufmerksamkeit gerieten, und wie die Akteure der Heimkampagne vorgingen, so dass Veränderungen tatsächlich durchgesetzt werden konnten, denn Kritik an der Heimerziehung hatte es vorher auch schon gegeben. Dazu ist eine Einordnung in den ökonomischen, politischen und soziokulturellen Kontext unerlässlich. Es wird dabei deutlich werden, mit welchen Methoden die angegriffenen Institutionen sich einer Veränderung entgegenstemmten und das Erlahmen der Kampagne erreichten. Außerdem soll aufgezeigt werden, was die Heimkampagne langfristig bewirkt hat und wie Kinder- und Jugendhilfe sich heute darstellt. Durch das Begreifen dieses krassen Gegensatzes – Heimerziehung bis 1969 auf der einen Seite und Kinder- und Jugendhilfe heute auf der anderen Seite – kann nicht nur die große Bedeutung der Heimkampagne für die Entwicklung in der Kinder- und Jugendhilfe realisiert werden; es kann dadurch möglicherweise auch besser erfasst werden, was vielen Kindern und Jugendlichen in deutschen Heimen bis 1969 und auch noch bis weit in die 70er Jahre in manchen Heimen sogar bis in die 80er Jahre hinein widerfahren ist.

Dieses Buch will darüber hinaus ansprechen, was die Heimkampagne nicht bewirkt hat: nämlich eine Wiedergutmachung des Erlittenen für die Opfer. Es sieht in diesem Zusammenhang seine Aufgabe darin zu verdeutlichen, dass die Aufarbeitung dessen, was geschehen ist, und eine Anerkennung und Wiedergutmachung des Geschehenen nicht nur für die betroffenen ehemaligen Heimkinder von Bedeutung, sondern für die gesamte deutsche Gesellschaft von großem Belang ist. Denn es geht um ein kollektives Erinnern und Sich-Bekennen, Entschuldigen und – wenn möglich – Wiedergutmachen. „Wenn möglich" soll hier nicht heißen, wenn finanziell möglich, sondern es soll heißen: da, wo es noch möglich ist, denn viele Geschädigte leben noch. Sie sind jetzt zwischen 50 und 70 Jahre alt. Es ist also höchste Zeit, etwas zu tun. Staat und Gesellschaft haben versäumt, eine wirksame Kontrolle über die vollziehenden Institutionen, die mit öffentlicher Erziehung betraut waren, auszuüben, und haben stillschweigend geduldet, dass Kinder und Jugendliche physische und psychische Gewalt erleiden mussten, die ihr ganzes Leben prägten und auch heute noch prägen. Eine schnelle Aufarbeitung ist nicht nur für die betroffenen ehemaligen Heimkinder wichtig, sondern auch für unsere Gesellschaft, denn Menschen, die sich schuldig fühlen, sind nicht frei und aufgrund ihres schlechten Gewissens benutzbar. Dies gilt auch für eine Gesellschaft.

Es ist natürlich auch die Frage zu stellen, was dieses Buch leisten kann. Da es einen historischen gesellschaftlichen Sachverhalt darstellt, leistet es Aufklärungsarbeit. Es zeigt aber nicht nur, was gewesen ist, sondern es führt auch vor Augen, dass Demokratie kein statischer Zustand, sondern ein lebendiger Prozess ist. Demokratie verlangt tatkräftige Bürger, die ihre freiheitliche Grundordnung ernst nehmen und sich für ihre Verwirklichung einsetzen. 1969 waren es die Studenten, die im Sozialistischen Deutschen Studentenbund (SDS) organisiert waren oder ihm nahestanden. Sie haben die Initiative ergriffen und mit Zivilcourage das angeprangert, was es anzuprangern galt. Letztlich haben sie die Heimerziehung betreffend mehr bewirkt, als sie selbst damals ahnen konnten – auch wenn sich die Dinge anders entwickelten, als sie beabsichtigten. Dieses Buch zeigt, dass es sich lohnen kann, sich aktiv um Veränderungen im demokratischen Sinne zu bemühen.

Seine Aufgabe wäre erfüllt, wenn es nicht nur gelesen würde, sondern auch zu weiteren Studien zu diesem Thema anregte. Denn es handelt sich hier um einen wenig aufgearbeiteten Bereich. Die Forschung zur Heimerziehung in der alten Bundesrepublik hat erst in den 90er Jahren eingesetzt. Obwohl sie schon Ergebnisse vorzuweisen hat, bleibt jedoch noch sehr viel Forschungsarbeit durchzuführen, die Jahre in Anspruch nehmen wird. Darauf weist auch der Petitionsausschuss des Deutschen Bundestages hin. Durch die öffentlichen Anklagen der ehemaligen Heimkinder ist es bereits zu einer intensiven Forschung bezüglich der Heimerziehung in den 50er und 60er Jahren seitens der Träger gekommen. Es liegen jetzt schon Ergebnisse vor, deren Aussagen zum Teil schockierend sind.

Dass dieses weite Aufgabenfeld sich auch auf die Kinderheime der ehemaligen DDR und die „Jugendwerkhöfe" bezieht, versteht sich von selbst. Hier ist allerdings anzumerken, dass die neuen Bundesländer sich dieser Thematik bereits seit einigen Jahren im Zusammenhang mit der Aufarbeitung der Machenschaften des Staatssicherheitsdienstes stellen und es hier auch schon zu Entschädigungsleistungen gekommen ist.

2. Die Folgen des Zweiten Weltkrieges

Ein kurzer Blick auf die Situation in Deutschland nach Kriegsende soll das Verständnis der gesellschaftlichen Verhältnisse in den 50er und 60er Jahren in der Bundesrepublik erleichtern. Das hier Dargestellte ist die Grundlage, auf der sich die deutsche Entwicklung vollzogen hat. Die Kenntnis dieser Gegebenheiten erleichtert auch die Suche nach möglichen Erklärungsansätzen dafür, warum die menschenunwürdigen Verhältnisse in den Heimen so lange – über zwei Jahrzehnte und länger – unbeachtet blieben beziehungsweise nicht die Reaktionen hervorriefen, die eine Veränderung hätten bewirken können.

Deutschland hatte unter der Führung der Nationalsozialisten 1939 mit dem Überfall auf Polen und mit seinen weiteren Expansionen einen Weltkrieg ausgelöst und schließlich verloren. Der bedingungslosen Kapitulation der deutschen Wehrmacht im Mai 1945 folgte die Verhaftung der letzten geschäftsführenden deutschen Regierung, nachdem Hitler und weitere hohe NS-Funktionäre den Suizid der Übernahme der Verantwortung für ihre Verbrechen vorgezogen hatten. In den Juni-Deklarationen stellten die Alliierten unter anderem fest, dass es keine zentrale Regierung oder Behörde gab, die fähig gewesen wäre, für die Aufrechterhaltung der Ordnung zu sorgen. Die Juni-Deklarationen bildeten zusammen mit dem Potsdamer Abkommen vom 2. August 1945 die rechtliche und politische Grundlage für die weitere Entwicklung Deutschlands. Hier legten die Siegermächte gemeinsame Grundzüge ihrer Nachkriegspolitik gegenüber Deutschland fest. Dazu gehörten: Demilitarisierung, Entnazifizierung, Demontagen, Demokratisierung, Dezentralisierung, Aufteilung Deutschlands in vier Besatzungszonen, Aufteilung Berlins in vier Sektoren, Ausweisung und Umsiedlung der Deutschen jenseits der Oder-Neiße-Linie und eine Vertagung der endgültigen Grenzziehung im Osten bis zu einem Friedensvertrag. In wirtschaftlicher Hinsicht wollte man allerdings eine einheitliche Verwaltung erhalten, was jedoch nicht gelang. Nach dem Scheitern der gemeinsamen Besatzungs- und Wirtschaftspolitik in Deutschland wurden die drei westlichen Zonen zu einer Wirtschaftseinheit zusammengefasst und in die Marshallplanhilfe einbezogen. Mit der Währungsreform im Westen im Juni 1948 war die Spaltung Deutschlands faktisch vollzogen.

Wie sah in dieser Zeit die Situation für die Bevölkerung aus? Die Niederlage war, auch wenn die Nazipropaganda bis zum Ende das Gegenteil behauptet hatte, für die meisten Deutschen absehbar gewesen, denn das Leid war für diejenigen, die nicht von diesem Krieg profitiert hatten, gewaltig. Hatte die nationalsozialistische Diktatur mit ihrer brutalen Vorgehensweise versucht, ihren „arischen" Untertanen einzuhämmern, sie würden Herren dieser Welt, so erlebte man nun genau das Gegenteil: Deutschland verlor seine Ostgebiete, Deutsche wurden vertrieben, das Land war besetzt und das Geld entwertet. Flüchtlingselend und Hunger waren die Folgen des verlorenen Krieges und damit auch Folgen der durch Deutsche verursachten Ausplünderung, Zerstörung, dem Völkermord in den von Deutschen besetzten Gebieten. Die Situation in Deutschland war bestimmt durch Armut und Entwurzelung. 7,5 Millionen deutsche Heimatvertriebene kamen aus Gebieten östlich der Oder und Neiße, aus Zentralpolen, der Tschechoslowakei, aber auch aus Russland, Rumänien, Ungarn, Jugoslawien. 1,5 Millionen kamen aus der sowjetisch besetzten Zone in den Westen.[2] Was die Flüchtlinge hier antrafen und wie die Menschen hier lebten, ist in dem folgenden Bericht des Historikers Ernst Deuerlein sehr anschaulich geschildert: „Deutschland war eine gespenstische Landschaft des Todes: Städte, aber auch Dörfer waren zerstört und ausgebrannt [...] Auf 400 Millionen Kubikmeter wurde die Schuttmasse gezählt, die 1945 auf Deutschland lag [...] Das Verkehrswesen war völlig zusammengebrochen [...] Im Verlauf der Besetzung Deutschlands kam der Personen- und Güterverkehr völlig zum Erliegen. Zahlreiche Brücken, darunter alle 22 Eisenbahnbrücken über den Rhein, alle 11 Eisenbahnbrücken über die Weser, 23 von den 24 Eisenbahnbrücken über den Main und 22 von den 34 Eisenbahnbrücken über die Donau, waren zerstört [...] Wieder in Betrieb genommene Strecken wurden ausschließlich für militärische Zwecke verwandt. Selbst die wenigen, bei Kriegsende noch betankten Fahrzeuge verschwanden von der Straße [...] Die ihren Wohnorten oder den Evakuierungsorten ihrer Familien zustrebenden Deutschen waren fast ohne Ausnahme gezwungen, in langen Fußmärschen ihr Ziel zu erreichen. Auch das Post- und Fernmeldewesen war zusammengebrochen [...] Mehrere Monate lang gab es in den meisten Teilen Deutschlands keinen Postverkehr. Mündliche und schriftliche Mitteilungen wurden durch Reisende oder durch Boten karitativer und kirchlicher Organisationen überbracht. Der wieder zugelassene Briefverkehr wurde einer strengen Zensur unterworfen; die benutzte Sprache und der Charakter des Schreibens mussten außen angegeben werden. Die wenigen zuletzt noch erschienen Zeitungen der NSDAP verschwanden [...] Die Deutschen waren ohne Möglichkeiten, sich über das Ausmaß der über sie hereingebrochenen Ereignisse zuverlässig zu unterrichten. Über den Tod Hitlers waren zunächst sich widersprechende Versionen in Umlauf. Die Absichten der Anti-Hitler-Koalition über Deutschland waren nur bruchstückweise vorwiegend aus ausländischen Rundfunksendungen bekannt, wodurch das Aufkommen phantastischer Mutmaßungen und Gerüchte begünstigt wurde. Doch galt die erste Sorge aller nicht der Politik, sondern der Behaup-

---

2 Vgl. Heinz Dieter Schmid: *Fragen an die Geschichte*, Bd. 4, Frankfurt am Main 1983, S. 153

tung des Lebens [...] Die meisten Familien warteten in steigender Unruhe auf die Rückkehr von Angehörigen [...] In den Städten herrschte eine katastrophale Wohnungsnot [...] Die Lebensmittelversorgung war unzureichend [...] Der Kaufwert der Reichsmark sank unaufhaltsam, bis sie schließlich von der ‚Zigarettenwährung' – amerikanische und britische Zigaretten als Grundlage kleiner und großer Tauschgeschäfte – verdrängt und ersetzt wurde." [3]
Die Situation gestaltete sich demnach für die Erwachsenen derartig, dass sie bis an die Grenzen des Erträglichen ging. Für Kinder und Jugendliche war sie natürlich besonders belastend, da Kinder und Jugendliche so einem heillosen Chaos einfach nur ausgeliefert sein können. Mehr als 1,5 Millionen Kinder hatten ihren Vater im Krieg verloren. „In den Jahren nach 1945 zogen mehr als 100.000 Kinder und Jugendliche bindungs-, heimat-, berufs- und arbeitslos durch Deutschland. Viele Familien waren zerrissen, weil die Väter erst nach Jahren aus der Kriegsgefangenschaft heimkehrten. Soziologische Studien kommen zu dem Urteil, dass nur zehn Prozent der Familien Ende der vierziger Jahre ‚heil' waren. Die Wohnungen waren häufig eng, eigene Zimmer hatten die wenigsten Kinder [...] Ein Kind ins Heim zu geben war eine vergleichsweise bequeme und billige Lösung." [4] Es gab jedoch noch eine Reihe weiterer Gründe, warum Kinder in Heime eingewiesen wurden. Betrachtet man die oben beschriebene Lebenssituation der Menschen, die nach den unverarbeiteten Traumatisierungen durch den Krieg nun in Verhältnissen lebten, die je nach Einzelschicksal ebenfalls kaum zu bewältigen waren, so kann man davon ausgehen, dass Kinder auch deswegen in Heime gegeben wurden, weil die um ihr eigenes Überleben kämpfenden Mütter und/oder Väter einfach überfordert waren. Sie waren gar nicht in der Lage, ein Kind oder sogar mehrere großzuziehen. Hinzu kam das rigorose Vorgehen der Behörden, auf das noch näher einzugehen sein wird. In den Heimen lebten also Kinder, die entweder Waisen waren oder die aufgrund anderer existenzieller Notlagen kein Zuhause hatten. Darüber, dass sie selbst für ihre Situation nicht verantwortlich gemacht werden können, muss nicht diskutiert werden. Was viele von ihnen dann über Jahre in den Heimen erleben mussten und welche Auswirkungen dies auf ihr Leben hatte beziehungsweise heute noch hat, wird jetzt erst systematisch erforscht.

---

3   Ernst Deuerlein: *Deutschland nach dem Zweiten Weltkrieg*. In: Handbuch der Deutschen Geschichte. Neu hrsg. von Leo Just, Bd. 4, Konstanz 1964, S. 4 f; siehe dazu auch die zeitgenössische Schilderung Nachkriegsdeutschlands von Hannah Arendt: *Besuch in Deutschland*, Nördlingen 1993
4   Peter Wensierski: *Schläge im Namen des Herrn*, München 2007, S. 2

3. Innenpolitische Rahmenbedingungen und Zeitgeist der 50er und 60er Jahre

Westintegration

Aufgrund der im vorigen Kapitel beschriebenen Belastungen begann die Geschichte der 1949 gegründeten Bundesrepublik Deutschland unter äußerst schwierigen Bedingungen, die allerdings in relativ kurzer Zeit überwunden werden konnten. Begünstigt wurde die Konsolidierung der neuen Demokratie durch internationale Rahmenbedingungen im Gefolge des Kalten Krieges und durch die Einbeziehung der Bundesrepublik in den Marshall-Plan. Die Bundesrepublik erhielt 3,4 Milliarden Dollar, teils als Kredit, teils als Geschenk. [5] Diese Hilfsgelder in Verbindung mit dem Einsatz der ungeahnten Energien, die die Währungsreform freigesetzt hatte, hatten ab Mitte 1951 eine kontinuierliche Aufwärtsbewegung und einen außerordentlichen und über anderthalb Jahrzehnte ungebrochen andauernden wirtschaftlichen Aufschwung zur Folge. Vor dem Hintergrund des ebenfalls allgemeinen Aufschwungs der Weltwirtschaft stieg die Bundesrepublik mit jährlichen Zuwachsraten um 10 Prozent zum drittgrößten Industriestaat der Erde auf. Zwischen 1950 und 1960 verdreifachte sich das Bruttosozialprodukt. Mit einer Arbeitslosenquote von unter 1 Prozent wurde 1961 nahezu die Vollbeschäftigung erreicht. Der Preisanstieg blieb während dieser gesamten Periode unter 3 Prozent. [6] So kam jener Prozess in Gang, bei dem hinter soeben befriedigten Wünschen immer neue Bedürfnisse auftauchten. Die allgemeine ökonomische Aufwärtsbewegung bis in die Mitte der 60er Jahre und damit Hand in Hand einhergehend der technische Fortschritt kennzeichneten die Entwicklung der Bundesrepublik in der Ära Adenauer zur so genannten „Wohlstandsgesellschaft". In der Grundeinstellung einer überwiegenden Mehrheit der Bevölkerung hinterließ der sich ausbreitende Wohlstand aber auch deutliche Spuren: „Die Konzentration auf materielle Verbesserungen, auf Familie und häusliches Leben und der Stolz auf das Erreichte drängten das Interesse an der Politik und an gesellschaftlichen Veränderungen vielfach in den Hintergrund." [7] Von solchen Familien und Personenkreisen abgesehen, die sich früher schon als entschie-

---

5 Vgl. Schmid, a.a.O, S. 110
6 Vgl. Rudolf Morsey: *Die Bundesrepublik Deutschland*, München 1995, S. 46 ff
7 Lothar Gall u. a.: *Fragen an die deutsche Geschichte. Ideen, Kräfte, Entscheidungen. Von 1800 bis zur Gegenwart*. Bonn 1985, S. 381

dene Gegner oder aber auch als überzeugte Anhänger des nationalsozialistischen Systems zusammengefunden hatten, befanden sich politische Fragen im Tabubereich.

Der Weg in die Privatheit

Der Weg der westdeutschen Nachkriegsgesellschaft führte in die Privatheit. Der Wunsch nach „geordneten Verhältnissen" und „Normalität" war verbunden mit einer Tendenz zur Entpolitisierung, die die Konfrontation mit der Verantwortung für einen weltweiten Krieg und dessen katastrophalen Folgen tunlichst vermeiden wollte. Die Restauration in den 50er Jahren war geprägt durch eine imaginäre „Wiederanknüpfung an die ‚deutschen Tugenden' und ‚Tatsachen' der Vorkriegszeit, in deren Licht die nationalsozialistische Terrorherrschaft als Betriebsunfall bzw. als ‚gutgemeinte', dann aber pervertierte Reaktion auf die Niederlage Deutschlands im Ersten Weltkrieg erscheinen konnte und die mit dem Preis der ‚Unfähigkeit zu trauern' (Mitscherlich/Mitscherlich 1967) erkauft wurde." [8] Gemeint war mit der „Unfähigkeit zu trauern" vor allem auch die Unfähigkeit, „die eigene Besessenheit durch den ‚Führer' und seine Glücksversprechen zu erkennen, den Untergang dieser Ideale anzuerkennen und die diesen Verlust begleitende Trauerarbeit auszuführen." [9] Stattdessen wurde verdrängt. Dieser Verdrängung entsprach die zum größten Teil bis in die Personen hinein fortgesetzte Kontinuität der politischen Klasse, der Verwaltung und der wirtschaftlichen Eliten. Ihr entsprach auch die Restrukturierung der Universitäten und anderer Bildungseinrichtungen. Zur Privatheit gehörte, dass man die Augen schloss. Man hatte sich daran gewöhnt, die Augen zu verschließen, da man so in der Zeit unter der NS-Herrschaft am besten hatte überleben können. Jetzt wollte man nicht erinnert werden und war froh, sich auf die Aufgaben des Tages konzentrieren und damit auch auf die Werte der Familie beschränken zu können. Das verlangte keine Anstrengung in eine Richtung, die die neu erreichte Stabilität möglicherweise ins Wanken gebracht hätte. Man hatte seine kleine Welt zu Hause, und um die galt es, sich zu kümmern. Andererseits konnten die erlebten persönlichen Erschütterungen im eigenen Schicksal und das Wissen um persönliche Verstrickungen mit dem nationalsozialistischen System – in Gestalt aktiver Teilnahme, voreiligen Gehorsams und eines blinden Mitläufertums – nicht in den Alltag eingebracht und

---

8   Arbeitsgruppe Heimreform: *Aus der Geschichte lernen. Analyse der Heimreform in Hessen (1968-1983)*. Hrsg.: Internationale Gesellschaft für erzieherische Hilfen. Frankfurt am Main 2000, S. 40
9   Ebd.

verarbeitet werden. Durch Schweigen sollte die gefährliche Berührung mit dem Unverarbeiteten vermieden werden. Gefährliche Berührung, weil die aus ihr resultierenden Wirkungen nicht einschätzbar waren. Zudem gibt es nach historischen Veränderungen eine „Erschöpfung, die bei den vielfältigen Herausforderungen der Zukunft für die Beschäftigung mit der Vergangenheit einfach keine Kraft lässt." [10] So schwieg eine „stumme Elterngeneration nicht bloß über die erlebte Vergangenheit, sondern wich allen Fragen politischer und geschichtlicher Verortung aus. Für die Eltern blieb dabei das verschlossene und irritierende Erlebnis eines unverständlichen und unbilligen Missverhältnisses zwischen persönlichen Motiven und politischen Ergebnissen, faktischen und moralischen, für die Kinder das vorerst stumme Gefühl eines ungerechten und dunklen Erbes." [11]

Verhinderung der Entnazifizierung

Zu den erklärten Kriegszielen der Alliierten hatte die vollständige Beseitigung des Nationalsozialismus gehört; das gesamte öffentliche Leben in Deutschland sollte von nationalsozialistischen Einflüssen gesäubert werden. Der Zeithistoriker und Totalitarismusforscher Clemens Vollnhals weist in seiner sehr detaillierten Studie zur Entnazifizierung in den Jahren 1945 bis 1949 darauf hin, dass beim Wechsel eines politischen Systems die politische Säuberung ein machtpolitisches Mittel zur Etablierung einer neuen Führungsschicht ist. Demnach ist die Aufgabe einer politischen Säuberung, „zumindest die Repräsentanten des alten Regimes auszuschalten und die Schlüsselstellen mit politisch zuverlässigen Personen der eigenen Couleur zu besetzen. Von besonderem Interesse sind hierbei naturgemäß die Schaltstellen der politischen und staatlichen Exekutive, insbesondere von Justiz, Polizei und Armee, und in modernen Gesellschaften nicht minder wichtig, die Kontrolle über das Erziehungswesen und die öffentlichen Medien." [12] Für den Wechsel von der nationalsozialistischen Diktatur zur zweiten deutschen Demokratie hätte das die vollständige Beseitigung von Nationalsozialisten aus diesen Positionen bedeutet. Dementsprechend führte die 1945 von den Alliierten begonnene Entnazifizierung zunächst zu einer Umstrukturie-

---

10 Bernhard Schlink: *Vergangenheitsschuld. Beiträge zu einem deutschen Thema.* Zürich 2007, S. 8 f
11 Friedrich Tenbruck: *Alltagsnormen und Lebensgefühle in der Bundesrepublik.* In: Löwenthal/Schwarz: *Die zweite Republik. 25 Jahre Bundesrepublik Deutschland. Eine Bilanz.* Stuttgart 1975, S. 290 f
12 Clemens Vollnhals: *Entnazifizierung. Politische Säuberung und Rehabilitation in den vier Besatzungszonen 1945-1949.* München 1991, S. 8

rung vor allem im öffentlichen Dienst, wo es anfangs zu zahlreichen Entlassungen kam. Ohne die Zustimmung und Mitarbeit der Deutschen selbst ließ sich eine politische Säuberung wohl administrativ von oben verordnen, nicht aber effektiv und dauerhaft wirksam durchführen. Die gesellschaftspolitischen Auswirkungen des personellen Strukturwandels kamen aus diesem Grund und der damit verbundenen zügigen Wiedereinstellung der 1945/46 Entlassenen nur begrenzt zum Tragen.[13] In diesem Zusammenhang erscheint ein Beispiel für die im Bereich der Justiz vollzogene Kontinuität erwähnenswert: Das niedersächsische Justizministerium stellte 1948 auf eine Anfrage hin fest, „dass 51 Prozent der niedersächsischen Richter und Staatsanwälte in gleicher Eigenschaft im Dienste der Nazis standen; dass 71 Prozent der Richter und Staatsanwälte NSDAP-Mitglieder waren und dass schließlich nicht weniger als 97 Prozent der in der niedersächsischen Justiz tätigen Richter und Staatsanwälte bei Kriegsgerichten tätig waren. Neben 7 Oberstrichtern steht auch ein ehemaliger Generalrichter eines Kriegsgerichts im Dienst der niedersächsischen Justiz, flankiert von 27 Oberfeldrichtern und 58 Oberstabsrichtern an Kriegsgerichten. Im Gegensatz dazu beschäftigt Niedersachsen nur 8 Richter und Staatsanwälte, die wegen Betätigung gegen das Naziregime verurteilt oder inhaftiert worden waren, und 19, die aus den gleichen Gründen disziplinarisch bestraft wurden. Nur 25 Richter (von 767) waren auf Grund des Gesetzes zur Wiederherstellung des Berufsbeamtentums aus dem Dienst entlassen worden." [14] Die Justiz war also 1948 noch weitestgehend von nationalsozialistischem Geist durchdrungen, was um so schwerer wiegt, als die deutsche Strafgerichtsbarkeit sich von 1941 an zu einem Zweig der nazistischen Massenvernichtung verwandelt hatte. Sie hatte unter der kriegsmüden Bevölkerung der Städte ebenso gewütet wie unter den Soldaten der eingeschlossenen Armeen oder den Sklavenarbeitern im Reich und den Patrioten des militärisch besetzten Europa. Die Zahl der Opfer übersteigt 30.000. [15] Jörg Friedrich, der in zahlreichen Publikationen das Thema Staats- und Regierungskriminalität behandelt hat, stellt fest, dass von allen Massenmorden des Nationalsozialismus der gesetzlich durchgeführte der einzig ernsthaft bestrittene sei. Die Täter wurden fast immer freigesprochen. „Nach herrschender Rechtsprechung kann eine richterliche Tötungshandlung nicht bestraft werden, es sei denn, der Täter hätte sie selbst bewusst für Unrecht gehalten." [16] Da die Richter des Standgerichtsverfahrens, der Sondergerichte, der Militärjustiz, der Rassenschandejustiz und des

---

13 Vgl. Vollnhals, a.a.O., S. 15 u. 56 f
14 Ebd., S. 330
15 Vgl. Jörg Friedrich: *Freispruch für die Nazi-Justiz. Die Urteile gegen NS-Richter seit 1948. Eine Dokumentation.* Überarbeitete und ergänzte Ausgabe, Berlin 1998, S. 1
16 Ebd., S. 14

Volksgerichtshofes fast immer nach fester Rechtsüberzeugung getötet hatten, waren sie also überzeugt von der Todeswürdigkeit von „Rasseschändern", von Feind-Rundfunkhörern, von Witzeerzählern, von Endsiegzweiflern, von Kapitulanten und kriegsmüden Soldaten. Dieser Geisteshaltung entsprachen die Urteile. „Vom Jahr der Kriegswende, 1942 an, töteten die deutschen Richter durchschnittlich 720 Personen im Monat. Dies ist mehr als doppelt soviel wie im Ersten Weltkrieg innerhalb von vier Jahren."[17] Es dauerte nach 1945 nicht lange, dann waren sie wieder in Amt und Würden. Es waren auch diese Richter, die über eine Einweisung ins Heim entschieden.

Lebenswichtige Bereiche der Wirtschaft – zum Beispiel Steinkohlebergbau und Landwirtschaft – waren von der Entnazifizierung von Anfang an ausgeklammert worden.

Das so genannte Befreiungsgesetz, das 1946 zuerst in der amerikanischen Besatzungszone galt und dann 1947 von der britischen und französischen Militärregierung mit kleinen Änderungen übernommen wurde, regelte die Übergabe der Entnazifizierung an deutsche Behörden. Es bestimmte, dass alle, die die nationalsozialistische Gewaltherrschaft aktiv unterstützt oder sich durch Verstöße gegen die Grundsätze der Gerechtigkeit und der Menschlichkeit oder durch eigensüchtige Ausnutzung der dadurch geschaffenen Zustände verantwortlich gemacht hatten, von der Einflussnahme auf das öffentliche Leben ausgeschlossen und zur Wiedergutmachung verpflichtet werden sollten. Die Beurteilung des Einzelnen sollte dabei auf Grund von Abwägung der individuellen Verantwortlichkeit erfolgen. Äußere Merkmale wie die Zugehörigkeit zur NSDAP oder einer ihrer Organisationen allein waren hierbei nicht entscheidend für den Grad der Verantwortlichkeit. Sie konnten zwar wichtige Beweise für die Gesamthaltung des Einzelnen sein, durch Gegenbeweise jedoch ganz oder teilweise entkräftet werden.[18] Damit bot das Befreiungsgesetz die Möglichkeit zu einer dehnbaren Interpretation. De facto bewirkte es die berufliche und gesellschaftliche Wiedereinführung bereits Entlassener, da nunmehr von deutscher Seite alle Fälle neu verhandelt wurden. „Die statistische Bilanz der deutschen Entnazifizierung in der amerikanischen Besatzungszone ist die Bilanz einer großzügigen Rehabilitierung […] In dem langwierigen Entnazifizierungsprozeß hatte sich das Personal der NS-Diktatur mehr oder weniger in Nichts aufgelöst. Die Frage nach der politischen Verantwortung der alten Herrschaftseliten für den Aufstieg und die Etablierung des Nationalsozialismus war vom Befreiungsgesetz, das die individuelle organisatorische Teilnahme in den Mittelpunkt rückte, erst gar nicht gestellt worden." [19]

---

17 Ebd, S. 15
18 Ebd., S. 17
19 Ebd., S. 21 f

In der britischen und der französischen Zone wurde die Durchführung der Entnazifizierung insgesamt noch großzügiger gehandhabt. Die Reorganisation des Schulwesens gestaltete sich äußerst schwierig, da die Lehrerschaft bereits 1933/34 zu 30 Prozent in der NSDAP organisiert gewesen war und nur in geringerem Umfang in diesem Personenkreis auf aufrechte Demokraten zurückgegriffen werden konnte. Ähnliche Probleme ergaben sich bei den Universitäten.[20] „Als politische Säuberung konnte die Entnazifizierung nur Erfolg haben, solange sie auf einen – durchaus weit zu definierenden – Kreis von Schlüsselstellungen in Politik, Verwaltung, Wirtschaft und Kultur abzielte. Die Neubesetzung dieser Positionen mit überzeugten Demokraten hätte das Ziel einer energischen, rasch durchzuführenden Säuberung sein müssen [...] Der politische Säuberungsgehalt ging jedoch weitgehend in der Masse der Bagatellefälle unter. Unabhängig von diesem Befund stellt sich jedoch die Frage, welche Chancen eine umfassende politische Säuberung in der deutschen Nachkriegsgesellschaft überhaupt besaß [...] Die deutschen NS-Gegner gehörten zwar 1945, sofern sie überlebt oder bereits aus der Emigration zurückgekehrt waren, zu den innenpolitischen Siegern, doch stellten sie eine kleine Minderheit ohne breiten Rückhalt in der Bevölkerung dar [...] Zu den schärfsten Kritikern einer durchgreifenden Entnazifizierung zählten die Kirchen, deren moralische Autorität in den ersten Nachkriegsjahren weit über den Kreis der engeren Gemeinde hinausreichte. Sie protestierten bereits im Sommer 1945 gemeinsam gegen die Entlassungsmaßnahmen, da von ihnen auch viele kirchentreue Nationalsozialisten betroffen waren und man im Bürgertum allgemein den Verlust konservativer Machtpositionen an die politische Linke befürchtete."[21] Den Kirchen selbst war – wie den Universitäten – von den Alliierten das Recht zur Selbstreinigung eingeräumt worden. Norbert Frei, Professor für Neuere und Neueste Geschichte an der Universität Jena, spricht angesichts der Tatsache, mit welchen Tricks und Täuschungsmanövern am Ende sogar die Mehrzahl der Gestapoleute in ihre alten Beamtenrechte eingesetzt wurde, von einem vergangenheitspolitischen Dammbruch. „Die nicht anders als generös zu nennenden Regelungen, die dann seit 1953 jeweils vor den Bundestagswahlen noch verbessert wurden, beförderten ein Klima, in dem die Skrupellosigkeit immer üppiger gedieh. Kaltschnäuzig wagten sich praktisch alle hervor, die ihre Unterbringung oder Versor-

---

20 Vgl. Vollnhals, *Entnazifizierung*, S. 95
21 Ebd., S. 56 ff

gung nicht schnell oder noch nicht weitgehend genug erfüllt glaubten: unter anderem die zunächst ausgesparten ‚geborenen' Berufsoffiziere der Waffen-SS."[22]
Die politisch-moralische Gleichgültigkeit weiter Kreise der Gesellschaft kam der Sicht des Kanzlers Adenauer entgegen, der die Neigung zeigte, die Vergangenheit möglichst ruhen zu lassen. Eine erste Amnestie hinsichtlich bestimmter nationalsozialistischer Verbrechen war bereits – auch unter kirchlichem Einfluss – sieben Monate nach Gründung der Bundesrepublik zu Sylvester 1949/50 erfolgt. Eine zweite wurde 1954 beschlossen. Damit konnten NS-Täter wegen Körperverletzung mit Todesfolge und bestimmter Tötungsdelikte nicht mehr belangt werden. Gegen Mitte der 50er Jahre musste in der Bundesrepublik fast niemand mehr befürchten, ob seiner NS-Vergangenheit von Staat und Justiz behelligt zu werden. „Angeheizt von den ebenso profilierten wie populären Forderungen der rechten Kleinparteien hatte eine Allparteienkoalition des deutschen Bundestages die den Deutschen nach der Kapitulation aufgezwungene individuelle Rechenschaftslegung beendet; fast alle waren jetzt entlastet und entschuldigt. Denn nicht nur unter die Vergangenheit von 3,6 Millionen Entnazifizierten und Zehntausenden von Amnestierten war ein Strich gezogen, sondern es waren inzwischen auch die meisten derer wieder frei, die in den Nürnberger Nachfolgeprozessen oder von den Militärgerichten der Alliierten zwischen 1945 und 1949 als Kriegsverbrecher verurteilt worden waren."[23] Welcher Geisteshaltung Kinder die Amnestien waren, zeigt auch ein institutioneller Gegensatz: „Während bis zur Einrichtung der ‚Zentralen Stelle der Landesjustizverwaltungen zur Verfolgung von NS-Verbrechen' noch acht Jahre ins Land gehen sollten, war dem Justizministerium bereits Anfang 1950 eine ‚Zentrale Rechtsschutzstelle' angegliedert worden; deren Aufgabe war es, jedem Häftling im Ausland und in den alliierten Kriegsverbrechergefängnissen in Landsberg, Werl und Wittlich, aber auch den in Spandau einsitzenden Hauptkriegsverbrechern eine optimale Verteidigung zu garantieren [...] Freie Demokraten und Deutsche Partei, der vorherrschenden Stimmung im Volke gewiß, zumal unter den einstigen Soldaten, hatten die Freilassung der ‚Kriegsverurteilten' (so nämlich lautete der inzwischen übliche Terminus) zu einer Frage der nationalen Ehre stilisiert. Das erbitterte Ringen um die Lösung dieses vermeintlichen Problems führte zu immer neuen Begnadigungswellen, auf denen zuletzt sogar zum

---

22 Norbert Frei: *Amnestiepolitik in den Bonner Anfangsjahren. Die Westdeutschen und die NS-Vergangenheit.* In: Kritische Justiz. Vierteljahresschrift für Recht und Politik. Jg. 1996, Heft 29, S. 490
23 Ebd., S. 491

Tode verurteilte Einsatzgruppenführer in die Freiheit schwammen. Und es trug maßgeblich dazu bei, dass der fundamentale Unrechtscharakter des NS-Regimes und seines Angriffskrieges ausgeblendet werden konnte."[24] Die Bedeutung der Begnadigungswellen sieht der Politikwissenschaftler Joachim Perels, Professor für Politische Wissenschaft an der Universität Hannover, auch in der weitreichenden Tatsache, dass damit die Amnestieregelung Hitlers für staatliche Straftäter bei der Reichspogromnacht von 1938 weitgehend wieder in Kraft gesetzt worden war. „Es ist nichts weniger als der Versuch, die Sanktionsfreiheit für bestimmte maßnahmenstaatliche Akte der Diktatur zum Bestandelement der Rechtsordnung zu machen. Im Lichte des Amnestiegesetzes verwandelten sich Tötungsdelikte von NS-Chargen, sofern der Strafrahmen drei Jahre Gefängnis nicht überschritt, in eine von oben befohlene Straftat ohne eigene Verantwortung, für die eine Strafverfolgung ausgeschlossen wurde. Wie der Historiker Norbert Frei nachgewiesen hat, blieben aufgrund dieses Gesetzes 44 Tötungsdelikte von NS-Tätern – zum Beispiel die Ermordung des von den Amerikanern eingesetzten Oberbürgermeisters von Aachen durch die SS – straffrei."[25] Diese Tötungsdelikte blieben also nicht straffrei, weil sie nicht aufgeklärt werden konnten oder weil man der Täter nicht hatte habhaft werden können; sie blieben per Gesetz straffrei. Es erstaunt also nicht, dass der erste Auschwitz-Prozess erst 1963 begann. Perels macht in seinem Buch *Entsorgung der NS-Herrschaft* nicht nur deutlich, dass die meisten NS-Mörder und Schreibtischtäter ungeschoren blieben oder zu minimalen Strafen verurteilt wurden; er macht diese skandalöse rechtliche Bewertung der kriminellen Strukturen des Hitler-Regimes als Element des gesellschaftlichen Gesamtprozesses kenntlich. Das heißt für das von uns behandelte Thema, dass die „Maßnahmen" des NS-Staates – und hier genauer: die Maßnahmen der Gestapo, der NSDAP, der SS und der SA usw. – als vom Staat bestimmt oder akzeptiert und deswegen weiterhin nicht als Unrecht und verfolgungswürdig betrachtet wurden. Weder aus juristischer Sicht noch im Bewusstsein von Teilen der Bevölkerung wurde der „Maßnahmenstaat" hinterfragt.[26] Im Gegenteil, die Justiz der Bundesrepublik knüpfte

---

24 Ebd., S. 492
25 Joachim Perels: *Der Mythos der Vergangenheitsbewältigung.* In: DIE ZEIT, Nr. 5, 26. 01. 2006. www.zeit.de/2006/05/NS_Rechtsstaat, S. 2
26 Der Begriff Maßnahmenstaat stammt von dem Rechtsanwalt und Politikwissenschaftler Ernst Fraenkel, der 1938 in die USA emigriert war und dort 1941 die einzige wissenschaftliche Analyse des politischen Systems des NS-Staates, die in der inneren Emigration entstanden ist, vorgelegt hat. Nach Fraenkel zerfällt das nationalsozialistische Herrschaftssystem, wie er in akribischer Quellenarbeit belegt, in zwei Bereiche, die strukturell aufeinander bezogen sind. An die Stelle des im NS-System aufgegebenen Rechtsstaatsprinzips trat der Normenstaat, in dem Regeln in dem Umfang galten, wie sie für das Fortbestehen der privatkapitalistischen Wirtschaft für den nicht verfolgten Teil der Bevölkerung notwendig

an die nationalsozialistische Rechtssprechung an: Der der SS angehörende Richter Dr. Thorbeck wurde 1956 vom höchsten deutschen Strafgericht frei gesprochen. Er hatte am 8. April 1945 in einem Schnellverfahren, bei dem der KZ-Kommandant von Flossenbürg als Beisitzer mitwirkte, kein Verteidiger zugelassen war und kein Protokoll erstellte wurde, die Widerstandskämpfer Wilhelm Canaris, Dietrich Bonhoeffer, Hans Oster und andere zum Tode verurteilt. Die Normen des Nationalsozialismus galten hier für den Bundesgerichtshof uneingeschränkt: Die Widerstandskämpfer wurden schon sprachlich uneingeschränkt in Unrecht gesetzt als diejenigen, die sich gegen gültige Gesetze aufgelehnt hätten. Thorbeck hingegen war demnach im Recht.[27]
Die Verhinderung der Entnazifizierung hatte auch – wie zu sehen sein wird – Konsequenzen für die Kinder und Jugendlichen, die zur Zeit der NS-Diktatur aus Gründen, die dieses mörderische System vorgab, in die Heime eingewiesen wurden und dort immer noch interniert waren. Da bereits 1947 in den Westzonen NSDAP-Mitglieder in den Polizei- und Justizapparat und die innere Verwaltung zurückkehren durften, ist es nicht verwunderlich, dass die Heiminsassen keine Chance hatten, dass ihre Fälle neu aufgerollt wurden. „Für Fürsorgezöglinge, die sich bei Kriegsende in Öffentlicher Erziehung befanden, bedeutete der Zusammenbruch des ‚Dritten Reiches' keineswegs einen Einschnitt oder Neubeginn. Sie blieben weiterhin in der Obhut der Fürsorgeerziehungsbehörde, eine Überprüfung der während des Nationalsozialismus getroffenen Fürsorgebeschlüsse blieb bis auf wenige Ausnahmen nach 1945 aus." [28]

---

waren. Im Maßnahmenstaat handelten die Herrschenden mit Hilfe von Notverordnungen oder blanker Willkür unabhängig von allgemeingültigen Regeln, wie es ihnen gerade zur Durchsetzung ihrer politischen Ziele zweckmäßig erschien. Diese Maßnahmen richteten sich gegen die als „Feinde" des Regimes definierten Bevölkerungsgruppen. Dabei standen die Prinzipien des Maßnahmenstaates über denen des Normenstaates. 1951 war Fraenkel auf Drängen des damaligen Präsidenten des Abgeordnetenhauses Otto Suhr nach Deutschland zurückgekehrt. Das vor Fraenkels Emigration noch in Deutschland abgeschlossene Originalmanuskript war über französisches Diplomatengepäck ins westliche Ausland gelangt, jedoch nach seiner Herausgabe in englischer Sprache für die deutsche Veröffentlichung nach Fraenkels Rückkehr nicht mehr auffindbar. Das Werk musste folglich rückübersetzt werden. Dazu war Fraenkel jedoch um keinen Preis bereit. Er begründete dies gegenüber seinem Verleger mit dem Hinweis, er habe für die Untersuchung seinerzeit die einschlägige Literatur bis zum physischen Ekel gelesen und könne es nicht über sich bringen, nochmals in diese Materie einzusteigen. Das 1974 unter dem Titel *Der Doppelstaat* veröffentlichte Werk wurde für Generationen von Studenten zur Pflichtlektüre.

27 Vgl. Joachim Perels: *Entsorgung der NS-Herrschaft. Konfliktlinien im Umgang mit dem Hitler-Regime.* Hannover 2004. S. 154. Perels weist in einer Fußnote darauf hin, dass diese Entscheidung inzwischen vom Präsidenten des Bundesgerichtshofs eingehend kritisiert wurde.

28 Annette Lützke: *Öffentliche Erziehung und Heimerziehung für Mädchen 1945 bis 1975 – Bilder „sittlicher Verwahrlosung" junger Mädchen und Frauen*, Essen 2002, S. 58 f

Auch in den Einrichtungen, die mit Sozialhilfe, Jugendarbeit und Fürsorge betraut waren, führten die dargestellten Vorgehensweisen zu einem Mantel des Schweigens und der gegenseitigen Begünstigung „alter Kameraden". Für die Kinder und Jugendlichen bedeutete dies die ununterbrochene Fortsetzung ihres Leids.

Fehlende Entnazifizierung auch in den Heimen

In der Regel wurden die Heime von denjenigen weitergeführt, die sie auch schon vor Ende des Krieges unter den Nazis geführt hatten. Zur Entlassung von Heimleitern und Personal wegen einer NS-Vergangenheit ist es nur sehr selten gekommen. Wer für die Zwangssterilisation und die Ermordung von Jugendlichen durch Weiterleitung an die Todesmaschinerie des NS-Apparates verantwortlich war, blieb unbehelligt und konnte seine Arbeit im Heim weiter ausüben. Eine Verurteilung oder auch nur kritische Auseinandersetzung mit den „Maßnahmen" der Nazis erfolgte ebenso wenig. Um begreifen zu können, was das für die Fürsorgeerziehung in den ersten zwanzig Jahren der Bundesrepublik bedeutete, sind Kenntnisse über das brutale Geschehen von 1933 bis 1945 in deutschen Heimen unerlässlich.

Während der nationalsozialistischen Diktatur waren Zwangseinweisungen in Heime willkürlich und erfolgten mit diffusen Begründungen. Alle Heime waren der nationalsozialistischen Erziehung verpflichtet. Wesentlich geprägt wurden die Methoden, mit denen Kinder und Jugendliche dem System angepasst und selektiert werden sollten, durch das „Gesetz zur Verhütung erbkranken Nachwuchses" vom 14. Juli 1933. Dieses Gesetz zur „Rassenpflege" unterschied zwischen „erbgesundem" und „minderwertigem" Leben und bestimmte, dass Menschen ab dem 14. Lebensjahr bei vermeintlicher Erbkrankheit auch gegen ihren Willen sterilisiert werden konnten. Es benannte neun Erbkrankheiten: angeborener Schwachsinn, Schizophrenie, manisch-depressives Irresein, erbliche Fallsucht (Epilepsie), erblicher Veitstanz, erbliche Blindheit oder Taubheit, schwere körperliche Missbildung und schwerer Alkoholismus.[29] Von den Helfern, die dieses Gesetz in die Praxis umsetzten, wurden Kategorien erstellt, nach denen einem Kind oder einem Jugendlichen Merkmale wie „unerziehbar", „erbgeschädigt", „schwachsinnig", „psychopathisch" und „verbrecherisch" zugeschrieben wurden. Mit diesen Kategorien hatten die Nazis ein Instrument geschaffen, das eine willkür-

---

29 Carola Kuhlmann: *Erbkrank oder erziehbar? Jugendhilfe als Vorsorge und Aussonderung in der Fürsorgeerziehung in Westfalen von 1933-1945*, Weinheim/München 1989, S. 132

liche Einweisung der ihnen unliebsamen Jugendlichen erlaubte, zu denen vor allem auch oppositionelle Jugendliche jeder Couleur gehörten.[30] Aufgrund der Zunahme von jugendlicher Verweigerung und jugendlichem Widerstand und später auch unter dem Eindruck des sich für das Deutsche Reich verschlechternden Kriegsverlaufs kam es zu einem ständig vergrößerten Repertoire von Kontroll- und Repressionsmaßnahmen des NS-Staates gegen Jugendliche. „Allein die Zahl der rechtskräftig verurteilten Jugendlichen verdoppelte sich von nahezu 6.000 Fällen im Jahr 1937 auf knapp 11.000 Fälle Ende 1941; in Köln stieg die Zahl von 280 Verurteilten 1939 auf 960 (plus 243%) Verurteilte im Jahr 1940. Bei diesen Zahlen muß man berücksichtigen, dass der Katalog der strafwürdigen Vergehen im NS-Deutschland erheblich ausgeweitet wurde (z. B. Wehrkraftzersetzung, Zuwiderhandlung gegen die Arbeitsdisziplin, Volksschädling-Verordnung, Umgang mit Kriegsgefangenen usw.)."[31] Die Durchführung der Anordnungen und Erlasse gegen die von der geforderten Norm abweichenden Jugendlichen erfolgte mit äußerster Härte und Rücksichtslosigkeit. Wer nicht als „besserungsfähig" eingestuft wurde, sah sich polizeilicher Willkür und letztlich der Ermordung im Konzentrationslager ausgeliefert. „Den anderen nach nationalsozialistischer Rechtsauffassung straffällig gewordenen Jugendlichen wurden Fürsorge und Rechtsmittel gewährt. Allerdings bestand diese Fürsorge in den meisten Fällen auch nur aus abgestuften Bestrafungsmaßnahmen."[32] Vom HJ-Streifendienst, der ursprünglich als Kontrollorgan der Hitlerjugend etabliert worden war und für den reibungslosen Ablauf von HJ-Großveranstaltungen, Freizeitmaßnahmen und Fahrten verantwortlich war, konnten Verhaftungen vorgenommen werden, obwohl er nicht mit polizeilichen Vollmachten ausgestattet war. In Abstimmung mit dem Sicherheitsdienst des Reichsführers der SS wurde der Streifendienst zur Bekämpfung von „gegnerischen Jugendverbänden" eingesetzt. „Aber auch der verstärkte Einsatz des Streifendienstes konnte das Bedürfnis vieler Jugendlicher nach selbstgestalteter Freizeit nicht unterbinden, so daß höchste Partei- und Staatsdienststellen eingeschaltet werden mußten. Dabei tritt der Versuch, „auffällig" gewordene junge Menschen zu kriminalisieren, deutlich zutage. Da bis zum Ende des Dritten Reiches das Problem bestand, diesen jugendlichen Nonkonformismus rechtlich gesichert verfolgen zu können, blieb als Ausweg die Stigmatisierung dieser Jugendlichen als Kriminelle, Arbeitsscheue oder Verwahrloste. Zwar gab es derartige Verhaltens-

---

30 Alfons Kenkmann: *Wilde Jugend. Lebenswelt großstädtischer Jugendlicher zwischen Weltwirtschaftskrise, Nationalsozialismus und Währungsreform*, Essen 1996, S. 330
31 Matthias von Hellfeld/Arno Klönne: *Die betrogene Generation. Jugend im Faschismus*. Quellen und Dokumente. Köln 1985, S. 296. Die Zahlen entstammen dem Archivmaterial des Bundesarchivs Koblenz: R 22/1158
32 Ebd., S. 297

weisen im Dritten Reich, aber die Nationalsozialisten diffamierten unter diesen Begriffen jede Art jugendlichen Ungehorsams, auch wenn er keineswegs kriminell war. Der Konflikt zwischen dem NS-Staat und den nicht integrationswilligen jungen Menschen eskalierte so immer weiter und sorgte schließlich auch dafür, daß in manchen Fällen aus den verfolgten und mißachteten Jugendlichen, die nichts weiter als einen Freiraum für sich und ihre Freundesgruppen erhalten wollten, bewußt gegen das politische System des Nationalsozialismus opponierende Gruppen wurden."[33] Kinder von Eltern, die dem NS-System Widerstand boten, wurden ihnen weggenommen, als „asozial" diffamiert und der Zwangseinweisung unterworfen. Die Fürsorgeerziehung wurde als „Minderwertigenfürsorge" stigmatisiert. Die Zwangseinweisungen bedeuteten für die als „minderwertig" definierten Jugendlichen nicht nur Jahre der Qual, da man in den Heimen mit ihnen verfahren konnte, wie man wollte (Demütigungen, Schläge, Einzelhaft, zum Teil ohne Licht, Essensverweigerung etc.), sondern für viele auch den Tod. „'Schwachsinn', der sterilisationspflichtig war, wurde anhand eines 80 Fragen umfassenden Tests zum geographischen, historischen und politischen Wissen festgestellt. Daneben existierte die Kategorie des ‚moralischen Schwachsinns', der hauptsächlich Mädchen und junge Frauen mit häufig wechselnden Sexualbeziehungen bescheinigt wurde. Bei ‚Blutschande' wurden in der Regel die vom Vater sexuell missbrauchten und vergewaltigten Töchter als ‚Schwachsinnige' zwangssterilisiert."[34] 1935 begann die NS-Volkswohlfahrt mit dem Aufbau so genannter „Jugendheimstätten", die „erbgesunden", „leichtverwahrlosten" Minderjährigen vorbehalten blieben.[35] Die meisten Heime – soweit nicht verboten oder gleichgeschaltet – erwiesen sich als willfährig gegenüber der ihnen in der „Erbgesundheitspflege" zugedachten Rolle und übernahmen die Aufgabe einer „armseligen und massenhaften Bewahrung der als ‚erbgeschädigt', ‚verwahrlost' und ‚minderwertig' diffamierten Kinder."[36] Zehntausende als erbbiologisch minderwertig diffamierte Menschen – auch Kinder und Jugendliche aus den Heimen – fielen als „Ballastexistenzen" ab Oktober 1939 den Mordaktionen im Rahmen der „Euthanasie" zum Opfer. Ebenfalls

---

33 Ebd., S. 298
34 Lützke, a.a.O., S. 36; vgl. auch Kuhlmann, a. a. O., S. 133
35 Erich Hilgenfeldt, Leiter der NS-Volkswohlfahrt und SS-Gruppenführer, der die Gleichschaltung des Wohlfahrtwesens durchführte und für die hier beschriebenen Zustände hauptverantwortlich war, bekleidete eine Reihe weiterer hochdotierter Posten im NS-System. Es wird vermutet, dass er 1945 während der Kämpfe um Berlin mit den im Hauptamt für Volkswohlfahrt noch verbliebenen höheren NSV-Funktionären Selbstmord beging. Seine Schwester ließ ihn 1957 offiziell für tot erklären.
36 Lützke, a.a.O., S. 35; vgl. auch Jürgen Blandow: *Heimerziehung und Jugendwohngemeinschaften*. In: Blandow/Faltmeier (Hrsg.): Erziehungshilfen in der Bundesrepublik Deutschland. Stand und Entwicklungen, Frankfurt am Main 1989, S. 281

1939 wurde von Reinhard Heydrich, dem Chef der Sicherheitspolizei, die Errichtung von speziellen Konzentrationslagern für „verwahrloste Jugendliche" gefordert. Ab 1940 wurden männliche Jugendliche, die nicht bereit waren, sich den nationalsozialistischen Vorstellungen anzupassen oder die sich in den Heimen zur Wehr setzten, in die vom Reichskriminalpolizeiamt und vom Reichsicherheitshauptamt verantworteten „Jugendschutzlager" Moringen überwiesen. „Fürsorgerinnen und Erzieher, Polizei, Haus- und Blockwarte, Nachbarn und Bekannte, Arbeitgeber und Lehrherren: Viele beobachteten, registrierten und denunzierten den Lebensstil, das ‚unbotmäßige' und auffällige Verhalten oder die antinazistische Einstellung der Jungen und Mädchen. Vor allem Jugendämter und Erziehungsheime nutzten die Möglichkeit, missliebige Jugendliche aus der Heimerziehung auszusondern und in die Jugend-KZ zu überstellen." [37] Im Alter von 10 bis 25 Jahren – viele noch in der Pubertät – wurden die Jugendlichen beziehungsweise jungen Männer aus ihren Lebenszusammenhängen gerissen und dem SS-Terror ausgeliefert. Es ist davon auszugehen, dass jeder zehnte Jugendliche das Terrorsystem des Lagers nicht überlebt hat. Ab 1942 ereilte weibliche Jugendliche das gleiche Schicksal. Sie wurden in das „Jugendschutzlager" Uckermarck in der Nähe von Ravensbrück überwiesen. Beide „Jugendschutzlager" wurden von der SS geführt. Eine Gedenktafel an dem ehemaligen Lagergelände und ein Ausstellungskatalog zu den Jugend-KZ geben Aufschluss über die grausame Behandlung, die die Jugendlichen hier erfuhren. Zum Alltag der 16 bis 21 Jahre alten Mädchen beziehungsweise jungen Frauen (zwei kleine achtjährige Mädchen waren auch inhaftiert) gehörten demnach Hunger, Zwangsarbeit für *Siemens* und auf Gutshöfen der näheren Umgebung, stundenlanges Appellstehen mehrmals am Tag, ständige willkürliche Bestrafungen bei kleinsten „Vergehen". Im gesamten Lager bestand ein 24-stündiges Redeverbot. Sadistische Quälereien waren an der Tagesordnung. Es wurden „erb- und kriminalbiologische" Untersuchungen (Dr. Dr. Robert Ritter und Dr. Eva Justin) sowie Zwangssterilisierungen durchgeführt und Deportationen in das Todeslager Auschwitz vorgenommen. 1945 wird in einem Teil des „Jugendschutzlagers" selbst Massenmord verübt.[38]

---

37 Martin Guse: *Wir hatten noch gar nicht angefangen zu leben.* Ausstellungskatalog. Mohringen/Liebenau 2004; www.martinguse.de/wander/index.htm

38 „KZ-Kommandantin Lotte Toberentz, Dr. Dr. Robert Ritter und Dr. Eva Justin werden leitende BeamtInnen in der westdeutschen Kriminalpolizei. Die in den 50er und 60er Jahren eingeleiteten Ermittlungsverfahren werden aufgrund der Verjährungsfristen für Misshandlungen und Körperverletzungen eingestellt. Die Todesfälle in den Lagern werden nicht als Mord gewertet. Nach 1945 gelingt es nur wenigen ehemaligen Jugend-KZ-Häftlingen eine Entschädigungszahlung zu erreichen. Das bundesdeutsche Entschädigungsgesetz sieht nur Leistungen vor, die Verfolgung und Haft aus politischen, religiösen oder ‚rassischen' Gründen nachweisen können. Die aus ‚sozialen' Gründen Verfolgten sind ebenso

Eine wesentliche Änderung des Jugendgerichtsgesetzes aus dem Jahr 1943 sah die Herabsetzung der Strafmündigkeit auf das 12. Lebensjahr vor. Es waren also Kinder beziehungsweise Jugendliche ab dem 12. Lebensjahr, die jetzt als „kriminelle Jugendliche" in Jugend-KZs kamen oder hingerichtet wurden.[39]

Für die Fürsorgezöglinge in den Erziehungsheimen bedeutete das Ende der nationalsozialistischen Diktatur noch lange nicht das Ende ihrer Qualen. Zahlreiche Jugendliche, die während des Nationalsozialismus aus oben beschriebenen Gründen in Fürsorgeerziehung kamen, wurden erst mit Vollendung des 21. Lebensjahres entlassen. Die Akteure der nationalsozialistischen Zwangserziehung blieben nach 1945 überwiegend in den Positionen, die sie bis dahin im Fürsorgesystem eingenommen hatten. Hinter den Anstaltsmauern arbeitete weitgehend dasselbe Personal mit denselben Sichtweisen und erzieherischen Praktiken. Was in den Heimen während der NS-Zeit geschehen war, wurde in der Regel nicht verfolgt.

Für Hessen zum Beispiel bildete unter allen Erziehungseinrichtungen nur der Kalmenhof in Idstein eine Ausnahme, denn hier kam es zum Prozess, da es in dem Heim auch vor Ort zum Massenmord an Kindern und Jugendlichen gekommen war.[40] Über den Kalmenhof waren seit 1941 unter der Leitung des Heimdirektors Wilhelm Großmann Kinder- und Jugendlichen-Transporte nach Hadamar abgewickelt worden, wo die Opfer vergast oder mit der Spritze ermordet wurden. „Oft fuhren zwei bis drei Busse mit jeweils 30 Kindern und Jugendlichen gleichzeitig im Kalmenhof vor. Manchmal kamen Transporte mit 100 Personen auch am Bahnhof Idstein an. Das Treiben blieb vor Ort nicht verborgen, jeder Idsteiner wusste schon bald, worum es ging, berichten Zeitzeugen [...] Als zur Jahreswende 1942 die Transporte nach Hadamar vorübergehend eingestellt wurden, lief die Tötungsmaschinerie auch im Kalmenhof selbst an. Ärzte und Schwestern der ‚Kinderfachabteilung' brachten von 1941 bis zum Einzug der Amerikaner in Idstein im März 1945 mindestens

---

wie Homosexuelle, Wehrdienstverweigerer und Deserteure davon ausgeschlossen. 1970 werden die sogenannten ‚Jugendschutzlager' als Konzentrationslager anerkannt, ‚wobei den ehemaligen Häftlingen [...] eine halbjährige Frist gesetzt ist, um Anträge auf ‚Wiedergutmachung' stellen zu können. Von dieser Maßnahme – lediglich im Bundesgesetzblatt veröffentlicht – erfahren die Betroffenen nichts oder viel zu spät [...] Die in den beiden Lagern verrichtete Zwangsarbeit wird für die meisten Häftlinge nicht in die Rentenberechnung einbezogen." www.frauennews.de

39 Vgl. Lützke, a.a.O., S. 38 f
40 Vgl. Christina Vanja: *Kontinuität und Wandel – die öffentliche Heimerziehung in Hessen vom Kaiserreich bis zur Bundesrepublik der 50er und 60er Jahre.* In: Landeswohlfahrtsverband Hessen/Internationale Gesellschaft für erzieherische Hilfen (Hrsg.): Aus der Geschichte lernen – die Heimerziehung in den 50er und 60er Jahren, die Heimkampagne und die Heimreform. Tagungsdokumentation vom 09.06.2006 in Idstein. S. 23 (Im Folgenden zitiert als *Tagungsdokumentation* 2006)

1.000 Kinder und Jugendliche um, die meisten waren kaum 15 Jahre alt."[41] Hauptverantwortlich waren neben Großmann die Heimärzte Mathilde Weber und Hermann Wesse. Neben so genannten „Ballastexistenzen" wurden auch „widerspenstige" Kinder und Jugendliche getötet. Wesse tötete hauptsächlich mit Injektionen, Weber mit Luminaltabletten. Man ließ Kinder auch verhungern. Der Zögling Ludwig Heinrich Lohne, der im Kalmenhof die Arbeit des Totengräbers erledigen musste, wurde zeitweilig auf die Kinderfachabteilung beordert und erlebte dort das Leiden der Kinder. Er sagte später aus, dass die Kinder „gelitten haben, dass ihnen der Schaum vor dem Mund gestanden hat, und haben sich im Bett rumgereckt und so und haben die Ärmchen bewegt, dass ich selbst vorgestanden hab und mir die Tränen kamen."[42] Er wusste auch von einer makabren Feier zu erzählen, die immer dann im Kalmenhof stattfand, wenn 50 Kinder ermordet worden waren. „Die durch Großmann an die Leiter der jeweiligen Werkstätten weitergeleitete Aufforderung, über alle Bettnässer eine Liste anzufertigen und diese in das Krankenhaus zu schicken, wurde von den Angestellten sofort befolgt. Von den gemeldeten Bettnässern hat keiner den Aufenthalt im Krankenhaus überlebt."[43] Die den Angehörigen mitgeteilten Todesursachen waren häufig fingiert. Sie lauteten: Ernährungsstörungen, Herzschwäche und Lungenentzündung. Entwich ein Kind öfter aus der Anstalt, so bedeutete dies in der Regel das sichere Todesurteil. Karl-Heinz Zey zum Beispiel flüchtete aus dem Kalmenhof zu seinen Eltern. Die Polizei brachte ihn wieder in die Anstalt zurück. Seine Eltern bekamen zehn Tage später ein Telegramm, wonach ihr Junge plötzlich verstorben sei. Auf telefonische Rückfrage wurde ihnen erklärt, er sei bereits länger krank gewesen. Die Eltern fuhren umgehend nach Idstein und erreichten schließlich, dass sie ihren noch nicht beerdigten Sohn in einem Sarg mitnehmen durften. Am 12. November 1945 schrieb die Mutter in einem Brief an das Jugendamt Limburg „Zuhause haben wir den Sarg geöffnet und dabei folgendes festgestellt: Haare kurz geschoren. An der linken Halsschlagader ein Einstich, anscheinend von einer Spritze herrührend. Diese Stelle sowie der linke Arm bis zu den Fingernägeln war blau. Der ganze Körper war blutunterlaufen und mit dicken Striemen bedeckt, die Hoden waren geplatzt. Es war offensichtlich, dass der Junge zu Tode geschlagen worden war."[44] Angesichts des sich abzeichnenden militärischen Vordringens der Amerikaner begann man 1945 im Kalmenhof,

---

41 Wensierski, *Schläge*, S. 165
42 Zit. nach Andrea Berger/Thomas Oelschläger: *„Ich habe sie eines natürlichen Todes sterben lassen." Das Krankenhaus im Kalmenhof und die Praxis der nationalsozialistischen Vernichtungsprogramme.* In: Christian Schrapper/Dieter Sengling (Hrsg.): Die Idee der Bildbarkeit. 100 Jahre sozialpädagogischer Praxis in der Heilerziehungsanstalt Kalmenhof, Weinheim und München 1988, S. 340 f
43 Berger/Oelschläger, a.a.O., S. 326
44 Zit. nach Berger/Oelschläger, a.a.O., S. 333 f

Mitarbeiter aufgrund ihrer Zeugenschaft zu beseitigen. Die 23-jährige Maragrethe Schmidt, die dort als Gehilfin tätig war, wurde von Wesse durch eine Spritze getötet. Nach Aussagen Lohnes dauerte ihr Todeskampf zwei Tage. Er selbst wurde gewarnt und konnte fliehen. Ludwig Heinrich Lohne war einer der Wenigen in den Tötungsanstalten, die getötet werden sollten, aber dennoch überlebten.

Noch 1945 wurden die Hauptverantwortlichen an den Morden auf dem Kalmenhof wegen Verdachts des vorsätzlichen Mordes und der Misshandlung von Zöglingen – bis auf den Direktor Ernst Müller, der untergetaucht war – verhaftet. Alle blieben einige Monate in Untersuchungshaft. Im Januar 1946 war der Letzte von ihnen wieder auf freiem Fuß. Im März 1946 übergab die amerikanische Militärregierung den Fall Kalmenhof deutschen Gerichten. Das Amtsgericht Idstein erließ fünf Monate später nach den staatsanwaltschaftlichen Ermittlungen, im September 1946, gegen den ehemaligen stellvertretenden Direktor Wilhelm Großmann, den früheren Anstaltsarzt Hermann Wesse, dessen Vorgängerin Mathilde Weber sowie gegen einen früheren Pfleger und die beiden Krankenschwestern Maria Müller und Aenne Wrona Haftbefehl. Sie wurden beschuldigt, in der Zeit von 1942 bis 1944 beziehungsweise 1945 zahlreiche jugendliche Anstaltsinsassen des Kalmenhofs heimtückisch getötet zu haben. Am 30. Januar 1947 wurden die Urteile gefällt: Großmann, Wesse und Weber wurden wegen Mordes zum Tod verurteilt und zur Aberkennung der bürgerlichen Ehrenrechte auf Lebenszeit, die Krankenschwester Wrona wegen Beihilfe zum Mord zu acht Jahren Zuchthaus und zur Aberkennung der bürgerlichen Ehrenrechte auf vier Jahre, der Pfleger und der Angestellte wegen Misshandlung und Körperverletzung Pflegebefohlener zu zehn beziehungsweise vier Monaten Gefängnis. Nach Revisionsverfahren und Gnadengesuchen trat Weber am 11. Oktober 1954 ihre Haftstrafe an. Bereits am 16. November 1954 wurde sie wieder entlassen, da ihrem Antrag auf bedingte Entlassung aus der Haft nach Verbüßung von zwei Dritteln der Strafe stattgegeben wurde. Für Großmann führte das Gesuch um Straferlass der Reststrafe gegen Bewährungsfrist ebenfalls zum Erfolg. Am 3. März 1951 war auch er wieder auf freiem Fuß. Wrona wurde letztlich freigesprochen. Ernst Müller, der Direktor des Kalmenhofes hatte sich über sechs Jahre erfolgreich verstecken können. Gegen ihn wurde am 18. März 1951 der Prozess eröffnet und am selben Tag das Urteil gefällt: Freispruch aus Mangel an Beweisen. Der Staatsanwalt legte Revision ein, die er jedoch keine vier Wochen später wieder zurückzog. Die Krankenschwester Maria Müller war wie Landesrat Bernotat untergetaucht. Bernotat, Vorsitzender des Kalmenhof-Vereins und Dezernent für das Anstaltswesen beim Bezirksverband Nassau, soll bis zu seinem Tod 1951 unerkannt und unter falschem Namen in Neuhof bei Fulda gelebt haben. Hauptlehrer Link, Ortsgruppenleiter der NSDAP und Erzieher im Kalmenhof, vergiftete nach dem Einmarsch der Amerikaner seine Frau und erschoss sich.[45] Der Massenmord an Kindern und Jugendlichen war in Idstein schnell vergessen. Die ehemalige Heimärztin und vielfache Mörderin Mathilde Weber, für die sich Idsteiner Bürger und der Pfarrer eingesetzt hatten, konnte wieder als ehrbare Bürgerin in Idstein leben; auch Großmann, ehemaliger Heimdirektor und vielfacher Mörder, war wieder ein angesehener Mann. Viele der alten Erzieher und Angestellten, die das Morden im Kalmenhof aktiv oder passiv begleitet hatten, blieben dort in den 50er Jahren beschäftigt, teils bis in die 60er Jahre hinein.

So verwundert es auch nicht, dass die von den Alliierten und einigen Nachkriegspolitikern angestrebte Neuordnung des Erziehungswesens, die für alle Zeiten ein Wiedererstarken nationalsozialistischer und faschistischer Kräfte verhindern sollte, nicht umgesetzt wurde. In den „Richtlinien für Fürsorgeerziehung", die das Großhessische Ministerium für Arbeit und Wohlfahrt im Dezember 1946 als ersten Ansatz für eine Reform erlassen hatte, hieß es zwar: Die Grundlage der Fürsorgeerziehung im demokratischen Staat ist die Erziehung des Kindes zu einem freien, sich seiner Verantwortung und seiner Würde bewußten Menschen. Das im RJWG festgelegte Recht eines jeden deutschen Kindes auf Erziehung zur leiblichen, seelischen und gesellschaftlichen Tüchtigkeit wird für gefährdete Jugendliche durch die Fürsorgeerziehung gewährleistet und diese muß dem Ziel, dieses Recht zu erfüllen, zustreben. Da die Fürsorgeerziehung eine Vorbeugungsmaßnahme gegen Verwahrlosung, eine heilende Maßnahme bei verwahrlosten oder eine vorbeugende oder heilende bei straffälligen Jugendlichen ist, hat sie nicht den Charakter einer Strafe."[46] Das gesamte Heimleben war folglich so zu gestalten, „dass auch die Fürsorgezöglinge entsprechenden Anteil an der kulturellen und politischen Entwicklung im demokratischen Sinne nehmen können."[47] So wurden mehr Ermutigung zur Selbstständigkeit und Eigeninitiative, eine sowohl funktionalere als auch demokratischere Freizeitgestaltung, mehr Experimentierfreude in der Erziehung und stärker psychologisch ausgerichtete Gesamtkonzepte gefordert. „Solchen Konzepten waren in der Nachkriegszeit auch im Kalmenhof allerdings keine Verwirklichungsmöglichkeiten beschieden; zum Teil sicher deshalb, weil vor dem Primat der Existenzsiche-

---

45 Vgl. Berger/Oelschläger, a.a.O., S. 340 f
46 Zit. nach Daniela Bakos: *Vom Auffanglager zum „Jugendheim besonderer Art".* *Der Kalmenhof 1945-1968.* In: Christian Schrapper/Dieter Sengling (Hrsg.): Die Idee der Bildbarkeit. 100 Jahre sozialpädagogische Praxis in der Heilerziehungsanstalt Kalmenhof. Weinheim/München 1988, S. 143
47 Bakos, a. a. O., S. 144

rung und der Fülle der zu bewältigenden organisatorischen Aufgaben kaum Zeit für die praktische Durchführung solcher Reformen blieb. Darüber hinaus aber waren die Bedingungen im Kalmenhof nach dem Übergang in die öffentliche Trägerschaft so beschaffen, dass die im wesentlichen an Wirtschaftlichkeit ausgerichteten Interessen des Verbandes im Zusammenhang mit den hegemonialen persönlichen Ambitionen des Anstaltsleiters einen demokratischen Neubeginn unmöglich machten."[48] Zu Beginn der 50er Jahre wurde die Berichtspflicht über die betreuten Kinder eingeführt. Diese Aufzeichnungen hatten die Funktion, jederzeit brauchbare Hinweise auf das Wesen eines Kindes oder Jugendlichen zu geben, und sollten es erleichtern, im gegebenen Fall ein möglichst objektives Bild von dem Kind beziehungsweise Jugendlichen zu gewinnen. „Dabei griff man auf Altbewährtes zurück: Als Vorbild für die Berichte, die als Grundlage für den von den Erziehern zu erstellenden Erziehungsplan dienen sollten, empfahl der Verband die von Prof. Werner Villinger 1936 in der Zeitschrift für Kinderforschung dargestellten ‚Gesichtspunkte für die Niederschrift fortlaufender Beobachtungen über Anstaltszöglinge'. Tatsächlich waren die meisten der unausgebildeten Erzieher damit ohnehin völlig überfordert: in der Folge wurde die unqualifizierte Form der Berichterstattung wiederholt kritisiert, detaillierte Behandlungspläne wurden kaum je erstellt. [...] Von verschiedenen Seiten wurde wiederholt der Mangel an Zusammenarbeit aller an der Erziehung beteiligten Kräfte beklagt: zu einem Austausch zwischen Lehrern und Erziehern konnte es angesichts der zu bewältigenden organisatorischen Aufgaben nicht kommen. Auch die Akten der Kinder und Jugendlichen wurden nicht zur Einsichtnahme – etwa durch die Schule – weitergeleitet. Stattdessen verfaßte jede Abteilung ihre eigenen Diagnosen. [...] Eine wirklich moderne, unter demokratischen Zielsetzungen psychologisch fundierte pädagogische Arbeit wurde aber vor allem durch das Personalproblem behindert."[49] Die überwiegende Mehrheit der Erzieher war

---

48 Ebd.
49 Ebd., S. 145. Villinger hatte nach der Machtergreifung durch die Nationalsozialisten 1934 die Stelle des Chefarztes der v. Bodelschwinghschen Anstalten in Bethel bei Bielefeld erhalten. Er war einer der führenden Vertreter der „Rassenhygiene" und damit der Sterilisation. Wie viele Sterilisationen dort unter seiner Leitung durchgeführt wurden, lässt sich nicht mehr ermitteln. Ab 1937 war er als Richter am Erbgesundheitsobergericht Hamm und ab 1940 am Erbgesundheitsobergericht Breslau tätig. Nach seinem Entnazifizierungsverfahren bekleidete er zunächst das Amt des Dekans der Medizinischen Fakultät und von 1955 bis 1956 das des Rektors an der Philipps-Universität. Über mehrere Jahre war er Präsident der Gesellschaft Deutscher Neurologen und Psychiater. Ende Juli 1961 sollte Villinger vom Amtsgericht München erneut zu seiner T4-Mitgliedschaft vernommen werden. T4-Gutachter waren Ärzte, die von der Zentraldienststelle T4, die für die Organisation und Durchführung der „Euthanasie"-Morde zuständig war, für die Erstellung von Gutachten eingesetzt wurden. Sie entschieden, wer in den speziell dafür eingerichteten Tötungsanstalten umgebracht wurde. Villinger hat Zeit seines Lebens eine Beteiligung an der Aktion

pädagogisch nicht ausgebildet. Die meisten Mitarbeiter sahen sich aufgrund des geringen Einkommens genötigt, an ihrer Arbeitsstelle zu wohnen und sich dort verpflegen zu lassen. Dafür nahmen sie extreme Einschränkungen in der Gestaltung ihrer Freizeit in Kauf. „Die hohen Gruppenstärken hatten zur Folge, dass bei Krankheit oder sonstigem Ausfall einzelne Erzieher bis zu 100 Kinder betreuen mußten. Tatsächlich konnten unter diesen Umständen die Kinder lediglich beaufsichtigt, kontolliert oder bewacht werden. Anträge auf Erhöhung des Personalbestandes wurden unter Verweis auf die beschränkten finanziellen Möglichkeiten immer wieder abgelehnt."[50] Unter diesen Umständen griff das Heim wiederholt auf die Mithilfe älterer Jugendlicher zurück, was pädagogisch nicht unproblematisch war und zu gewalttätigen Übergriffen führte.[51] Auch die persönlichen Machtinteressen des Anstaltsleiters Ernst Ilge, der sein Personal nach eigenem Gutdünken sowohl einstellte als auch disziplinierte, trugen zu der prekären Personalsituation bei. Ein Mitte der 50er Jahre von ihm eigenmächtig eingerichtetes Isolierzimmer, das wie eine Gefängniszelle mit einer schweren Tür und einem zusätzlichen Gitter versehen war, wurde auf Veranlassung des Zweiten Direktors des Landeswohlfahrtsverbandes wieder abgerissen. Ilges „Herrschaftsinteresse manifestierte sich aber vor allem im Disziplinarbereich. Jugendämter, Eltern und sogar die Polizei fühlten sich wiederholt zu Beschwerden beim Träger veranlaßt, weil Kalmenhof-Erzieher in ihrer Gegenwart Jugendliche geschlagen hatten. Entwichene Jugendliche gaben als Grund für ihre Flucht oft genug Prügel an. [...] Tatsächlich war körperliche Züchtigung ein zu dieser Zeit im Kalmenhof durchaus gebräuchliches ‚pädagogisches' Prinzip, dem vor allem der Direktor selbst anhing. [...] Der Verband reagierte angesichts der Fülle von Dienstverfahren wegen körperlicher Züchtigung – immerhin hatte ein prügelnder Erzieher nach den geltenden Arbeitsverträgen mit einer fristlosen Entlassung zu rechnen – im Rahmen seiner Möglichkeiten mit weiteren Zugeständnissen an das pädagogische Niveau [...]."[52] Das heißt nicht weniger, als dass der Landeswohlfahrtsverband zunächst beschloss, zurückliegende Fälle körperlicher Züchtigung nicht mehr zu ahnden, da mehr oder weniger alle Erzieher, insbesondere Herr Direktor Ilge, geschlagen hätten. Außerdem wurden die Arbeitsverträge geändert. Die Bestimmung des § 6, dass Zuwiderhandlungen gegen das Verbot der körperlichen Züchtigung die sofortige fristlose Entlassung und unter Umständen auch eine strafrechtliche Verfolgung nach

---

T4 bestritten. Sein Name wurde jedoch auf zwei Gutachterlisten mit dem Eintrittsdatum 28. März 1941 geführt. Bis Anfang der 60er Jahre hatte er als angesehener Experte großen Einfluss in Fachkreisen der Erziehungshilfen und damit auch auf die Heimerziehung.
50 Ebd., S. 147
51 Vgl. Bakos, a.a.O., S. 148
52 Bakos, a.a.O., S. 154 f

sich ziehen, wurde relativiert, indem dem Nach-sich-Ziehen ein „Können" angehängt wurde.[53] Auch Wensierski stellt aufgrund seiner Recherchen fest, dass nach 1945 im Kalmenhof zwar nicht mehr gemordet, aber weiter geschlagen, gequält, misshandelt und gedemütigt wurde. Die Kinder waren den Erziehern nach wie vor wehrlos ausgeliefert. In den 50er Jahren bot der Kalmenhof Platz für mehr als 1100 Kinder und Jugendliche; 1969 waren es immer noch knapp 600.[54] Wie sehr die nazistische Vergangenheit von der Heimerziehung übernommen werden konnte, zeigt sich in extremer Weise am Beispiel des Landesfürsorgeheims in Glückstadt, das in der Tradition einer Arbeitsanstalt mit dem Charakter eines Zuchthauses stand. „Zu Beginn der NS-Zeit wurde es kurzzeitig als ‚wildes KZ' genutzt und erfüllte ab 1943 die Funktion eines Arbeitserziehungslagers. Hier arbeiteten zu Beginn der 50er Jahre überwiegend ehemalige Wachtmeister, die auch als solche weiterhin bezeichnet wurden und sich selbst als solche verstanden. Dementsprechend herrschte in Glückstadt bis in die 60er Jahre hinein ein hartes und unnachgiebiges Regime. Auch die äußeren Bedingungen wurden nach dem Krieg zunächst kaum verändert. Selbst wenn Glückstadt ein extremes Beispiel ist, muss davon ausgegangen werden, dass in vielen Heimen kein konsequenter Neuanfang gesucht wurde."[55]

Angesichts der Kontinuitäten in der Heimerziehung stellt sich auch die Frage nach der Rolle der Wissenschaft nach 1945 im Bereich der Jugendhilfe. Zahlreiche Akteure aus der NS-Zeit beherrschten Anfang der 50er Jahre weiterhin den Geist der fachlichen Diskussionen. Der bis Anfang der 60er Jahre meist zitierte Beitrag war der Aufsatz von Werner Villinger und Hermann Stutte aus dem Jahr 1948 *Zeitgemäße Aufgaben und Probleme der Jugendfürsorge*. Dieser Aufsatz beruht auf den erbbiologischen Forschungen an Giessener Fürsorgezöglingen zur Zeit der Nazi-Herrschaft, in der Werner Villinger Erbgesundheitsoberrichter und Euthanasiegutachter gewesen war. „1961 wurde er Gutachter im Wiedergutmachungsausschuss des Deutschen Bundestages und durfte erneut über seine früheren Opfer gutachten. Dort hat er die ‚Entschädigungsneurose' erfunden, was zur Folge hatte, dass die Zwangssterilisierten aus dem Bundesentschädigungsgesetz herausfielen." [56] Villinger und Stutte waren beide einflussreiche Marburger Wissenschaftler,

---

53 Vgl. Bakos, a.a.O., S. 154 f
54 Vgl. Wensierski, *Schläge*, S. 149-178
55 *Zwischenbericht des Runden Tisches „Heimerziehung in den 50er und 60er Jahren"*. Eigenverlag: Arbeitsgemeinschaft für Kinder und Jugendhilfe (AGJ), Berlin 2010; www.rundertisch-heimerziehung.de. Im Folgenden als *Zwischenbericht RTH* zitiert.
56 Zit. nach Wolfram Schäfer, wissenschaftlicher Mitarbeiter am Institut für Erziehungswissenschaft der Universität Marburg, in der Diskussion zu den Vorträgen der Veranstaltung des Landeswohlfahrtsverbandes Hessen mit der Internationalen Gesellschaft für erzieherische Hilfen am 9. Juni 2006 in Idstein zu dem Thema: Aus der Geschichte lernen - Die

die Generationen von Erziehern, Psychologen, Pädagogen und Psychiatern ausgebildet haben. Und das noch 1948 mit der Vorgabe „Fürsorgezöglinge sind sozialbiologisch unwertiges Menschenmaterial".[57] Hermann Stutte hat noch 1959 ein Buch mit dem Titel *Die Grenzen der Sozialpädagogik* veröffentlicht, in dem er seine jugendpsychiatrischen Untersuchungen an so genannten unerziehbaren Fürsorgezöglingen aus der NS-Zeit referiert hat. Dafür hat er unter den Verantwortlichen der Fürsorgeheime viel Beifall gefunden. Er konnte das Buch in der Schriftenreihe des *Allgemeinen Fürsorgeerziehungstages* herausgeben, in dessen Vorstand er in den ersten drei Jahrzehnten nach dem Krieg einen großen Einfluss hatte.[58] Es ist also eine nahtlose Übertragung der erbbiologischen Paradigmen aus der NS-Zeit in die wissenschaftliche Lehre nach 1945 erfolgt.[59]

Wen verwundert es, dass die Verhältnisse in vielen Heimen sich in der heute beklagten Weise gestaltet haben. Weder in der Wissenschaft noch in den Heimen selbst hat es eine Entnazifizierung gegeben. Es hat auch keine ideologiekritische Auseinandersetzung mit dem nationalsozialistischen Gedankengut stattgefunden. Professoren wie Villinger und Stutte konnten auch nach 1945 ihr menschenverachtendes NS-Gedankengut ungehindert verbreiten; „Erzieher" konnten weiter demütigen und quälen. Peter Wensierski hat eine Liste von alltäglichen Strafen zusammengestellt, die einen Aspekt dieser Prinzipien, nämlich die Strafmaßnahmen, veranschaulichen: „mit nackten Beinen auf scharfkantigen Holzscheiten knien; in einen Kartoffelsack stecken, zubinden und in den dunklen Keller stellen; in einer Reihe anstellen, um über eine hochgehaltene Rute mit eingeflochtenen Dornen zu springen; in eine Badewanne mit kaltem Wasser setzen und gewaltsam untertauchen; eiskalt duschen und nass, frierend und nackt stillstehen müssen – bisweilen über eine Stunde lang; Kniebeugen mit ausgestreckten Händen, auf denen Bibeln liegen. Schläge mit dem Riemen auf die Hände, sobald eine Heilige Schrift dabei herunterfällt; vor dem Teller mit erbrochenem Essen sitzen bleiben

---

Heimerziehung in den 50er und 60er Jahren, die Heimkampagne und die Heimreform. Tagungsdokumentation. Kassel 2006, S. 64; im Folgenden zitiert als *Tagungsdokumentation*

57 Ebd.

58 Vgl. Christian Schrapper, Professor für Pädagogik und Sozialpädagogik an der Universität Koblenz-Landau, in der Diskussion zu den Vorträgen, *Tagungsdokumentation*, S. 66. Zum Denken, Werdegang und Einfluss Stuttes siehe auch: Wolfgang Jantzen: *Eklektisch-empirische Mehrdimensionalität und der „Fall" Stutte – Eine methodologische Studie zur Geschichte der deutschen Kinder- und Jugendpsychiatrie*. In: Zeitschrift für Heilpädagogik 44 (1993) 7, S. 454-472; auch unter: www.basaglia.de/Artikel/Stutte.pdf

59 In Hessen waren 1945 im Zuge der amerikanischen Entlassungspraxis 34 Prozent der Mitarbeiter des öffentlichen Dienstes entlassen worden. Mitte 1949 befanden sich alle – bis auf 2 Prozent – wieder in Amt und Würden. Vgl. Vollnhals, a.a.O., S. 62

müssen und durch wiederholte Schläge auf den Kopf gezwungen werden, das Erbrochene vollständig aufzuessen; beim Erbrechen in die Kloschüssel den Kopf des Jugendlichen herunterdrücken und abziehen; die Hände auf dem Rücken fesseln und die Jugendlichen im Keller mit einer Halsschlaufe an einen Wandhaken hängen, so dass die Schlaufe beim Zusammensacken nach stundenlangem Stehen würgt; Mädchen mit Kindern das Stillen verbieten."[60] Diese Strafen entsprachen dem normalen Alltag in so manchem Heim des total institutionalisierten Vollzugs der Heimerziehung. Für die internierten Kinder und Jugendlichen bedeuteten sie, dass jede individuelle Lebensäußerung für sie schmerzliche Konsequenzen haben konnte. Denn eigentlich hatte man kein Recht auf ein eigenes Leben, nur auf das, was die Anstalt gewährte.

Zu den Erziehungsmethoden und Praktiken in den Heimen der 50er und 60er Jahre stellt der Runde Tisch in seinem Zwischenbericht, den er im Januar 2010 veröffentlicht hat, vorläufig fest: „Wenn auch nicht in allen, so herrschten doch in vielen Heimen in den 50er und 60er Jahren repressive und restriktive Erziehungsmethoden. Der Gedanke war weit verbreitet, dass Kinder generell, aber insbesondere gefährdete Kinder und Jugendliche, durch Härte, Zucht und Ordnung erst zu vollwertigen Menschen erzogen werden müssen."[61] In diesem Zusammenhang wird auch auf den Zwang zum Essen, die Strafen für Bettnässen, Haarescheren und den Karzer eingegangen. Weiter heißt es: „Positive Beziehungen zum Erziehungspersonal und anderen Kindern wurden oft systematisch unterbunden. Dazu gehörte die Regel des jährlichen Wechsels der Erziehungspersonen. Kinder, die sich miteinander anfreundeten, wurden gelegentlich getrennt. Auch von Kontaktverboten zu anderen Kindern und Jugendlichen und Sprechverboten, zum Beispiel während des Essens und der Arbeit, wird berichtet. Gerade in der Anfangszeit war es üblich, die Kinder und Jugendlichen von ihren Familien abzuschirmen. Geschwister wurden bei der Heimunterbringung oft getrennt. Briefe von Seiten der Eltern oder sonstiger Verwandter wurden zurückbehalten und Kontaktversuche verschwiegen. Züchtigung in Form von körperlicher Gewalt gehörte ebenfalls zum Alltag vieler Heime, allerdings auch zur Alltagspraxis vieler Schulen und Familien. Zu offiziell akzeptierten Züchtigungsformen gehörten Schläge mit der flachen Hand oder mit dem Rohrstock oder anderen ‚geeigneten' Gegenständen auf die sogenannten ‚Erziehungsflächen'. [...] Anlässe für die geschilderten Bestrafungen und Disziplinierungen waren mitunter schon kleine Verfehlungen und Unachtsamkeiten. Auch wenn die körperliche Züchtigung schon damals umstritten war und von unterschiedlichen Stellen – etwa durch ministeriale Erlasse – versucht wurde, körperliche Züchtigung zu

---

60 Wensierski, *Schläge*, S. 84
61 *Zwischenbericht RTH*, S. 19

unterbinden oder zumindest zu minimieren, wurde sie bis in die 70er Jahre in vielen Heimen regelmäßig und in manchen Heimen exzessiv angewandt. [...] Neben körperlicher und teilweise sexueller Gewalt durch die Erzieherinnen und Erzieher gehörten in einigen Heimen Gewalt und sexuelle Übergriffe unter den ‚Zöglingen' zur Alltagspraxis. Innerhalb der Heimgruppen gab es unter den Kindern und Jugendlichen regelrechte ‚Hackordnungen'. Diese Übergriffe innerhalb der Gruppen wurden nicht unterbunden, sondern wegsehend zugelassen und als ‚Selbstdisziplinierung' der Gruppe genutzt. So ließ man die dominierenden Kinder und Jugendlichen in den Gruppen gewähren und ihre Interessen, soweit sie sich mit denen der Erziehenden deckten, durchsetzen."[62] Fortschrittliche Erzieher mit pädagogischen Fachkenntnissen und repressionsarmen Methoden konnten sich in den Einrichtungen oft nicht gegen die brutalen restriktiv-konservativen Erziehungsvorstellungen durchsetzen. „Zahlreiche ehemalige Erzieherinnen und Erzieher berichten von ihrer anfänglichen Erschütterung und ihrer Ablehnung gegenüber den Bedingungen und Erziehungsmethoden in den Heimen. Aus den gleichen Berichten geht hervor, dass sich viele nach kurzer Zeit den Umständen und der täglichen Praxis unterwarfen und schließlich die Erziehungsmethoden anwendeten, vor denen sie noch einige Wochen zuvor Abscheu empfunden hatten. Es berichten auch ehemalige Erzieherinnen und Erzieher, die sich an diesen Erziehungsmethoden nachhaltig nicht beteiligten, wie sie um positive Beziehungen zu den ‚Zöglingen' bemüht waren. Etliche schieden aber bald aus dem Dienst aus. In vielen Einrichtungen hatte der lieblose und ordnungsbetonte Umgang mit den Kindern und Jugendlichen Systemcharakter. [...] Unter diesen Umständen und einem oft abwertenden Menschenbild gegenüber Kindern und Jugendlichen in Heimen war eine förderliche, liebevolle und zugewandte Erziehung kaum vorstellbar."[63]

Die Hinweise aus Fachkreisen und von Journalisten haben kaum etwas bewirken können. In den Heimen hielt man das, was man tat, für rechtens und konnte unter dem beschönigenden Begriff „Fürsorgeerziehung" seine Aggressionen ungestört ausleben. Die Gesellschaft war mit dem Wiederaufbau und ihren privaten Problemen beschäftigt. Erst die Studentenbewegung riss Steine aus den alles verbergenden Mauern der Heimerziehung und brachte vieles, bei weitem nicht alles, was in den Heimen geschah, an die Öffentlichkeit. Das Bekanntwerden des Unrechts, der Unterdrückung und der Gewalt in den Heimen hat Empörung ausgelöst. Und erst diese Empörung hatte die notwendigen Veränderungen zur Folge.

---

62 Ebd., S. 20
63 Ebd., S. 19

In den 50er und 60er Jahren waren es vollkommen geringfügige Vergehen oder sogar Nichtigkeiten, die dazu führten, dass über Jugendliche eine Zwangseinweisung in ein Heim verfügt wurde und ihr Leben so einen krassen Bruch erfuhr. Aus diesem Grund scheint ein kleiner Exkurs angebracht, der einen erhellenden Blick auf die gesetzliche Grundlage und die Vorgehensweisen der Behörden wirft, die für die Einweisung verantwortlich waren.

Exkurs: Verwahrlosung

Die Begründung für die Einweisung in ein Heim lautete häufig „Verwahrlosung", „sittliche Verwahrlosung" oder „drohende Verwahrlosung". Doch was wurde darunter überhaupt verstanden?
Anspruch und Aufgabe der Heimerziehung wurden durch das Reichsjugendwohlfahrtsgesetz (1922) geregelt, das in den 50er Jahren zaghaft novelliert und 1961 in Jugendwohlfahrtsgesetz umbenannt wurde. Die Gesetzesnovellen blieben jedoch weit hinter den Erwartungen der Kritiker aus Fachkreisen zurück.
In §1 war festgelegt, dass jedes Kind und jeder Jugendliche einen Rechtsanspruch auf Erziehung zur leiblichen, seelischen und gesellschaftlichen Tüchtigkeit hat. Es trennte zwischen Fürsorgeerziehung (FE) und freiwilliger Erziehungshilfe (FEH). Die freiwillige Erziehungshilfe wurde dem Minderjährigen „gewährt", wenn seine leibliche, geistige oder seelische Entwicklung gefährdet oder geschädigt" war (§62 JWG). Sie kam aufgrund freiwilliger Vereinbarungen zwischen den Eltern und dem Jugendamt zustande. Fürsorgeerziehung wurde für Minderjährige vom Vormundschaftsgericht bis zur Vollendung des 20. Lebensjahres angeordnet, wenn sie „verwahrlost" waren oder zu „verwahrlosen" drohten (§64 JWG). In diesen Aussagen klingt zunächst durchaus ein ernstgemeintes Bemühen um den Schutz der Kinder mit. Inhaltlich war das (Reichs-)Jugendwohlfahrtsgesetz jedoch stark polizei- und ordnungsstaatlich geprägt und folgte eher ordnungspolitischen als karitativen Zielsetzungen. Die in den 50er und 60er Jahren herangezogenen Begriffe wie „Gefährdung", „Schädigung" und „Verwahrlosung" beschrieben lediglich Vorstellungen von abweichendem Verhalten hinsichtlich gesellschaftlicher Normen und basierten auf keiner fachlichen Legitimation. Was also unter „Verwahrlosung" zu verstehen war, blieb der Auslegung von Jugendämtern und Richtern überlassen. Was *sie* unter Verwahrlosung verstanden, entschied über das Schicksal der Kinder und Jugendlichen. Den Mitarbeitern in Jugendämtern und Vormundschaftsgerichten war durch die im (Reichs-)Jugendwohlfahrtsgesetz enthaltenen Ungenauigkeiten und durch die fehlenden fachlichen Voraussetzungen zur Einschätzung der Situation von Kindern und Jugendli-

chen eine große Verantwortung übertragen, der sie nicht gerecht wurden und wohl auch nicht gerecht werden konnten. Die Folge waren Entscheidungen, die von Emotionen, persönlicher Haltung und ideologischen Sichtweisen geprägt waren. Die Kinder und Jugendlichen wurden „nicht als Subjekte, sondern als Objekte behördlicher Erziehungsgewalt angesehen".[64] Lapidar und damit gleichzeitig auch deutlicher ausgedrückt heißt das: Die Gewalt behördlicher Erziehung machte mit diesen Objekten, was sie wollte. Zu dieser Einschätzung passt auch die Aussage Rudolf Mettes, eines ehemaligen Jugendamtmitarbeiters aus Paderborn: „Die Vormundschaftsrichter, die sie für Jahre in die Heime schickten, haben sich die Kinder praktisch nie angesehen. Sie haben nach Aktenlage sehr schnell entschieden, ohne Auseinandersetzungen, ohne großes Hin und Her. Oft habe ich den Antrag auf Fürsorgeerziehung morgens zum Gericht gebracht und konnte gleich warten, bis ich den Beschluss in der Tasche hatte. Der war zwar vorläufig und musste nach Ablauf von sechs Wochen noch einmal bestätigt werden, aber das war Routine. Eine kritische Betrachtung der Einweisungen fand überhaupt nicht statt. Um 14 Uhr, am frühen Nachmittag, wurden die Kinder schon abgeholt. Die Richter haben immer für die Heimeinweisung des Kindes entschieden. Immer. So habe ich das erlebt, und so war es überall im Lande." [65] Nach Einsicht in noch vorhandene Fürsorgeakten dieser Zeit stellt Peter Wensierski fest, dass es in manchen Fällen für eine Zwangseinweisung schon genügt habe, „wenn ein Jugendlicher den verpönten Rock'n Roll laut hörte, wenn Mädchen enge Nietenhosen trugen, sich schminkten, mit 14 oder 15 Jahren die Jungs zu oft anlächelten oder sich gar mit ‚Halbstarken' herumtrieben." [66] Doch wie haben die Jugendämter von dieser „Verwahrlosung" erfahren? Mette berichtet dazu: „Beim Jugendamt haben Lehrer angerufen und auf Schulversäumnisse oder häufiges Zuspätkommen hingewiesen. Nachbarn berichteten, dass ein Kind einer alleinerziehenden Mutter unpassend gekleidet sei oder mit 15 schon einen Freund oder eine Freundin hatte, auf Tanzveranstaltungen ging und die Schule schwänzte. Unpassend gekleidet konnte heißen: mit knisterndem Petticoat oder mit engen Hosen, weitem Pullover, offenen langen Haaren oder Pferdeschwanz. Wenn sie von einem Jungen abgeholt wurde, der verkehrswidrig durch die Einbahnstraße fuhr, oder mit einer Gruppe ‚Halbstarker' zur Kirmes ging, wo es vielleicht eine Prügelei gab, dann kam das verschärfend

---

64 Arbeitsgruppe Heimreform, a.a.O., S. 80
65 Zit. nach Wensierski, *Schläge*, S. 52
66 Wensierski, *Schläge*, S. 53 f

hinzu. Darüber wurde das Jugendamt informiert. Es hieß dann: ‚Da muss was passieren!'" [67] In der Regel passierte dann auch etwas. Das lässt sich in den sehr anschaulichen Berichten der ehemaligen Heimkinder nachlesen.[68] Der Zwischenbericht des Runden Tisches merkt zur Handhabung der Heimeinweisung an, „dass vermeintliche Diagnosen und Begriffe wie ‚Verwahrlosung', ‚unehelich' und andere wohl kaum zutreffende Charakterisierungen der Kinder und Jugendlichen darstellten. Vielmehr handelte es sich um interessengeleitete Zuschreibungen und Etikettierungen, die durch den gesetzlichen Rahmen, der solche Zuschreibungen als Kriterien für die Gewährung von Erziehungsmaßnahmen voraussetzte, provoziert wurden. So wurden gelegentlich sogar Säuglinge im Rahmen von FE oder FEH untergebracht und galten demnach als ‚verwahrlost'. Oft führten diese Zuschreibungen zu Stigmatisierungen und damit zu einer Zuspitzung der individuellen Problemlagen."[69] Während Gründe für die Stigmatisierung als „verwahrlost" bei Jungen vorrangig Eigentumsdelikte (dazu gehörte auch Mundraub), Arbeitsunlust und Fortlaufen waren, wurden Mädchen vorrangig aufgrund sexueller Unangepasstheit als „sittlich verwahrlost" stigmatisiert.
In einer Studie des Psychiaters Friedrich Specht aus dem Jahr 1967 fiel der geschlechtsspezifische Unterschied noch eklatanter aus als in vorherigen Studien: 61,5 Prozent aller Mädchen wurden aufgrund „unerwünschter sexueller Beziehungen" als „verwahrlost" stigmatisiert, während dies lediglich bei 3,5 Prozent der Jungen der Fall war.[70] Annette Lützke stellt in ihrer Untersuchung zum Thema Heimerziehung für Mädchen 1945 bis 1975 fest, „dass Mädchen und junge Frauen in der Regel aufgrund eines als abweichend klassifizierten Sexualverhaltens in Fürsorgeerziehung kamen, wobei sich die Auffälligkeitsdefinitionen an typisch weiblichen Rollenerwartungen orientierten [...] Jungen wurden in der Ausübung vorehelicher Sexualität wesentlich mehr Freiheiten zugebilligt als Mädchen. Während sich Jungen durch sexuelle Erlebnisse Achtung und Bewunderung verschaffen konnten, führte dasselbe Verhalten bei Mädchen zu einer Missachtung ihrer Persönlichkeit und wurde als Problem oder Verhaltensauffälligkeit thematisiert. Verhaltensweisen wie eine als zu freizügig beurteilte Einstellung zur Sexualität oder Weglaufen von zu Hause wurden im Gegensatz zum devianten Verhalten von Jungen zwar nicht strafrechtlich verfolgt, jedoch verletzten sie das ungeschriebene Gesetz des Moralkodex über die weibliche Geschlechtsrolle und führten aufgrund dieser moralischen Verurteilung zur Heimeinweisung. Was in einer

---

67 Zit. nach Wensierski, *Schläge*, S. 52 f
68 Zum Beispiel unter: www.heimseite.eu
69 *Zwischenbericht RTH*, S. 14
70 Friedrich Specht: *Sozialpsychologische Gegenwartsprobleme der Jugendverwahrlosung*, Stuttgart 1967, S. 21

Gesellschaft als abweichendes Verhalten definiert wurde, hing nicht nur von den gängigen Wert- und Moralvorstellungen ab, sondern auch von einem sich wandelnden Frauenbild. Nach einer vorübergehenden Selbständigkeit der Frau in der Nachkriegszeit etablierte sich im Laufe der fünfziger Jahre in der Gesellschaft wieder ein eher traditionelles Frauenbild. In den fünfziger und sechziger Jahren war zuviel Eigenständigkeit und Ungebundenheit von jungen Mädchen unerwünscht. Während der Phase jugendlichen Experimentierens stießen Mädchen schnell an die Grenzen, in denen sich ‚anständige' Mädchen zu bewegen hatten, wobei das Stigma ‚sittlich verwahrlost' recht willkürlich zur Beschreibung unerwünschter Verhaltensweisen von Mädchen herangezogen wurde." [71] Sexueller Missbrauch an Mädchen führte – wie vor 1945 – nicht etwa dazu, dass der Täter verfolgt wurde: Das Mädchen wurde als „sexuell verwahrlost" abgestempelt, in ein Erziehungsheim eingewiesen und weiter misshandelt.[72] Wurde ein Kind oder Jugendlicher als „verwahrlost" angesehen oder die Situation des Kindes oder Jugendlichen so eingeschätzt, dass eine „Verwahrlosung" drohte, wurde das Jugendamt aktiv. Es hatte dabei meist wenig oder gar keine Informationen über die Heime, in die eingewiesen wurde. In der Durchführung waren die beiden Maßnahmen Fürsorgeerziehung und freiwillige Erziehungshilfe im Wesentlichen gleich.[73] Sobald freiwillige Erziehungshilfe gewährt oder Fürsorgeerziehung angeordnet worden war, bestimmten die Jugendbehörden über Erziehung, Ausbildung und Aufenthalt der Jugendlichen. In den 50er und 60er Jahren bedeutete das für das betroffene Kind oder den betroffenen Jugendlichen häufig die Auslieferung an eine Erziehung, bei der sich unqualifizierte Mitarbeiter als Erzieher ausagieren konnten, die in der Regel mit ihrer Aufgabe und ihrer beruflichen Situation in den vernachlässigten Heimen vollkommen überfordert waren. Im Hinblick auf eine berufliche Ausbildung bedeutete die Einweisung in ein Heim für Jungen, dass sie – wenn überhaupt – Berufe erlernten, die zum Teil im Aussterben begriffen waren. Für Mädchen bedeutete die Heimeinweisung, dass sie häufig nicht einmal die Vermittlung von Kenntnissen erfuhren, mit denen sie einen Haushalt hätten führen können.[74] Für viele, vielleicht die meisten der Betroffenen, bedeutete die Zwangseinweisung einen jahrelangen Aufenthalt in einem Heim, das von seiner Struktur her eher einem Gefängnis als einem Ort glich, an dem sich „verwahrloste" Kinder und Jugendliche hätten heimisch und geborgen fühlen können. Das Jugendwohlfahrtsgesetz, das eher sanktionierte, als dass es fürsorgliche Unterstützung für bedürftige Kinder und Jugendliche gewährleistete, wurde erst

---

71 Lützke, a.a.O., S. 182 f
72 Vgl. Wensierski, *Schläge*, S. 182
73 Vgl. Lothar Gothe/Rainer Kippe: *Ausschuß*, Köln/Berlin 1970, S. 31; Lützke, a.a.O., S. 64
74 Vgl. Gothe/Kippe, *Ausschuß*, S. 32 f

1991 vom Kinder- und Jugendhilfegesetz abgelöst. Das heißt, es sollte noch 22 Jahre dauern, bis gesetzliche Konsequenzen aus den Aufdeckungen der skandalösen Verhältnisse durch die Heimkampagne gezogen wurden. Das Jugendwohlfahrtsgesetz richtete sich vor allem gegen die unteren sozialen Schichten der Bevölkerung. Über 90 Prozent der Heimkinder in Deutschland kamen im Jahre 1968 aus unterprivilegierten Schichten.[75]

Vom Ende der Ära Adenauer bis zur Großen Koalition

Das Ende der Ära Adenauers und seiner erstarrenden Innenpolitik wurde eingeleitet durch die „Spiegel-Affäre" im Oktober 1962. Die durch sie ausgelöste Regierungskrise führte zum Rücktritt des 87-jährigen Kanzlers. Die neue Regierung unter Erhard (CDU) suchte die Stagnation in der Innenpolitik zu überwinden und auf neue Herausforderungen der Industriegesellschaft zeitgemäße Antworten zu finden. Dabei kam ihr die anhaltende beziehungsweise neu einsetzende Hochkonjunktur zugute. Sie verschärfte den Mangel an Arbeitskräften derart, dass die Zahl der angeworbenen „Gastarbeiter" ständig wuchs (Juli 1965: mehr als 1 Million, September 1966: 1,4 Millionen), ohne dass die damit verbundene Problematik (Integration, Familienzusammenführung, Alterssicherung) von der Regierung und der Gesellschaft erkannt beziehungsweise berücksichtigt wurde. Wie wir heute wissen, ist ein nicht geringer Teil der benötigten Arbeitskräfte auch in den Kinderheimen gefunden worden. Ehemalige Heimkinder berichten, dass sie nur die notwendigste Schulbildung erhalten haben und ohne die Möglichkeit zu einer Ausbildung in der Landwirtschaft oder in Werkstätten eingesetzt wurden. So wurde im Jugenderziehungsheim Süchteln zum Beispiel für die Firmen *Braun*, *Miele* und *Rowenta* im Akkord gearbeitet. Der Stundenlohn für die Jugendlichen betrug 4 Pfennige. Rentenbeiträge wurden nicht eingezahlt.[76] Wer einen Fehler machte, musste damit rechnen, mit einem Rohrstock auf den Rücken geschlagen zu werden.[77] Oft wurde ein Teil des Einkommens der Minderjährigen für den Heimaufenthalt, Kleidung und andere Anschaffungen

---

75 Vgl. Autorenkollektiv: *Gefesselte Jugend. Fürsorgeerziehung im Kapitalismus*. Frankfurt am Main 1971, S. 66-150. Hier erfolgt eine gründliche Analyse des Verwahrlosungsbegriffs als ideologische Grundlage der Fürsorgeerziehung; Karl-Josef Kluge/Hans-Joachim Kornblum: *Entwicklung im Heim. Am liebsten mache ich Sport und tanze. Was Heimbewohner denken, hoffen, fühlen*. Teil III d, München 1984; Gothe/Kippe, *Ausschuß*, S. 36 f
76 Vgl. Dietmar Krone im Interview, 2007, S. 1
77 Vgl. Dietmar Krone: *Albtraum Erziehungsheim. Die Geschichte einer Jugend*. Leipzig 2007, S. 73

einbehalten, ein geringer Teil als Taschengeld ausgezahlt, und im besten Fall, wenn dann noch etwas übrig war, wurde dies für den Jugendlichen auf ein Sparbuch überwiesen.

Blieben die Verhältnisse in den Heimen katastrophal, so sah die Entwicklung in anderen Bereichen ganz anders aus. „Die wirtschaftliche Prosperität seit Mitte der 50er Jahre begünstigte eine extensive Ausgabenpolitik, weckte und förderte bei Parteien und Verbänden Begehrlichkeiten. Die Koalition setzte im Bundestag kostspielige finanz- und gesellschaftspolitische Maßnahmen durch bzw. war nicht in der Lage, entsprechenden Anträgen, wenn nicht gar Pressionen, wirkungsvoll zu begegnen. Eine neue Ausgabenflut führte zu einem rasch wachsenden Defizit im Bundeshaushalt. Manche ‚Wahlgeschenke' waren eine Folge der Nachgiebigkeit des Bundeskanzlers gegenüber dem inzwischen allgemein eingerissenen Anspruchdenken. Dies tat jedoch der Popularität des ‚Dicken' zunächst keinen Abbruch, brachte Erhard allerdings auf die Dauer den Vorwurf der Unentschlossenheit und Führungsschwäche ein."[78] Erhard kritisierte zwar bei jeder Gelegenheit überzogene Ansprüche des Einzelnen und von Interessensgruppen an den Staat, aber seine Drohung, von Artikel 113 des Grundgesetzes („Sparartikel") Gebrauch zu machen, verwirklichte er nicht. Er beließ es bei Maßhalteappellen. Trotz des Defizits im Bundeshaushalt nahmen die Ausgaben nicht ab.

Fürsorgeerziehung musste jedoch auf ein „Maßhalten" eingestellt bleiben. Die aus der NS-Zeit übernommen Erziehungsideale und -methoden begünstigten eine sehr schlechte finanzielle und personelle Ausstattung der öffentlichen Heime. Hier wurde gespart, und man sah wenig Anlass, dies zu ändern. Da sich in den 50er Jahren verstärkt das Leitbild Familie in der Gesellschaft durchsetzte, zeigten sich zwar auch in der Heimerziehung Bestrebungen, die Massenversorgung mit Riesenschlafsälen auf kleinere Wohngruppen von 15 bis 20 Mädchen oder Jungen umzustellen. Sie wurden jedoch nur zögerlich umgesetzt. Obwohl Mitte der 50er Jahre Um- und Neubauten in den Erziehungsheimen erfolgten, gingen die baulichen Veränderungen so langsam voran, dass sie teilweise Ende der 50er Jahre noch nicht abgeschlossen waren. Wie wenig wirkliches Interesse hier an Veränderungen tatsächlich gegeben war, zeigt die Tatsache, dass es sich bei diesen zurückhaltenden Vorhaben oft lediglich um den Einbau von Hartpappenwänden handelte, die auch nur dreiviertelhoch durchgeführt wurden. Noch 1959 berichtet ein Mitarbeiter des Landesjugendamtes nach seinem Besuch im Kloster des Guten Hirten in Aachen, dass zwar auf dem wirtschaftlichen Sektor verschiedene neue

---

78 Morsey, a.a.O., S. 88

Einrichtungen ins Auge fielen, die Räume der Mädchen jedoch noch einen trostlosen Eindruck erweckten, insbesondere die großen Wohngruppenräume und die provisorisch abgeteilten Riesenschlafräume.[79]
Am 24. Juni 1965 scheiterte der Versuch der Koalition, das Grundgesetz durch die immer noch fehlenden Notstandsartikel zu ergänzen. Die SPD verhinderte das Erreichen der erforderlichen Zweidrittelmehrheit. Wurden 1964 noch hohe Zuwachsraten erreicht, waren erste Krisenzeichen nicht zu übersehen. Ende 1965 schlug die Konjunktur um. Die Zahl der Arbeitslosen stieg rasch an – von 100.000 im September 1966 auf 673.000 im Februar 1967. Daraus resultierende Steuerausfälle und weiterhin gewährte Subventionen vergrößerten das Haushaltsdefizit, das für das Jahr 1966 auf 6 bis 10 Millionen DM geschätzt wurde.[80] Die erste Rezession seit Bestehen der Bundesrepublik löste bei der an wirtschaftliche Prosperität gewöhnten Bevölkerung Sorgen und Ängste aus. Nach seinem Wahlsieg vom September 1965 verlor Bundeskanzler Erhard überraschend schnell an Autorität und Popularität, da es ihm nicht gelang, diese Ängste zu bannen. Bei den Landtagswahlen in Hessen 1966 erreichte die 1964 gegründete NPD 7,9 Prozent der Stimmen, auch in Bayern konnte sie in den Landtag einziehen. „Der offensichtliche Zusammenhang zwischen wirtschaftlicher Rezession und Anstieg des Rechtsradikalismus löste Besorgnis über die Stabilität der Bonner ‚Schönwetter-Demokratie' aus. Die Erfolge des Rechtsextremismus förderten die Bereitschaft, in Bund und Ländern Große Koalitionen zu bilden, um nicht von den Stimmen der NPD abhängig zu werden." [81] Zu einer Koalition mit der SPD war Erhard nicht bereit, was die CDU-Fraktion im Bundestag jedoch nicht hinderte, Koalitionsgespräche einzuleiten, die den Rücktritt Erhards beschleunigten und als Ergebnis die Große Koalition (1966-1969) zeitigten. Bundeskanzler wurde nun Kurt Georg Kiesinger, der aufgrund seiner früheren NSDAP-Mitgliedschaft in linken Kreisen sehr umstritten war. Viele sahen in ihm ein Symbol unbewältigter deutscher Vergangenheit. Prominente wie Heinrich Böll sprachen sich gegen seine Kanzlerschaft aus. Der eher dem konservativen Lager zugerechnete Philosoph Karl Jaspers und seine Frau gaben aus Protest gegen Kiesinger ihre Pässe ab und wurden Staatsbürger der Schweiz.
Bernhard Schlink, Professor für Öffentliches Recht und Rechtsphilosophie, weist in seinem Essay *Vergangenheitsschuld* darauf hin, dass es nicht nur die Täter, Anstifter und Beihelfer sowie die, die vor 1945 Widerstand und Widerspruch unterlassen haben, gab, sondern auch diejenigen, die nach 1945 nicht bereit waren, sich von dem Vergangenen loszusagen. „Nachdem die Verbrechen geschehen waren, gab es die Möglichkeit der Aufrechterhaltung und der

---

79 Vgl. Lützke, a.a.O., S. 63
80 Vgl. Morsey, a.a.O., S. 94
81 Ebd., S. 96

Aufkündigung der Solidarität. Die Täter und die auf die eine oder andere Weise an den Taten Beteiligten konnten entweder in der Solidargemeinschaft gehalten oder aus ihr verstoßen werden. Der rechtsgeschichtliche Rückblick zeigt, dass auch das Nichtlossagen, Nichtverurteilen, Nichtverstoßen Schuld stiftet. Dabei handelt es sich nicht um eine rechtsgeschichtliche Reminiszenz; auch heute gilt, dass jemand sich in die Schuld eines anderen verstrickt, wenn er mit ihm Solidarität aufrechterhält oder herstellt. Das Prinzip ist das folgende: Das Nichtloslassen verstrickt in alte und fremde Schuld, aber so, dass es neue, eigene Schuld erzeugt; die Glieder der Solidargemeinschaft, die durch die Tat selbst nicht schuldig geworden sind, denen sie aber gleichwohl vorgeworfen wird, laden eigene Schuld auf sich, wenn sie auf den Vorwurf nicht dadurch antworten, dass sie sich von der fremden Schuld lossagen. Nach diesem Prinzip konnten Deutsche, wo nicht vor 1945 als Täter und Beteiligte, so danach als die schuldig werden, die sich von den Tätern und Beteiligten nicht losgesagt haben. Daß Deutsche dies nicht oder doch nur zufällig und halbherziger getan haben, als sie vermocht hätten, steht außer Zweifel." [82] Diese Haltung hat im Umgang mit den Opfern der Verbrechen des Nationalsozialismus in der deutschen Nachkriegsgeschichte verheerende Folgen gehabt und blieb für Institutionen wie die Heimerziehung nicht ohne ebenso verheerende Folgen. Dabei ging es nicht nur um die Verstrickung durch Täterschaft, Mittäterschaft, Anstiftung und Beihilfe einzelner, sondern auch um eine gesellschaftliche Verstrickung durch Mitwisserschaft, durch Zu- und Wegschauen.

1968: noch eine Bestimmung die verhinderte Entnazifizierung betreffend

Hatte die Regierung Adenauer Elemente der juristischen NS-Doktrin fortgeschrieben, so wurde die Aufhebung der Strafbarkeit von Staatsverbrechen 1968 sogar noch stark erweitert. Der deutsche Bundestag fügte ins Strafgesetz eine Bestimmung ein (§50 Absatz 2 StGB), mit der die Administratoren der NS-Mordmaschinerie lediglich zu Gehilfen des von den Tätern vor Ort vollzogenen Mordvorgangs gemacht wurden. Für die Taten der Gehilfen galt eine Verjährungsfrist von 15 Jahren. Das hatte zur Folge, dass der verant-

---

82 Bernhard Schlink, a.a.O., S. 26 f

wortliche Behördenstab des Reichssicherheitshauptamtes, wo die Ermordung von Millionen von Menschen geplant worden war, von der Strafverfolgung weitgehend freigestellt wurde.[83] Joachim Perels geht davon aus, dass dem damals amtierenden Justizminister Heinemann die Zielrichtung der Neufassung von §50 Absatz 2 StGB verborgen geblieben war. Im Nachhinein gelte sie gemeinhin als „Panne". Sie sei auf jeden Fall in engem Zusammenhang zu sehen mit den Forderungen des SS-Justitiars Werner Best, der im Reichssicherheitshauptamt maßgeblich die juristischen Grundlagen für politische Gewalthandlungen gelegt hatte und nun forderte, „so genannte politische Straftaten des NS-Staatsapparats vollständig zu amnestieren, da sie nicht auf einer persönlichen kriminellen Motivation beruht hätten."[84] Diese Konstruktion hat sich auch in der Privilegierung von Schreibtischtätern durch die Gesetzesänderung von 1968 niedergeschlagen. „Dass der SS-Justitiar Best nach 1945 mit einer derartigen Konstruktion die Straffreiheit für Verbrechen des Reichsicherheitshauptamtes beeinflussen konnte, zeigt, wie groß selbst unter den Bedingungen des Grundgesetzes der Einfluss eines Denkens war, das die Bindung des Staates an die Rechtsordnung systematisch negierte [...] Tatsächlich wurden Funktionsträger der NS-Mordmaschinerie – wie der stellvertretende Kommandant von Majdanek, der Adjutant des Lagerkommandanten von Auschwitz, Leiter der NS-'Euthanasie' und Kommandeure von Einsatzgruppen – zu bloßen Gehilfen in einem fremden Geschehen erklärt, für das allein Hitler, Himmler und Heydrich verantwortlich seien. Es war die in NS-Prozessen immer wieder vorgebrachte ‚Beihilfekonstruktion', die den Strafrechtler Jürgen Baumann

---

83 Vgl. Jochim Perels: *Der Mythos von der Vergangenheitsbewältigung.* In: DIE ZEIT, 26.01.2006, online: www.zeit.de/2006/05/NS_Rechtsstaat, S. 2. Die Gründung des Reichssicherheitshauptamtes 1939 durch Heinrich Himmler kennzeichnet den Höhepunkt der Verselbstständigung des nationalsozialistischen Gewaltapparates. Die Aufgabenbereiche von staatlichen Organen und Parteigliederungen der NSDAP wurden dabei immer mehr vermischt. Das Amt war mit etwa 3.000 Mitarbeitern die zentrale Behörde, die dem größten Teil der deutschen Sicherheitsorgane vorgesetzt war. Die dem Reichssicherheitshauptamt unterstellten SS-Einsatztruppen unternahmen zum Beispiel in Polen und später in der Sowjetunion planmäßige Massaker an staatlichen und kulturellen Repräsentanten dieser Länder, insbesondere an katholischen Priestern und kommunistischen Funktionären, sowie an Roma und vor allem an Juden. Über 500.000 Menschen fielen den mörderischen Aktionen zum Opfer. Im Referat IV B organisierte der SS-Obersturmbannführer Eichmann den bürokratischen Teil der „Endlösung der Judenfrage". Auch innenpolitisch verfügte das Reichssicherheitshauptamt über umfassende Vollmachten und übte Terror aus, indem es die gerichtlich nicht kontrollierbare „Schutzhaft" zur Bekämpfung politischer Gegner nutzte. Die Ämter waren in über ganz Berlin verteilten Gebäuden untergebracht. Der Hauptsitz befand sich in der Wilhelmstraße 101, die Gestapo in der Prinz-Albrecht-Straße 8 (jetzt Niederkirchnerstraße 8). Heute gehört dieses Gelände zu der 2004 entstandenen Gedenkstätte Topographie des Terrors.
84 Ebd.

zu der Bemerkung veranlasste, darin würde ein Bild vom ‚Dritten Reich' entworfen, wonach das deutsche Volk ‚aus Hitler und 60 Millionen Gehilfen' bestanden habe. Von den rechtskräftig verurteilten 6.497 Angeklagten in Verfahren gegen die NS-Gewaltverbrecher sind nach der neuesten Statistik der Ludwigsburger Zentralstelle zur Aufklärung von NS-Verbrechen lediglich 166 zu lebenslanger Freiheitsstrafe verurteilt worden. Die im Dienst des Reichssicherheitshauptamts stehenden Einsatzgruppen-Täter galten zu über 90 Prozent als bloße Gehilfen: Sie hatten angeblich keine eigene, sondern eine fremde Tat begangen." [85] Perels stellt rückblickend fest, dass die Ahndung der NS-Verbrechen – trotz wichtiger Verfahren wie dem Auschwitz-Prozess – ein Torso blieb. Was dies verfassungsrechtlich bedeutete, liege auf der Hand: „Der Grundsatz, wonach alle Zweige der öffentlichen Gewalt an die Grundrechte (Artikel 1 Absatz 3 GG) und an das Völkerrecht (Artikel 24 GG) gebunden sind, hatte für die Ahndung vieler NS-Verbrechen keine tatsächliche Gültigkeit. Ein großer Prozess gegen das Reichssicherheitshauptamt wäre vom Material her schon 1950 möglich gewesen. Trotz umfangreicher Vorermittlungen gegen 600 Beschuldigte kam er nie zustande. Abgesehen von Einzelverfahren, blieb Hitlers Kommandozentrale, die für die Verübung von Millionen von Tötungsdelikten verantwortlich war, unbehelligt." [86]
Die Kenntnis dieser Zusammenhänge erleichtert ein Verständnis der Studentenbewegung, denn die Konflikte zwischen den Studenten und der etablierten Gesellschaft resultierten aus den Erfahrungen des Zweiten Weltkrieges und - konkreter - aus dem Umgang mit dem Nationalsozialismus und seinen Verbrechen. Die Kritik an der unbewältigten Vergangenheit und „das politisch-moralische Skandalon der nahezu ungebrochenen bzw. fast vollständig wiederhergestellten Kontinuität der NS-Funktionseliten in der Bundesrepublik bildeten den hauptsächlichen Ausgangspunkt der Entfremdung zwischen den Generationen [...]". [87] Darüber hinaus macht die Kenntnisnahme der dargestellten Zusammenhänge auch deutlich, in welchem politischen Kontext die Geschehnisse in den Heimen, die heute wieder thematisiert werden, zu sehen sind.
Von welch weitreichender Bedeutung die Verdrängung der nationalsozialistischen Vergangenheit und die Verhinderung der Entnazifizierung in der Ära Adenauer und unter der Kanzlerschaft Erhards wie auch Kiesingers war, zeigten die überraschenden Wahlerfolge der NPD. Vor allem im Ausland rief der Aufstieg neonazistischer Kräfte Erinnerungen an die Endphase der Weimarer Republik wach.

---

85 Ebd., S. 2 f
86 Ebd, S. 4
87 Norbert Frei: *1968 - Jugendrevolte und globaler Protest*, München 2008, S. 78

Ein neuer Geist entsteht

Zwar hatten Auseinandersetzungen um den Aufstieg von belasteten Personen in politische Führungspositionen die gesamte Ära Adenauer durchzogen, doch die keineswegs forciert betriebene strafrechtliche Verfolgung von nationalsozialistischen Gewaltverbrechen hatte bisher wenig Aufsehen erregt. Das änderte sich jetzt. Fünfzehn Jahre nach Gründung der Bundesrepublik entdeckte eine nachgewachsene Generation die historische Erblast des NS-Regimes neu. Ursachen, Bedingungen und Folgen des nationalsozialistischen Herrschaftssystems wurden leidenschaftlich diskutiert. Für den, der als junger Mensch die kritische Perspektive erst einmal eingenommen hatte, taten sich überall in Politik und Gesellschaft mehr oder weniger skandalöse Kontinuitäten auf: „Da war ein Theodor Heuss, der 1933 als Reichstagsabgeordneter der DDP dem Ermächtigungsgesetz zugestimmt hatte; da gab es in Adenauers Kanzleramt einen Staatssekretär Globke, dessen Name einen juristischen Kommentar zu den Nürnberger Rassengesetzen zierte; da amtierte fast sieben Jahre lang ein nach des Kanzlers eigener Einschätzung ‚tiefbrauner' Bundesvertriebenenminister Oberländer, der den deutschen ‚Lebensraum im Osten' geplant und für die Völker dort bestenfalls ein Helotensein vorgesehen hatte; da waren furchtbare Juristen wie Wolfgang Fränkel, der am Leipziger Reichsgericht Fälle von ‚Rassenschande' verfolgt hatte und gleichwohl 1962 für das Amt des Generalbundesanwalts zu taugen schien. Da waren noch immer die vormaligen Direktoren der I. G. Farben und die Manager von Krupp und Flick, die während des Krieges Zehntausende von Zwangsarbeitern regelrecht ‚verbraucht' hatten; da waren die Generäle einer Bundeswehr, die alle schon Hitler den Krieg geführt hatten. Kurz: Da war seit 1965 ein ganzes ‚Braunbuch' voller Namen einflussreicher Bundesbürger mit NS-Vergangenheit. Ost-Berlin hatte zum Rundumschlag gegen die westdeutschen Funktionseliten ausgeholt, und die studentische Jugend las das ‚Who was who im Dritten Reich' mit fassungsloser Empörung."[88] Vielfach wurde die Forderung erhoben, die neu entstandene Gesellschaft der Bundesrepublik von Relikten der braunen Vergangenheit zu säubern. Man wollte aus der Geschichte lernen und nun endlich sehen, dass Konsequenzen gezogen wurden. Daran hatten die ehemaligen und wieder in Amt und Würde gesetzten Funktionseliten natürlich kein Interesse. Aber auch die Mehrheit der älteren Generation, die nicht zu den Eliten gehörte, besaß kein Verständnis für die Erwartung, ihre vermeintlich belastete Vergangenheit nachträglich bewältigen zu müssen. Nach dem, was die meisten von ihnen erlebt hatten und was längst noch nicht verarbeitet war, stand es gar nicht in ihrer Möglichkeit

---

88 Ebd., S. 83 f

zurückzuschauen. Und schließlich gab es bei vielen neben Traumatisierungen auch noch ihre eigenen Verstrickungen mit dem NS-System. Trotzdem war die Öffentlichkeit sensibilisiert für die verdrängte Vergangenheit, was in den Medien und im Parlament noch gefördert wurde durch heftig geführte Debatten über die Verlängerung der Verjährungsfrist für NS-Verbrechen, bis sich schließlich eine breite Mehrheit des Bundestages dafür aussprach.

Das politische Klima in der Bundesrepublik, das durch Nüchternheit und Pragmatismus gekennzeichnet war, veränderte sich seit Beginn der 60er Jahre von Grund auf. Es wurde nach einer Antwort gesucht auf die Frage, wie es möglich gewesen war, dass in Deutschland ein so menschenverachtendes Regime wie das nationalsozialistische an die Macht hatte kommen können, welches eine Politik betrieben hat, in der Demütigung und Entrechtung an der Tagesordnung waren und die insgesamt mehr als 50 Millionen Menschen das Leben gekostet hatte. Diese Suche stellte gleichzeitig Werte in Frage, die in der Vorkriegszeit großgeschrieben worden waren. Als Beispiel sei auf den Begriff „Gehorsam" hingewiesen, dessen positive Konnotation bereits durch den Ersten Weltkrieg gelitten hatte, der dann aber in der nationalsozialistischen Diktatur wieder umfassende Geltung erlangt hat. Durch die in den Sechzigern einsetzende soziologische Betrachtung bekam dieser Begriff einen mehr als negativen Beigeschmack. Inwieweit „alte" Werte hier in Frage gestellt wurden, macht die dann später zu Beginn der 70er Jahre erscheinende antiautoritäre Bewegung deutlich. Grundtenor war die Verweigerung des Gehorsams gegenüber nicht hinterfragten Autoritäten. Ziel war der glückliche Mensch, der aufgrund seines eigenen erfüllten Lebens gar nicht auf die Idee kommt, andere unterdrücken zu wollen. Ein Wertewandel war erfolgt. Den Zeitgeist bestimmten nicht mehr der weitere Aufbau und die Sicherung des Erreichten im häuslich-familiären Bereich, sondern ein aktivistisches Begehren nach Bewegung, Aufbruch und Emanzipation. Unbehagen an den Erscheinungsformen der technokratisierten Industriegesellschaft breitete sich aus. In Übereinstimmung mit der Kritischen Theorie der Philosophie und Gesellschaftstheorie der Frankfurter Schule (Adorno, Habermas, Horkheimer u.a.) leistete die Studentenbewegung eine dezidierte Gesellschaftskritik und forderte revolutionäre Veränderungen der kapitalistischen Gesellschaftsstrukturen. Die Faszination der Frankfurter Schule bestand unter anderem in der Tatsache, dass sie die Erkenntnisse der Sozialpsychologie und der Psychoanalyse in die Sicht der „autoritären Persönlichkeit" zu integrieren vermochte. Lehrveranstaltungen Horkheimers waren überfüllt, in Proseminaren bei Adorno saßen 150 Teilnehmer, 90 Teilnehmer in den Hauptseminaren waren keine Seltenheit, „und seit den frühen sechziger Jahren schossen die Hörerzahlen in Adornos Vorlesung steil nach oben; in seiner letzten, im Sommersemester 1969, saßen tausend Studenten. Auch vor diesem Hintergrund erklärt sich, dass bis zur Mitte des Jahrzehnts nicht etwa West-Berlin, sondern Frankfurt am Main das Zentrum der aufkommenden Neuen Linken war. Von dort gingen in diesen Jahren die wichtigsten theoretischen Impulse aus, aber auch eine Fülle praktischer Aktivitäten. Denn Frankfurt, das war die amerikanischste der deutschen Nachkriegsstädte, Hauptquartier der US-Truppen in Europa, Inbegriff des kapitalistischen Wiederaufbaus und des Wirtschaftswunders, Sitz einer starken Sozialdemokratie und einer selbstbewussten IG Metall, Ort einer großen jüdischen Vergangenheit, linkskatholischer Gegenwart ('Frankfurter Hefte'), radikaldemokratischer Tradition, wichtiger Verlage und einer ernstzunehmenden Presse. Frankfurt, das bedeutete satirische Frechheit (seit 1962 in Gestalt von ‚Pardon') und intellektuellen Anspruch (seit 1963 ‚neue kritik', seit 1963 ‚edition suhrkamp', seit 1965 ‚Kursbuch'), Mordernität und Konsum, Lust auf das Neue und Bereitschaft zur Veränderung. Frankfurt in den sechziger Jahren war die verdichtete Wirklichkeit einer im Umbruch befindlichen Bundesrepublik." [89] Die Studentenbewegung griff die Forderung Adornos auf, dass diejenigen, die mit Sozialisierungsaufgaben betraut werden (Lehrer, Erzieher, Journalisten), Fähigkeiten wie Menschenwürde, Empathie und Selbstbewusstsein entwickeln und vermitteln müssten, so dass „[...] die Menschen [...] sich selbst als Subjekte der politischen Prozesse wissen." [90] Damit waren die Ziele der politischen Bewegung in den 60er Jahren angerissen: Es ging um ein herzustellendes politisches Selbstbewusstsein, um Aufklärung und Kritik und Schaffung einer Öffentlichkeit zur Erzwingung von Veränderungen. Es ging um die Selbstbestimmung des Individuums und die demokratische Legitimierung von institutionellen Maßnahmen und Zuständen. Gerade in dem Maße, wie Konformismus und Selbstunterdrückung „als Quellen der faschistischen Disposition gesehen werden, stellt sich für die Nachkriegsgeneration das Engagement für Menschen- und Bürgerrechte auch als Bearbeitung der Vergangenheit dar und bietet die Möglichkeit, sich im Sinne einer antifaschistischen Parteinahme zu verstehen." [91] Es war eine Neue Linke entstanden mit Zielsetzungen, die sich auf neuartige Formen kollektiven Lebens- und Protestverhaltens bezogen. Der Sozialistische Deutsche Studentenbund (SDS) bildete in Berlin den Kern und Ausgangspunkt einer Außerparlamentarischen Opposition (APO), die – nicht zuletzt wegen des Vietnam-Krieges – einen militanten Antiamerikanismus und Antikapitalismus propagierte. Sie setzte sich aus unterschiedlichen Linksgruppen zusammen, fand jedoch in der Arbeiterschaft nicht den gewünschten Widerhall.

---

89 Ebd., 94 f
90 Theodor W. Adorno: *Was bedeutet: Aufarbeitung der Vergangenheit?* In: ders.: Eingriffe. Neun kritische Modelle, Frankfurt am Main 1963, S. 130
91 Arbeitsgruppe Heimreform, a.a.O., S. 46 f

Zunächst richtete sich der revolutionäre Aktionismus gegen „verkrustete Strukturen" im Bildungsbereich, vor allem an den inzwischen entstandenen Massenuniversitäten. Die „bürgerliche" Republik und Gesellschaft sollte von tradierten Autoritäten und Grundwerten, Erziehungsprinzipien und Moralvorstellungen „befreit", Entscheidungsprozesse sollten „transparent" gemacht, das Establishment auf allen Ebenen durch eine „aufgeklärte" Gegenelite ersetzt und eine herrschaftsfreie „Gegenkultur" entfaltet werden.[92]

„Schon seit Mitte der 60er Jahre gab es hier und da auch Rundfunkbeiträge und Zeitungsartikel zum Thema Heimerziehung. Diesen Beiträgen war gemeinsam, dass sie Lebensbedingungen und darin enthaltene (mangelnde) Sozialisationschancen der Kinder und Jugendlichen skandalisierten. Kinder und Jugendliche, die in Heimen leben mussten, waren in der Gesellschaft Außenseiter bzw. wurden dazu gemacht. Dabei wurde insbesondere das im System der Fürsorgeerziehung enthaltene Prinzip der Ausgrenzung, Disziplinierung und Unterdrückung angeprangert. Die Verhältnisse in den Erziehungsheimen wurden gewissermaßen zum Anlass, um nach wie vor wirksame faschistische Elemente in der Gesellschaft aufzuzeigen. Angeklagt wurden darum in den Presse- und Rundfunkberichten weniger die Heimleitungen und Träger als vielmehr die Gesellschaft selbst. An ihr läge es, dieses Prinzip der Ausgrenzung von Abweichenden zu überwinden und stattdessen neue Wege der Interpretation zu suchen".[93] Besonders engagiert in diesem Zusammenhang war die Journalistin Ulrike Meinhof. In mehreren Rundfunkbeiträgen untersuchte sie die Zustände in den Heimen und die Folgen der Heimerziehung.

Gewaltsame Züge nahmen die Proteste und Unruhen an, nachdem am 2. Juni 1967 bei Demonstrationen gegen den Schah von Persien der Student Benno Ohnesorg von dem Polizeibeamten Karl-Heinz Kurras erschossen worden war. In großer Aufmachung stellten die *Berliner Zeitung* und die *Bild-Zeitung* den Tod Benno Ohnesorgs fälschlich als eine Folge von studentischen Ausschreitungen dar und bemühten sich so, den Todesschuss gegen die Studenten zu instrumentalisieren. Für die Studenten hingegen wurde Kurras zur Symbolfigur des West-Berliner Polizeiterrors. „Die meisten protestierenden Studenten verloren am 2. Juni 1967 nicht nur ihren Glauben an die Polizei, sondern bald auch das Vertrauen in die Justiz. Fritz Teufel von der Kommune 1, den Polizisten vor der Oper zusammengeschlagen hatten, wurde des schweren Landfriedensbruchs beschuldigt. Erst nach über zwei Monaten und einem Solidaritätshungerstreik von Studenten wurde er vorübergehend aus der Untersuchungshaft entlassen. Der Todesschütze Kurras hingegen verbrachte keinen Tag hinter Gittern. Die Gewerkschaft der Polizei spendete

---

92 Vgl. Morsey, a.a.O., S. 107
93 Arbeitsgruppe Heimreform, a.a.O., S. 134

ihm 60.000 Mark, damit er sich von einem Spitzenanwalt gegen den Vorwurf der ‚fahrlässigen Tötung' verteidigen lassen konnte [...] Aus Mangel an Beweisen sprach das Landgericht Berlin den Todesschützen frei. Nach einer Revisionsverhandlung wurde er erneut freigesprochen und durfte vier Jahre nach der Tat wieder seinen Dienst bei der Kriminalpolizei antreten."[94] Dies erinnerte an die Ahndung der politischen Morde in der Anfangsphase der ersten deutschen Republik, die nicht länger als vierzehn Jahre Bestand haben sollte.[95] Zu einem neuen Höhepunkt von Gewaltdemonstration führte der Mordanschlag auf den SDS-Theoretiker Rudi Dutschke am 11. April 1968. Bei Straßenschlachten in 26 Städten wurden etwa 400 Personen verletzt; in München gab es zwei Tote.[96]

Bei den Landtagswahlen in Baden-Württemberg erreichten die Nationaldemokraten am 28. April 1968 mit 9,8 Prozent ihr bis dahin bestes Wahlergebnis und zogen damit in den siebten Landtag ein. „Unter dem Eindruck dieses Ereignisses wie dem der Mai-Unruhen in Paris und der im gleichen Monat anstehenden Beratung der Notstandsverfassung im Bundestag erreichte der Protest der Neuen Linken in der Bundesrepublik einen letzten Höhepunkt. Dabei wurde der gleichzeitige Kampf gegen die Notstandsgesetze von den Gewerkschaften mitgetragen. Gemeinsame Massendemonstrationen, auch ein von einem Kuratorium ‚Notstand der Demokratie' organisierter ‚Sternmarsch' am 11. Mai nach Bonn konnten die Annahme der Notstandsgesetze nicht verhindern. Darin lag ein weiterer Grund dafür, daß die APO – die nach Dutschkes Ausscheiden keine vergleichbar akzeptierte Symbolfigur mehr besaß – bald in eine Vielzahl unterschiedlicher Gruppen zerfiel [...] Nachdem

---

94 Dirk Kurbjuweit u.a.: *Verrat vor dem Schuss*. In: DER SPIEGEL, Nr. 22, 25.05.2009, 2009, S. 49. Im Mai 2009, also 42 Jahre später, wird Kurras, Waffennarr und bester Schütze der Polizei, der von sich behauptet hatte, er hätte zwölf Demonstranten mit zwölf Schüssen niederstrecken können, wenn er wirklich hätte schießen wollen, bei Sichtungen der Stasi-Akten als Agent der Stasi identifiziert. Wäre Kurras damals enttarnt worden, hätten die weiteren Ereignisse möglicherweise eine andere Entwicklung genommen. Wie diese Entwicklung für Teile der Studentenbewegung hätte aussehen können, reflektiert der Schriftsteller Peter Schneider, der zu den Wortführern der 68er Bewegung gehörte, in seinem Essay *Ein armer, aggressiver Tropf – der 2. Juni 1967 in neuem Licht*. (Ebenfalls in: DER SPIEGEL, Nr. 22, 25.05.2009, S. 52 f) Für unseren Sachverhalt ist die Enttarnung des Stasi-Agenten Kurras insofern interessant, als vermutet werden kann, dass die Beurteilung der Tat durch die Justiz eine andere gewesen wäre, wenn man Kurras nicht als Kameraden, sondern als Verräter gesehen hätte.

95 Vgl. Harry Pross: *Die Zerstörung der deutschen Politik*. Dokumente 1871-1933, Frankfurt am Main 1959, S. 139 f In den ersten drei Jahren der Weimarer Republik waren 354 politische Morde von rechtsstehenden Tätern verübt worden, von denen 326 ungesühnt geblieben waren, 23 geständige Täter waren freigesprochen worden, 24 Täter verurteilt worden, wobei die Gefängnisstrafe je Mord vier Monate betrug.

96 Vgl. Morsey, a.a.O., S. 108

der Ansturm der APO gescheitert war, konzentrierte sich der linksradikale Aktionismus zunächst wieder auf die Hochschulen [...] Das neue Ziel lautete, die erstrebte ‚Systemüberwindung' mit Hilfe eines ‚langen Marsches' (R. Dutschke) durch die Institutionen (Verwaltung, Gerichte, Bildungseinrichtungen, Bundeswehr) zu erreichen." [97]

„Ein Stück Machtwechsel"

Gustav Heinemann (SPD), der amtierende Justizminister der Großen Koalition, hatte am 14. April 1968 in einer Rundfunkansprache – anders als der Bundeskanzler am Tage zuvor – weitgehendes Verständnis für sogar gewalttätige Aktionen von „Teilen der Jugend" gezeigt. Die Wahl Heinemanns zum Bundespräsidenten am 5. März 1969 wurde von ihm selbst als politische Wende, als „ein Stück Machtwechsel" interpretiert.[98]

Carlo Schmid, der 1949 maßgeblich an der Ausarbeitung des Grundgesetzes beteiligt gewesen war, erinnert sich entsprechend: „Mit Gustav Heinemann wurde zum erstenmal nach fünfzig Jahren – zum erstenmal nach Friedrich Ebert – ein Sozialdemokrat an die Spitze einer deutschen Republik gerufen [...] Was die Amtszeit Heinemanns auszeichnete, war seine Entschlossenheit, sich vor allem derer anzunehmen, die vom Zug der Zeit ins Abseits gedrängt werden oder glauben, das ihnen notwendig und richtig Erscheinende jenseits der gängigen Wege suchen zu müssen. So hat er nicht nur in Privatgesprächen, sondern auch öffentlich um Verständnis für die Studentenbewegung jener unruhigen Jahre geworben, ohne zu verschweigen, dass er deren Methoden nach Form und Inhalt nicht immer billigte." [99]

Mit den Ergebnissen der Bundestagswahl vom 28. September 1969 wurde der von Heinemann prognostizierte Machtwechsel vollzogen: Brandt und Scheel verständigten sich darauf, eine Koalition zu bilden, und begründeten das „sozial-liberale Bündnis". Diese neue Koalition verstand sich als Garant für einen neuen Anfang und eine neue Ära. Die Wahl zum 6. Deutschen Bundestag brachte einen tiefen Einschnitt mit sich, denn zum ersten Mal in der 20jährigen Geschichte der Bundesrepublik stellten die Unionsparteien nicht mehr den Bundeskanzler. Am 21. Oktober 1969 wurde Willy Brandt zum Bundeskanzler gewählt und war damit der erste sozialdemokratische Kanzler der Bundesrepublik Deutschland. In der Folge kam es in einer Reihe von Bundesländern ebenfalls zu sozialliberalen Koalitionen, so zum Beispiel

---

[97] Morsey, a.a.O., S. 108
[98] Ebd., S. 108 ff
[99] Carlo Schmid: *Erinnerungen*, Bern/München/Wien 1979, S. 827

nach den Wahlen am 14. Juni 1970 in Nordrhein-Westfalen und nach den Wahlen am 8. November 1970 in Hessen. Die NPD konnte ihre Serie von Wahlerfolgen, die sie während der Zeit der Großen Koalition erreichte, nicht mehr fortsetzen.

Der Regierungswechsel des Jahres 1969 wurde im innenpolitischen Bereich vielleicht noch mehr als im außenpolitischen von hohen Erwartungen begleitet. In seiner Regierungserklärung fasste Bundeskanzler Brandt das Leitmotiv der innenpolitischen Neuorientierung in die Formel „Mehr Demokratie wagen". Brandt ging von einem erheblichen Reformdefizit nach zwanzig Jahren unionsgeführter Bundesregierungen aus und zielte vor allem darauf, demokratische Strukturen über die staatlichen Institutionen hinaus in alle Bereiche der Gesellschaft zu tragen. Das konkrete Reformprogramm reichte von der Liberalisierung und Modernisierung des Rechtssystems über den Ausbau des Netzes der sozialen Sicherung bis zur Verstärkung der Rechte und Mitwirkungsmöglichkeiten der Arbeitnehmer im Betrieb. An der Spitze aller Reformvorhaben aber stand die qualitative und quantitative Verbesserung des Bildungs- und Sozialwesens. Die Bildungs- und Sozialpolitik der sozialliberalen Koalition gehörte – auch wegen der Probleme, die sich hier aus der Kompetenzverteilung zwischen Bund und Ländern ergeben – zu den Reformbereichen, die die heftigsten Auseinandersetzungen auslösten und bei denen zugleich eine erhebliche Diskrepanz zwischen den ursprünglichen Absichten und dem schließlich erzielten Ergebnis bestand. Umstritten waren vor allem die Veränderung der Bildungsinhalte und die Umgestaltung der Bildungsinstitutionen (Gesamtschulen, Hochschulreform), die beide auch nur teilweise verwirklicht wurden. Die günstige wirtschaftliche Situation Anfang der 70er Jahre ermöglichte es der sozialliberalen Koalition, das sozialstaatliche System in nahezu allen Bereichen auszubauen und zu ergänzen. Doch die Einschätzungen der wirtschaftlichen Entwicklung, die dem Ganzen zugrunde lagen, erwiesen sich seit der Krise von 1974/75 zunehmend als zu optimistisch. Neben Differenzen zwischen den beiden Koalitionspartnern setzte dabei auch die Haltung der unionsregierten Länder und der von ihnen gestellten Bundesratsmehrheit den Reformplänen deutlich Grenzen. Zudem wurden einige wichtige Reformgesetze vom Bundesverfassungsgericht ganz oder in Teilen aufgehoben. Nicht zuletzt aber war es der wirtschaftliche Umschwung in Folge der Ölkrise vom Herbst 1973, der nach den ersten, günstigen Jahren der Reformtätigkeit entscheidende finanzielle Grenzen zog.[100]

---

100 Vgl. Gall, a.a.O., S. 412 ff

Die Darstellung des innenpolitischen Kontextes am Ende der 60er und Anfang der 70er Jahre mag sich auf das Gesagte beschränken, macht es doch für den zu behandelnden Zusammenhang hinreichend deutlich, in welcher Situation sich die deutsche Gesellschaft zu dieser Zeit befand.
Das Jahr des Regierungswechsels 1969 war auch das Jahr der Heimkampagne. Offensichtlich war die Zeit reif für Veränderungen. *Wie* die Heimkampagne grundlegende Veränderungen im Bereich der Fürsorgeerziehung erkämpfte, soll nun näher beleuchtet werden.

4. Die Heimkampagne

Die Initiierung der Heimkampagne

Die Vertreter der Studentenbewegung erkannten bald, dass sich zum einen gesellschaftliche Veränderungen weder allein an und über die Hochschulen erreichen ließen und zum anderen die beabsichtigte Einheitsfront mit der Arbeiterklasse nicht durchzuführen war. So versuchte der SDS über eine „Basisgruppenarbeit" in den Städten Kontakt zu „proletarischen Jugendlichen" aufzubauen und sie zunächst vom Freizeit- und Konsumsektor her zu politisieren, um danach zu den ökonomischen Problemen übergehen zu können.[101] Die studentischen Aktionen richteten sich im Wesentlichen auf Einrichtungen in Hessen, Berlin und Nordrhein-Westfalen. Hinter ihren Aktivitäten standen antiautoritäre Ideologien. Adressaten waren vor allem Randgruppen, da sie von den Initiatoren als revolutionäres Potenzial angesehen wurden. Das theoretische Fundament fanden sie bei Herbert Marcuse: „Die totalitären Tendenzen der eindimensionalen Gesellschaft machen die traditionellen Mittel und Wege des Protestes unwirksam [...] Unter der konservativen Volksbasis befindet sich jedoch das Substrat der Geächteten und Außenseiter: der Ausgebeuteten und Verfolgten, [...] Sie existieren außerhalb des demokratischen Prozesses, ihr Leben bedarf am unmittelbarsten und realsten der Abschaffung unerträglicher Verhältnisse und Institutionen. Damit ist ihre Opposition revolutionär, wenn auch nicht ihr Bewusstsein".[102] Nach Marcuses Randgruppenstrategie wurden sozial Deklassierte folglich als leicht mobilisierbares revolutionäres Potenzial angesehen, da sie den Widersprüchen der kapitalistischen Gesellschaft am unerträglichsten ausgeliefert waren. Es musste nun darum gehen, ihnen zu einem revolutionären Bewusstsein zu verhelfen. Die theoretischen Überlegungen sollten von Stadtteilgruppen insbesondere im Bereich der Fürsorgeerziehung umgesetzt werden.
Zwar hatte es in Fachkreisen schon seit Mitte der 60er Jahre Kritik an der Heimerziehung und Reformbemühungen gegeben, doch eine Verbesserung der Verhältnisse in den Heimen war ausgeblieben. Rundfunkbeiträge und Zeitungsartikel hatten auf die Misere in der Heimerziehung aufmerksam machen wollen. Der Pädagoge Gottfried Sedlaczek zum Beispiel hatte sich

---

101 Peter Brosch: *Fürsorgeerziehung. Heimterror und Gegenwehr.* Frankfurt am Main/ Hamburg 1971, S. 93
102 Herbert Marcuse: *Der eindimensionale Mensch. Studien zur Ideologie der fortgeschrittenen Industriegesellschaft.* Neuwied /Berlin 1978, S. 264

in Heimen umgesehen, wissenschaftliche Befragungen durchgeführt und die Ergebnisse seiner Arbeit Ulrike Meinhof für ihre Reportagen zur Verfügung gestellt. Veränderungen hatte man jedoch nicht bewirkt. Die Studenten begaben sich nun in die Heime und versuchten, die „Heimzöglinge" für ihre revolutionären Ziele zu gewinnen, indem sie gemeinsam die Verhältnisse dort anprangerten.
Gemessen an der Bedeutung der Heimkampagne für die Veränderungen im Bereich der Jugendhilfe hat ihre Aufarbeitung in der wissenschaftlichen Literatur nur relativ wenig Aufmerksamkeit erlangt. In der Reihe *Informationen zur Zeit* erschien im Fischer-Verlag im Juni 1971 unter dem Titel *Fürsorgeerziehung – Heimterror und Gegenwehr* eine Darstellung der Ereignisse in Hessen, dem Kernland der Heimkampagne. Peter Brosch, der Autor, 1951 in Frankfurt geboren, hatte als unehelich geborenes Kind selbst eine Odyssee durch zehn Fürsorgestellen hinter sich gebracht. Er war wenige Monate vor Beginn der Heimkampagne aus dem Lehrlingsheim Staffelberg entlassen worden und hatte sich der Basisgruppe Sachsenhausen angeschlossen. Brosch legte mit seiner Dokumentation das erste und lange Zeit einzige Werk über den Verlauf der Heimkampagne in Staffelberg vor. Seine Erfahrungen wurden auch in einem Feature für den Hessischen Rundfunk und in dem Fernsehfilm *Weg vom Fenster* vermittelt. Ursprünglich war der Bericht nicht angefertigt worden, um als Buch veröffentlicht zu werden. „Vielmehr hat die Kampfgruppe von Anfang an alles Material über Heimerziehung, individuelle Schicksale und die eigentlichen Dokumente der Kampagne gesammelt, um eine Gegenöffentlichkeit gegenüber der bürgerlichen in Sachen Fürsorgeerziehung aufzubauen. Diese wäre notwendig geworden, um längerfristig den politischen Charakter der Kollektive gegenüber den staatlichen Institutionen öffentlich abzusichern. Die Entwicklung der Kollektive hat dies überholt. Denn diese haben ihren politischen Charakter recht schnell von selber verloren und sind heute ein Bestandteil sozialreformerischer Fürsorgepraxis." [103] So ist aus dem Material ein Buch entstanden, das unter anderem das formulierte Ziel verfolgt aufzuzeigen, welche „richtigen" und „falschen" Seiten die „organisierte Gegenwehr auf den Fürsorgeterror", wie zum Beispiel die Staffelberg-Kampagne, entwickelte. Die Darstellung erfolgt expressis verbis aus der Sicht der Betroffenen und weist unter Berücksichtigung einer Menge von Quellenmaterial eine große Anschaulichkeit in der Beschreibung der Ereignisse auf. Die nun folgende Zusammenfassung stützt sich vorrangig auf Broschs Bericht und die im Jahr 2000 von der Internationalen Gesellschaft für erzieherische Hilfen (IGfH) veröffentlichte Studie der Arbeitsgruppe Heimreform mit dem Titel *Aus der Geschichte lernen: Analyse der Heimre-*

---

[103] Brosch, a.a.O., S. 8

form in Hessen (1968-1983). 1995 waren zwei Mitglieder der IGfH an den Vorstand mit der Frage herangetreten, ob die IGfH die Trägerschaft über ein Forschungsprojekt zur Geschichte der Heimkampagne und Heimreform in Hessen übernehmen wolle. Über 25 Jahre nach den Aktionen der APO sollten die Reformereignisse in Hessen, dem Stammland der Heimkampagne, durch Analyse schriftlichen Materials, aber vor allem auch durch die Befragung von Zeitzeugen rekonstruiert und für die Nachwelt gesichert werden. Dabei sollte auch der Frage nachgegangen werden, was aus der Reformgeschichte gelernt werden könne. Das Ergebnis ist eine Studie über die Heimkampagne und die zentralen Reformstränge zwischen 1968 und circa 1983, in der vor allem die Demokratisierung und Öffnung der Heime, die Differenzierung des Angebotsspektrums sowie die nach 1969 endlich einsetzende Professionalisierung nachgezeichnet werden.[104] Die Untersuchung *Analyse der Heimreform in Hessen* berücksichtigt ebenfalls die Ausführungen Broschs. Als Grundlage der Recherche dienten zudem vielfältige Materialien wie Akten aus Landesjugendamt und Sozialministerium, diverse Sitzungsprotokolle von Einrichtungen und Trägern, Entscheidungen des Landeswohlfahrtsverbandes und Landesjugendwohlfahrtsausschusses, Presse- und Rundfunkberichte. Die Schwerpunktlegung auf das Bundesland Hessen liegt darin begründet, dass die Entwicklung in Hessen exemplarischen Charakter für die Entwicklung der Jugendhilfe in der Bundesrepublik hatte. Als Besonderheit für Hessen wird zudem hervorgehoben, dass die Heimkampagne hier in besonders massiver Weise stattgefunden hat und darauf mit einem regierungsamtlichen Reformprogramm reagiert worden ist. Die vorliegende Untersuchung – 40 Jahre nach den Ereignissen – stellt ebenfalls die Heimkampagne in Hessen in den Vordergrund. Die Gründe dafür sind zum einen das veröffentlichte Material, zum anderen die Tatsache, dass bedingt durch die Aktionen in Hessen zwei wissenschaftliche Gutachten über die Heimerziehung erstellt worden sind, die als wesentliche Grundlage für die nachfolgenden Veränderungen betrachtet werden können. Diese Gutachten sind auch heute in der aktuellen Diskussion wieder von Bedeutung, da sie veranschaulichen, wie sehr die Heimerziehung bis 1969 die Vorgaben des Grundgesetzes missachtete und mit welch blindem Auge die staatliche Heimaufsicht auf die Totalen Institutionen der Heimerziehung schaute.[105]

---

104 Vgl. Arbeitsgruppe Heimreform, a.a.O., S. 9
105 Der Begriff „Totale Institution" stammt von Erving Goffman, dessen Werk *Asyle – Über die soziale Situation psychiatrischer Patienten und anderer Insassen* 1961 in den USA veröffentlicht wurde. 1972 erschien es in deutscher Übersetzung. Seine Analyse wurde blitzartig zum Basistext in den Gruppen der außerparlamentarischen Opposition, die sich in der Sozialen Arbeit, im Gesundheitswesen und im System der Strafverfolgung kritisch

Die Staffelberg-Kampagne

„Am 28. Juni 1969, einem Samstagnachmittag, findet etwas bis dahin noch nicht Geschehenes statt: eine Massenaktion in einem Erziehungsheim. 250 Lehrlinge, Schüler, Studenten und interessierte Leute aus der Bevölkerung, zusammen mit 80 Polizisten, sind ‚zu Besuch' bei den Zöglingen des Erziehungsheimes Staffelberg/Hessen." [106]
Was an diesem sonnigen Sommertag auf der Wiese vor dem Vorzeigeheim Hessens geschah, war die Umwertung aller Werte in der Heimerziehung. Die Jugendlichen und ihre aus Frankfurt und Marburg erschienenen Unterstützer hatten sich auf dem Rasen niedergelassen und bildeten eine nie da gewesene Öffentlichkeit. Zu den in einer langen Autokolonne angereisten Aktivisten aus Frankfurt gehörten auch Andreas Baader, Gudrun Ensslin, Thorwald Proll sowie seine Schwester Astrid.[107]
Der Heimbericht und die Forderungen wurden verlesen. Der Heimleiter Carl Böcker und Landrat Deutsch als Vertreter des Landeswohlfahrtsverbandes stellten sich der Diskussion, die mit Hilfe eines Megafons geführt wurde. Akteure aus den Basisgruppen wie auch Jugendliche aus dem Heim meldeten sich zu Wort. Das war kein Gespräch, wie man es vonseiten der Heimleitung mit Jugendlichen kannte. Hier waren junge Menschen anwesend, die nicht in Abhängigkeit zum Heim standen, ein politisches Bewusstsein, den Drang nach Veränderung und Aktion und ein kämpferisches Konzept hatten. Es wurden Zustände festgestellt, die für die Heimleitung – auf diese Weise in der Öffentlichkeit angeprangert – beschämend sein mussten: „gefängnisähnliche Isolation und Einsperrung, miese Berufsausbildung, autoritäre Erziehungsmethoden, Entzug von Grundrechten, psychische Zerstörung der Insassen." [108] Diesem Erziehungsterror in der Fürsorge sagten die Teilnehmer der Aktion den politischen Kampf an. Niemand der anwesenden Vertreter der Heimleitung oder zuständigen Institutionen konnte sich hinter der Autorität seines Amtes verstecken. Die von den jungen Leuten gewählte Sprache zeigte keinerlei Respekt und auch keine Zurückhaltung. Im Gegenteil, die

---

engagierten. Für das Verständnis der Kritik an dem System der Heimerziehung, die sich in den Jahren zwischen 1968 und 1978 entwickelte, ist die Analyse Goffmans als ein Schlüsseltext zu betrachten.

106 Brosch, a.a.O., S. 7

107 Baader, Ensslin und Proll waren zwei Wochen zuvor aus dem Gefängnis entlassen worden. Da sie in zwei Frankfurter Kaufhäusern Brandsätze gelegt hatten, um gegen den Vietnamkrieg und den „Konsumterror" zu protestieren, waren sie zu drei Jahren Zuchthaus verurteilt worden. Doch nach 14 Monaten Untersuchungshaft hatte man sie zunächst wieder auf freien Fuß gesetzt, da man die Fluchtgefahr für gering hielt. Die Reststrafe blieb ausgesetzt bis zu einer Entscheidung über die eingelegte Revision.

108 Brosch, a.a.O., S. 7

Teilnehmer machten sich über die Heimleitung und die Vertreter der hinter ihnen stehenden Institutionen auf eine freche Art und Weise lustig.[109] Schnell stellte sich heraus, dass dies Heimleitung und Behörden in die Defensive drängte. Schon allein das beharrliche Nachfragen zu Beginn der Veranstaltung, wer die Polizei („Bullen") angefordert habe, bewirkte zunächst irritiertes Ausweichen, aber keine klare Antwort. An Schlagfertigkeit fehlte es den jungen Leuten nicht. Auf den Hinweis des Landrates, die Polizei habe Order, sich zurückzuhalten, wenn keine strafbaren Handlungen begangen würden, erfolgte zum Beispiel der treffende Zwischenruf, ob die Polizei denn eingegriffen habe, wenn im Heim geprügelt worden sei. Das brachte den Landrat natürlich in Verlegenheit. Die Tabus, die die Studentenrevolte im Bereich der Sexualität gebrochen hatte, galten auch hier nicht mehr. Die Jugendlichen forderten, ihre Sexualität im Heim leben zu dürfen und nicht in den Wald gehen zu müssen. Darauf reagierte Landrat Deutsch rigoros abweisend, was wiederum bewirkte, dass man ihn verhöhnte. Doch die Aktivisten kamen auch immer wieder ernsthaft auf ihre Anliegen zurück. Sie prangerten wiederholt an, dass im Heim geprügelt werde, dass die Jugendlichen in der Woche lediglich 2,50 DM Taschengeld erhielten, was die Gefahr heraufbeschwöre, dass sie sich kriminalisierten. Mehrmals betonten sie, dass die Frage der Sexualität ein ernst zu nehmendes Problem sei, und bestanden darauf zu erfahren, warum eine Diskussion ohne die Anwesenheit von 80 Polizisten nicht möglich sei. Die Besprechung der Forderungen entwickelte sich mehr und mehr zu einem herausfordernden Verhör der Verantwortlichen im Heim. Sie wurden aufgefordert, zu einzelnen Forderungen Stellung zu beziehen, aber die Diskussion drehte sich im Kreis. Letztlich gaben die Verantwortlichen zu, dass in dem Heim einiges falsch lief. Am Ende der Versammlung stand immerhin die konkrete Zusage seitens der Heimleitung, dass die Gitter bis Montagabend verschwinden würden. Der Karzer wurde abgeschafft. Auch der Wahl eines Jugendrates, der Teilnahme von Jugendlichen an Erzieherkonferenzen und der Abschaffung von Taschengeldabzügen als Strafmittel erklärte man sich einverstanden. Die übrigen Forderungen sah man zwar als grundsätzlich berechtigt an, aber es wurde deutlich gemacht, dass sie kaum in absehbarer Zeit erfüllt werden könnten – wegen Geld- und Personalmangels. Auch wenn die Jugendlichen aus dem Heim mit Skepsis reagierten, wertet Brosch die Aktion – gemessen an dem, was erreicht werden sollte – doch als einen großen Erfolg. Es war öffentlich deutlich geworden, dass die Verhältnisse in Staffelberg unerträglich waren. Die Jugendlichen konnten hören, dass ihre Forderungen als berechtigt angesehen wurden, und sie konnten erleben, dass bei einem gemeinsamen, mutigen, solidarischen Auftreten

---

109 Vgl. Brosch, a.a.O., S. 98-102

Erzieher kleinlaut wurden und Zugeständnisse machten. Die Autorität von Heimleitung und Erziehern war in Zweifel gezogen. Am dunklen Horizont ihrer Heimgeschichte ließ sich für die Jugendlichen ein schwaches Licht der Hoffnung erkennen. Dieses Licht verleitete einige von ihnen dazu, die eigene Situationen sofort verändern zu wollen. „Viele Jugendliche haben durch das selbstbewusste Auftreten der Genossen und die erfahrene Ohnmacht der Erziehungsinstitution den Mut gefasst, sich voll zur APO zu bekennen und mit ihr zu gehen. 30 Jugendliche fahren abends mit den Genossen nach Frankfurt: Massenflucht." [110] Jetzt war eine Menge in Bewegung geraten: für die Jugendlichen, für die Studenten und auch für die Heimleitung und die Behörden. Für die Protagonisten im Staffelberg war nichts mehr wie zuvor. Wie war es dazu gekommen? Die Idee zu der Aktion war in der Basisgruppe Sachsenhausen entstanden, zu der auch Peter Brosch gehörte. In der Basisgruppe war Material gegen die Fürsorgebürokratie, über Heimerziehung und individuelle Schicksale gesammelt worden. Zunächst hatte man einen Bericht über Erziehungsheime und Fürsorgeerziehung erstellt, dessen Hauptteil in einer Dokumentation über das Jugendheim Staffelberg veröffentlicht wurde. Das 1962 gegründete Heim, das 120 Plätze für männliche Jugendliche zwischen 14 und 21 Jahren bot und in einer Ausgabe der *Nachrichten* des Landeswohlfahrtsverbandes desselben Jahres als modernstes Heim Europas vorgestellt worden war, eignete sich für die Aktion auch deswegen besonders, da Peter Brosch selbst erst kurze Zeit zuvor aus dem Heim Staffelberg entlassen worden war und die Studenten hautnah über alles informieren konnte, was er dort an Repressionen erlebt hatte oder mit ansehen musste. Der Zeitpunkt war günstig. Die Jugendlichen in Staffelberg waren in Aufruhrstimmung. Nachdem der Basisgruppenrat beschlossen hatte, Ende Juni eine Aktion auf dem Staffelberg durchzuführen, wurden an der Frankfurter Universität Flugblätter verteilt, der ASTA informiert und Kontakt zu Marburger Studenten aufgenommen. Den Kern der Aktion sollte die Vollversammlung im Jugendheim Staffelberg bilden. Das Konzept für die Vollversammlung war einfach: Ein Genosse versucht die Diskussionsleitung zu übernehmen, die Forderungen eines Flugblattes werden verlesen, das Flugblatt wird diskutiert, wobei insbesondere die Jugendlichen selbst zu Wort kommen und Vorfälle erzählen sollen; letztes Ziel ist: einen Konflikt zwischen Heimleitung und Jugendlichen entstehen zu lassen, um die Durchsetzung der Forderungen zu erkämpfen und langfristig eine Selbstverwaltung des Heimes durch die Jugendlichen zu erreichen.[111]

---

110 Ebd., S. 102
111 Vgl. Brosch, a.a.O., S. 96 f

Einen Tag vor der Veranstaltung war der Landeswohlfahrtsverband über die geplante Veranstaltung informiert worden. Der Erste Landesdirektor hatte sie genehmigt und unter Polizeischutz gestellt.
Die aufgestellten Forderungen, die in Flugblättern veröffentlicht und mit dem von der Basisgruppe verfassten Bericht auch der Presse übergeben wurden, beinhalteten unter anderem die Selbstverwaltung der Jugendlichen im Heim, die Wahl eines Heimrates (Jugendliche und Erzieher zu jeweils 50 Prozent), Einsicht in die Akten, gerechte Bezahlung der Arbeit, freie Berufswahl, Abschaffung der Prügelstrafe, Entlassung von gewalttätigen Erziehern, Wahrung des Briefgeheimnisses, freier Ausgang nach Arbeitsende etc.[112] Es handelte sich folglich um Forderungen, deren Erfüllung durch die Bestimmungen des Grundgesetzes und der hessischen Landesverfassung nicht nur gerechtfertigt, sondern sogar als politische Selbstverständlichkeit betrachtet werden mussten. Es ist davon auszugehen, dass dies der Heimleitung, dem Träger des Heimes und den Behörden bewusst war. Vor diesem Hintergrund ist ihr defensives Verhalten auf der Vollversammlung verständlich. Die Frage war, ob sie tatsächliche Einsicht bezüglich ihres unrechtmäßigen Vorgehens und die Bereitschaft zeigen würden, die Verhältnisse zu verändern, oder ob die Skepsis der Jugendlichen berechtigt war und man ihnen nur einen Schritt entgegenkam, um dann einen Weg zu finden, die weitere Entwicklung im Hinblick auf mehr Rechte zu bremsen. Noch am selben Abend wurde in Frankfurt auf der SDS-Mitgliederversammlung über die Aktion berichtet. In der Presse wurde sie in großen Schlagzeilen und eingehenden Berichten mit einem gewissen Wohlwollen dargestellt.
Jetzt war für die „Heimbefreiten" wie auch für die Studenten eine Situation entstanden, die nicht einfach zu meistern war. Die entflohenen Jugendlichen hatten weder Geld noch Papiere und konnten deswegen nur illegal in Frankfurt leben. Als erstes wurden für sie Quartiere bei Studenten besorgt. Der ASTA der Universität Frankfurt, Basisgruppen und Sozialistische Hilfe erließen gemeinsam einen Appell zur aktiven Unterstützung. Sie baten um Geld, Unterbringung, Kleidung und politische Literatur. Der ASTA streckte zudem Geld für die Lebenshaltungskosten der Jugendlichen vor; jeder bekam 5 Mark pro Tag. Nun ging es darum, den Kampf für einen legalen Status der Jugendlichen und die Erreichung von politischen Wohnkollektiven aufzunehmen.
Im Heim selbst bildete sich zwei Tage nach der Veranstaltung eine Basisgruppe, die zunächst 10, später bis zu 30 Jugendliche umfasste. Für den 8. Juli wurde eine zweite Vollversammlung angesetzt. Man wollte Bilanz ziehen: Was war auf die Forderungen hin erfolgt? Der Leiter des Heimes gewährte

---

112 Vgl. Brosch, a.a.O., S. 98

den Vertretern der APO jedoch keinen Einlass mehr. Am Eingangstor kam es daraufhin nach einem heftigen Wortwechsel zu einer kurzen Rangelei, und die Aktivisten drangen in das Heimgelände ein. „Die vom Direktor vorsorglich bestellte Polizei prügelt los und drückt die rund 70 Leute zurück auf die Straße. Dort schart sich die Menge um ein Megafon, über das ein Flugblatt mit Forderungen an die Heimleitung vorgelesen wird [...] Tränengasgranaten fliegen hin und her, die romantische Fachwerkstadt Biedenkopf erlebt ihre erste kleine Straßenschlacht." [113]

Im Juli flohen immer mehr Jugendliche aus dem Heim. Doch die Aktionen der Basisgruppe in Frankfurt führten nur zu chaotischen Entwicklungen, die zunehmend außer Kontrolle gerieten. Eine fehlende Analyse der Widersprüche der Fürsorgeerziehung, konzeptionsloses Auftreten der Studenten, ihr untereinander nicht abgesprochenes Verhalten führten dazu, dass die Politisierung der Jugendlichen ausblieb. Die Aktionen bewirkten daher Entwicklungen, die niemand steuern oder kontrollieren konnte. Aus dem Heim selbst heraus wurden keine Forderungen gestellt und durchgesetzt; die aktionistische Politik scheiterte in dieser Hinsicht völlig.[114] Doch der ASTA der Universität Frankfurt konnte einen Erfolg verbuchen: Er hatte Strafanzeige wegen Misshandlung von Schutzbefohlenen gegen acht Erzieher aus den Heimen Staffelberg und Karlshof gestellt, woraufhin einige Erzieher kündigten.[115]

Auch das nur als Übergangslösung geplante Zusammenwohnen von aus dem Heim entwichenen Jugendlichen und Studenten erwies sich als problematisch. Die Jugendlichen konnten sich, da sie sich auf der Flucht befanden, in Frankfurt nicht frei bewegen. Ihnen fehlte eine sinnvolle Beschäftigung und natürlich auch Geld. Sie lebten illegal in der Stadt; ohne Papiere konnten sie weder eine Arbeit annehmen noch eine Wohnung mieten. Da sie aus dem Heim entwichen waren, stand ihnen auch keine staatliche Existenzsicherung wie Sozialhilfe zu. Sie waren somit vollkommen von den Studenten abhängig, konnten jederzeit von der Polizei aufgegriffen und ins Heim zurückgebracht werden. Die Polizei durchsuchte Wohnungen nach ihnen, so dass sie ihren Aufenthaltsort häufig wechseln mussten. Um den Maßnahmen der Behörden entgegenzutreten, versuchte man, eine möglichst große Öffentlichkeit zu erreichen. So erschienen längere Artikel in der Zeitschrift *Konkret* und in der *Frankfurter Rundschau*. Das brachte Öffentlichkeit und auch etwas Geld. Vor allem aber wurde der Kontakt zum Heim nicht abgebrochen und weitere

---

113 Wensierski, *Schläge*, S. 195 f
114 Vgl. Brosch, a.a.O., S. 105
115 Vgl. Wensierski, *Schläge*, S. 196

Heime wurden ins Visier genommen. Dahinter stand der Gedanke: „Je mehr Heime Angst vor der Kampfgruppe bekommen, um so mehr sehen sich die Institutionen gezwungen, die Forderungen zu erfüllen." [116]
Es stellte sich zudem heraus, dass vom SDS-Bundesvorstand keine finanzielle Unterstützung zu erwarten war. Er verfolgte eine andere politische Linie, war der Auffassung, dass der „Widerspruch, unter dem die Heimgenossen leiden, [...] innerhalb dieser Gesellschaft [...] nicht aufhebbar" sei.[117]
Auch ein kleiner Teil der Führungskader der Frankfurter Stadtteilgruppen war ebenfalls dieser Auffassung und lehnte die Aktion insgesamt ab, konnte sich jedoch nicht durchsetzen. Zu den Schwierigkeiten, die sich aus der angespannten Situation ergaben, kamen jetzt auch noch auseinander driftende politische Sichtweisen darüber, wie weiter vorgegangen werden sollte. Die eine Seite sah die Lösung für die Probleme darin, die Disziplin in der Kampfgruppe zu erhöhen, die politische Schulung zu verstärken und sich mit den entflohenen Jugendlichen um Ausbildung und Arbeit zu bemühen. Die Gruppe um Andreas Baader hingegen sah in dem weitgehend antiautoritären Verhalten der Jugendlichen etwas prinzipiell Klassenkämpferisches und war eher für spontane Aktionen.
Aufgrund der sich zuspitzenden Wohnsituation und des Geldmangels suchten die Studenten nun den Kontakt zu den Behörden. Es ging jetzt vor allem um Wohnraum für die Jugendlichen und deren legalen Aufenthalt in der Stadt. Man nutzte die Gelegenheit auch dazu, um noch einmal die aufgestellten Forderungen mit Nachdruck vorzutragen. Drei Hauptforderungen bildeten dabei den Schwerpunkt: erstens die Abschaffung der Heime auf lange Sicht, bis dahin Reformen entsprechend den in Staffelberg aufgestellten Forderungen, zweitens freie Berufswahl und tarifgerechte Bezahlung, drittens die Einrichtung von Kollektiven in Frankfurt, insbesondere für die in Frankfurt lebenden „Heimbefreiten", als Alternative zur Heimerziehung.[118]
Das Ministerium für Arbeit, Volkswohlfahrt und Gesundheitswesen berief für den 17. Juli eine erste koordinierende Besprechung zwischen Vertretern des Ministeriums, des Landesjugendamtes und des Landeswohlfahrtsverbandes zu einer Abstimmung des Verhaltens gegenüber der APO ein. Diese Sitzung wurde von Staatssekretär Schmidt mit der Erklärung eröffnet, dass der entstandenen kritischen Situation, die unverkennbar politische Züge trage, positiv mit modernen Maßnahmen begegnet werden müsse. Er stellte weiter fest, dass den Aktionen der APO angepasste Reaktionen der zuständigen Stellen folgen müssten. „Der Einsatz der Polizei sei in jedem Fall als letztes Mittel nach dem Scheitern positiver Bemühungen anzusehen. Die

---
116 Brosch, a.a.O., S. 106 f
117 Ebd., S. 107
118 Vgl. Brosch, a.a.O., S. 109

Zulassung der Aktion am 28.06.1969 durch die Verwaltung des Landeswohlfahrtverbandes werde ausdrücklich gebilligt. Es müsse jedoch gewährleistet sein, dass die gesetzlichen Grenzen nicht überschritten würden. Es gelte, die ‚Aktionen' dynamisch in die Hand zu bekommen und nicht länger statisch zu verharren".[119] Als nächster Schritt wurde eine Überprüfung der Heimverfassung vom 16.12.1946, eine Überprüfung aller benannten Mängel und eine rasche Auswertung der gewonnenen Erkenntnisse festgelegt. Eine Arbeitsgruppe sollte gebildet werden, um Vorschläge zu erarbeiten, „die geeignet sind, eine zeitgemäße Reform der Heimerziehung in Gang zu setzen".[120] Am Ende der Sitzung wurde das Angebot der APO-Gruppen zu einem sachlichen Gespräch angenommen. Dieses Gespräch sollte am 31.07.1969 stattfinden.

Es folgten noch drei weitere Sitzungen, zu denen auch die Liga der freien Wohlfahrtspflege Vertreter beziehungsweise Vertreterinnen entsandte. „Aus den Protokollen der ersten drei Sitzungen geht die unterschiedliche wie auch eine sich wandelnde Haltung der beteiligten Behörden und Träger hervor. So maß das Landesjugendamt den Forderungen der APO deutliche Berechtigung zu und hielt eine flexible Haltung gegenüber der APO für notwendig. Im Gegensatz dazu plädierte das Ministerium für Arbeit, Volkswohlfahrt und Gesundheitswesen zunächst für eine offene, wenn auch vorsichtige Haltung. Nach circa vier Wochen wurde dann die Wiederherstellung der Ordnung gefordert. Letztere Position fand starke Unterstützung durch das Innenministerium, das von Anfang an den Ordnungsaspekt in den Vordergrund gerückt hatte. Wie die Behörden, so vertraten auch die Träger unterschiedliche Positionen. Der Landeswohlfahrtsverband nahm als öffentlicher Träger zunächst eine möglichst formal-korrekte Haltung ein und bemühte sich um eine Verlagerung der Auseinandersetzungen auf die Behördenebene, ohne jedoch ein Verbot der Diskussionen in den Heimen zu fordern. Insbesondere vonseiten der Diakonie wurde ein eher harter Kurs verlangt, während der Vertreter der Arbeiterwohlfahrt AWO für die grundsätzliche Zulassung der Diskussionen plädierte".[121]

Zur Verbesserung ihrer Positionen in dem zugesagten Treffen am 31. Juli baten die Studenten zwei liberale Professoren an der Johann Wolfgang Goethe-Universität Frankfurt um Gutachten beziehungsweise Stellungnahmen: Professor Erhard Denninger, Lehrstuhlinhaber für Öffentliches Recht II, und Professor Klaus Mollenhauer, Direktor des Pädagogischen Seminars. Denninger erstellte ein Rechtsgutachten zur Heimerziehung, anhand dessen eine Reihe von Forderungen der Heimkampagne rechtlich begründet wurden. Beide Professoren äußerten sich positiv zu den prakti-

---

119 Niederschrift vom 17.07.1969; zit. nach Arbeitsgruppe Heimreform, a.a.O., S. 157
120 Niederschrift vom 17.07.1969; zit. nach Arbeitsgruppe Heimreform, a.a.O., S. 157
121 Arbeitsgruppe Heimreform, a.a.O., S. 156

zierten Kollektiven und kritisierten grundsätzlich die Heimerziehung. Mollenhauer hatte aus Kiel kommend drei Monate zuvor die Leitung des Pädagogischen Seminars an der Universität Frankfurt übernommen und arbeitete an der pädagogischen Begründung von Alternativen zur Heimerziehung, insbesondere mit Blick auf Jugendwohngemeinschaften. Er stand in direktem Kontakt zu den Jugendlichen und Studierenden, die für die Einrichtung von Wohnkollektiven kämpften, und beteiligte sich auch an Verhandlungen mit dem Landesjugendamt und dem Landeswohlfahrtsverband.
Beide Gutachten sind für die Geschichte der Heimerziehung und für die nach der Heimkampagne einsetzende Reformbewegung von so großer Bedeutung, dass sie hier relativ ausführlich wiedergegeben werden sollen.

Das juristische Gutachten „Jugendfürsorge und Grundgesetz" vom 8. Juli 1969

In seinem Gutachten über *Jugendfürsorge und Grundgesetz* legte Denninger verfassungsrechtliche Leitgesichtspunkte für Maßnahmen der Freiwilligen Erziehungshilfe und der Fürsorgeerziehung dar. Dabei stellt er fest, dass jedes Kind und jeder Jugendliche ein „Recht auf Erziehung" (§1 Abs. 1 Jugendwohlfahrtsgesetz JWG) habe, „d.h. auf Entwicklung und Ausbildung derjenigen Fähigkeiten, die eine selbstverantwortliche Existenz im beruflichen und im privaten Leben sowie in einer demokratischen Gesellschaft politisch mündiger Bürger voraussetzt. Die in der hessischen Landesverfassung (Art. 56 Abs. 4) normierten Ziele der staatlich-schulischen Erziehung müssen als richtungsweisend angesehen werden, wo immer der Staat in mittelbarer oder unmittelbarer Verwaltung öffentliche Erziehungsaufgaben wahrnimmt. Insbesondere sind sie bei der Freiwilligen Erziehungshilfe FEH (§§62,63 JWG) und der Fürsorgeerziehung FE (§§64-68 JWG) zu beachten. Diese Erziehungsziele sind:
a) Heranbildung des jungen Menschen zur sittlichen Persönlichkeit. b) Vorbereitung zu beruflicher Tüchtigkeit und zu politischer Verantwortung. c) Vorbereitung zum *selbständigen* und *verantwortlichen* ‚Dienst am Volk und der Menschheit' durch Entwicklung der Tugenden: Ehrfurcht, Nächstenliebe, Achtung und Toleranz, Rechtlichkeit und Wahrhaftigkeit." [122]
Denninger stellt fest: „Wenn unsere vom Grundgesetz gewollte und garantierte Gesellschaftsordnung auf der *freien Selbstbestimmung* des sich seiner gesellschaftlichen Umwelt verpflichtet wissenden Bürgers aufbaut (Art.2 GG, vgl. BVerfGE 4, S. 15f), so muß diese Gesellschaftsordnung auch die

---

[122] Zit. nach Brosch, a.a.O., S. 164

elementaren Voraussetzungen anerkennen und wollen, welche die freie Entscheidung der Persönlichkeit überhaupt erst ermöglichen. Für das Kind bedeutet dies: Einführung in den Sozialisationsprozess Erziehung. Dem Entfaltungsrecht des Erwachsenen entspricht also der Erziehungsanspruch des Kindes als eine Anleitung zu allmählich sich entwickelnder Selbstentfaltung".[123] Bevormundende Fürsorge sei niemals Selbstzweck, sondern Hilfe zur Selbsthilfe, das heiße hier: *Anleitung zur Autonomie*. Alle Einzelmaßnahmen der öffentlichen Jugendfürsorge seien unter diesen Maßstab zu stellen.[124] So schließe selbstständig verantwortliches Entscheiden des Jugendlichen auch eindringliche Beratung und eventuelle Ermahnungen keineswegs aus, wohl aber Korrekturen durch physischen oder psychischen Zwang. „Erziehungs-Maßnahmen und Methoden, welche nicht geeignet sind, die Fähigkeit des Kindes zu selbstverantwortlicher Entscheidung zu entwickeln und zu stärken, welche vielmehr bloße *Dressurakte* (Eingewöhnung von Verhaltensmustern durch positive oder negative Sanktionen) zum Inhalt haben, verstoßen gegen das Prinzip der Anleitung zur Autonomie und sind verfassungswidrig".[125] Als Beispiele hierfür führt Denninger unter anderem Verstöße gegen die Anstaltsordnung auf, die unspezifisch (das heißt ohne Bezug auf den Umgang mit Geld) durch Taschengeldentzug bestraft würden, oder Maßnahmen wie Freizeitgestaltung durch Teilnahmepflichten für bestimmte Veranstaltungen zu reglementieren. Dazu gehöre auch, vor oder nach den Mahlzeiten stereotype Spruchformeln einzudrillen. Denninger weist weiter darauf hin, dass das Recht auf Erziehung den Anspruch auf eine den Begabungen und Neigungen des Jugendlichen entsprechende Berufsausbildung umfasse und die hier zu treffenden Maßnahmen ganz besonderer Sachkunde und Sorgfalt bedürften. „Der Staat, der dem Jugendlichen durch die zwangsweise Heimunterbringung die persönliche Freiheit weitgehend entzieht und dadurch auch tief in seine Möglichkeiten zur beruflichen Entfaltung eingreift, muß die volle Verantwortung für die Wahrnehmung der beruflichen Entwicklungschancen des jungen Menschen übernehmen [...] Unter allen Umständen muß versucht werden, den völligen *inneren Konsens* des Jugendlichen bei der Auswahl des Berufes herbeizuführen. Andernfalls sind schwere Erziehungsschäden zu befürchten. Ist der Jugendliche einsichtsfähig, selbst eine verantwortliche Berufswahl zu treffen, so muß ihm die Ausübung dieses Grundrechts (Art. 12 I) in voller Freiheit überlassen bleiben".[126] In diesem Zusammenhang verweist Denninger auf die „Richtlinien für Heime im Lande Hessen" (Abschnitt V Ziff. 2), die am 6. Mai 1963 vom Landesju-

---

123 Zit. nach Brosch, a.a.O., S. 165
124 Vgl. Brosch, a.a.O., S. 168
125 Zit. nach Brosch, a.a.O., S. 166
126 Zit. nach Brosch, a.a.O., S. 167

gendwohlfahrtsausschuss beschlossen wurden. Berufswahl und Berufsberatung sollen demnach „die berufliche und soziale Umschichtung, die sich in der Gegenwart vollzieht, berücksichtigen. Tätigkeiten, die keine ausreichende Existenzgrundlage bieten oder ein geringes Ansehen in der heutigen Gesellschaft haben, sind abzulehnen".[127] Eine möglichst gute und fortschrittliche Berufsausbildung der Fürsorgezöglinge liege nicht nur im individuellen Interesse der Jugendlichen, sondern auch im besonderen Interesse der Gesellschaft: „Eine Fürsorgeerziehung verfehlt ihren gesetzlichen Auftrag, wenn sie junge Menschen entläßt, die beruflich schlecht oder wirtschaftlich chancenlos ausgebildet sind und nicht zuletzt auch dadurch auf die Bahn des Kriminellen getrieben werden. Eine Fürsorgeerziehung, die sich im praktischen Ergebnis in der Mehrzahl der Fälle als ‚Vorschule' für das Gefängnis erweist, d.h. deren Absolventen später überwiegend kriminell werden, ist sinnlos und ohne Daseinsberechtigung." [128] Der Jugendliche solle in die Lage versetzt werden, möglichst schnell den Umgang mit den Erträgen seiner Arbeit zu erlernen. Es sei nicht zulässig und pädagogisch falsch, ihn mit einem minimalen Taschengeld abzufinden. Jugendliche dürften in keinem Fall längere Zeit mit bloßer Routinearbeit ohne Ausbildungswert beschäftigt werden. Derartige Arbeiten auf der Stufe von „Tütenkleben" seien schon für einen modernen Strafvollzug untragbar, erst recht aber in einem Heim mit Erziehungsaufgaben. Einschränkungen der persönlichen Freiheit seien nur in dem durch den Erziehungszweck unabdingbar erforderlichen Ausmaß zulässig. „Der Grundsatz der Verhältnismäßigkeit der Mittel, der bei allen in die Freiheitssphäre des Jugendlichen eingreifenden Maßnahmen zu beachten ist, verbietet Regelungen, welche die Heimerziehung zu einer Art Strafvollzug werden lassen oder welche gar Zustände herbeiführen, die selbst für den Strafvollzug als verfassungswidrig anzusehen sind. Als unverhältnismäßiger Eingriff in die persönliche Freiheit – Art. 2 Abs. I und II GG – wäre, auch bei fluchtverdächtigen Zöglingen, eine nächtliche Zimmereinschließung derart, dass auch ein Aufsuchen der außerhalb gelegenen Toilette unmöglich wird, anzusehen. Werden Fürsorgezöglinge dadurch gezwungen, ihre Notdurft auf einer Kübeltoilette im gemeinschaftlichen Schlafzimmer zu verrichten, so liegt hierin überdies ein Verstoß gegen das Gebot zur Achtung der Menschenwürde. Dies hat das OLG Hamm im Beschluss vom 23. Juni 1967 (= JZ 1969, 236 ff mit zust. Anm. v. Würtenberger) für einen ähnlichen Sachverhalt mit dankenswerter Klarheit herausgestellt".[129] Denninger führt im Folgenden andere, gleichfalls die persönliche Freiheit beschränkende Maßnahmen an, die im Hinblick auf den erzieherischen Zweck, nämlich Anleitung zur

---

127 Zit. nach Brosch, a.a.O., S. 167
128 Zit. nach Brosch, a.a.O., S. 167
129 Zit. nach Brosch, a.a.O., S. 168

Autonomie, verfehlt und daher unzulässig sind. Betrachtet man diese Liste, fällt auf, dass sie die von den Studenten und Heiminsassen angeprangerten Verhältnisse in den Heimen ziemlich genau beschreibt.[130] Wie wir durch die Veröffentlichungen der ehemaligen Heimkinder heute erfahren, haben sich diese Zustände zum Teil bis weit in die 70er Jahre hinein halten können. Besondere Aufmerksamkeit schenkt Denninger der Frage der Einschränkbarkeit der persönlichen Bewegungsfreiheit (Art. 2 Abs. 2 S. 2 GG) aus anderen Gründen als dem der unmittelbaren Fluchtverhinderung. Die besondere Bedeutung dieses Rechtsgutes und die Gefährdungen, denen es unterliege, hätten zu der von der Verfassung zwingend vorgeschriebenen Einschaltung des Richters geführt (Art. 104 Abs. 2 S. 1 GG). Eine Freiheitsentziehung im Sinne des Grundgesetzes könne auch die „weitere Freiheitsentziehung" sein, die innerhalb eines die Freiheit bereits einschränkenden Sonderstatusverhältnisses angeordnet werde. „Die richterliche Anordnung der Fürsorgeerziehung oder der Freiwilligen Erziehungshilfe berechtigt zwar die durchführende Jugendwohlfahrtsbehörde zur Aufenthaltsbestimmung für den Zögling und zur Durchsetzung dieses Rechtes durch Einweisung in eine ‚geschlossene Anstalt'. D.h.: die Anstalt als gesamter Gebäudekomplex oder als -teilkomplex kann [...] zur Nachtzeit oder evtl. auch ständig verschlossen gehalten werden. Zu einem weitergehenden Freiheitsentzug ist die Behörde grundsätzlich *nicht* berechtigt. Eine länger als nur ganz vorübergehende Zimmereinschließung, etwa unter den Voraussetzungen des §127 StPO, eines oder mehrerer Zöglinge würde aus der Erziehungsunterbringung einen de-facto-Freiheitsstrafen-Vollzug werden lassen; sie ist deshalb unzulässig. Eine Zimmereinschließung ('Karzer') als disziplinarische Arreststrafe ist ohne ausdrückliche *vorherige* richterliche Anordnung aufgrund eines entsprechenden rechtsförmlichen Verfahrens absolut unzulässig: Art. 104 Abs. II S.1 GG. Da es sich bei der Arrestbestrafung auch nicht um einen Fall vorläufiger Festnahme handelt, ist auch eine vorläufige Freiheitsentziehung durch die Verwaltungsbehörde unzulässig." Der letzte von Denninger behandelte Punkt betrifft den Intimbereich des Zöglings. Die Achtung vor der Menschenwürde des jungen Mitbürgers verbiete grundsätzlich jedes Eindringen in diesen Bereich. „Hierunter fallen auch alle Versuche ‚der Bespitzelung' – durch optische ‚Spione' in den Zimmertüren ebenso wie durch Ausnutzung von Denunziationen seitens der Mitzöglinge o.ä. Hierunter fällt aber auch die heimliche oder offen *ausgeübte Kontrolle über ein- und ausgehende Post* der Anstaltsbewohner. Art. 10 Abs. II 1 GG lässt Beschränkungen nur aufgrund eines Gesetzes zu. Als solche Gesetze kommen nur formelle Gesetze, nicht etwa auch Rechtsverordnungen und Gewohnheitsrecht in Betracht."[131]

---

130 Vgl. Brosch, a.a.O., S. 168
131 Zit. nach Brosch, a.a.O., S. 169

Abschließend stellt Denninger fest: „Eine Fürsorgeerziehung, die auf dem Prinzip des *Mißtrauens* statt auf dem Prinzip des *Vertrauens* aufbaut, kann nicht diejenigen sozialisierenden Wirkungen erzielen, um derentwillen der Gesetzgeber die Möglichkeiten staatlicher Erziehungshilfen eingeführt hat." [132]
Das Urteil des Bundesverfassungsgerichtes vom 29.07.1968, in dem die Richter feststellten, „dass das Kind als Grundrechtsträger ein Wesen mit eigener Menschenwürde und dem eigenen Recht auf Entfaltung seiner Persönlichkeit im Sinne der Art. 1 Abs. 1 und Art. 2 Abs. 1 GG' ist" [133], findet hier ebenfalls Beachtung. [134]

Das pädagogische Gutachten „Stellungnahme zur Frage der Unterbringung von Jugendlichen aus der FE und FEH (Staffelberg)" vom 23. Juli 1969

In seiner Stellungnahme vom 23. Juli 1969 zur Frage der Unterbringung von Jugendlichen aus der Fürsorgeerziehung nach §§64-68 und Freiwilligen Erziehungshilfe nach §§62, 63 des Jugendwohlfahrtsgesetzes machte Professor Klaus Mollenhauer wie folgt deutlich: „Den mit den Fragen der Heimerziehung befaßten Wissenschaften wie auch den verantwortlichen Praktikern in diesem pädagogischen Bereich ist seit langem bekannt, daß die Heimunterbringung und die vornehmlich betriebenen Praktiken der Heimerziehung in der Regel alles andere als befriedigend sind. Heimerziehung in diesem Sinne muß deshalb immer noch als eine Notlösung angesehen werden, die so lange nur schlechten pädagogischen Gewissens gehandhabt werden kann, als es an praktischen pädagogischen Alternativen fehlt. Jeder Versuch der Erprobung neuer Erziehungsformen von FE und FEH muß deshalb begrüßt werden. Unsere Kenntnis der Schwierigkeiten, vor denen Heime mit großer Insassenzahl stehen, unsere Kenntnis über die pädagogische Bedeutung der Differenzierung innerhalb der Heime und der Arten der Gruppenzusammenstellung, schließlich auch unsere Kenntnis von den institutionellen Zwängen, denen die Heimerziehung in der Regel unterliegt und die ihre pädagogischen Möglichkeiten entscheidend einengen, rechtfertigt es, Formen der Betreuung zu praktizieren, die sich am Modell von Kleingruppen-Beziehungen orientieren und statt der künstlich hergestellten und isolierten Schein-Realitäten der Anstaltserziehung eine Erziehung in realistischen Alltagssituationen

---

132 Zit. nach Brosch, a.a.O., S. 170
133 In: Sozialmagazin, 12/79. S. 16-19; hier zit. nach Arbeitsgruppe Heimreform, a.a.O., S. 163.
134 Das vollständige Gutachten ist bei Brosch als Anlage auf den Seiten 164 bis 170 abgedruckt.

betreiben. Mir scheint es deshalb vernünftig zu sein, für die ehemals im Erziehungsheim ‚Staffelberg' untergebrachten Jugendlichen Lebens- und Lernmöglichkeiten unter solchen Bedingungen zu schaffen. Ein solcher Versuch wäre der Sache nach höchst notwendig, da es gegenwärtig in Deutschland nur eine verschwindend geringe Zahl von ernsthaft diskutablen Alternativen zu den bisherigen Formen der Heimerziehung gibt. Die notwendige Bedingung für solche Versuche wäre allerdings, daß diese zu Wohngemeinschaften zusammengeschlossenen Gruppen von Jugendlichen nicht zu groß werden, d.h. die Zahl von 8 Jugendlichen nach Möglichkeit nicht übersteigen. Eine zweite unabdingbare Voraussetzung wäre darin zu sehen, daß an solchen Wohngemeinschaften eine pädagogisch qualifizierte Fachkraft teilnimmt, die imstande wäre, den Versuch pädagogisch zu verantworten. Schließlich wäre das Pädagogische Seminar der Johann Wolfgang Goethe-Universität in Zusammenarbeit mit der Höheren Fachschule für Sozialarbeit in der Lage, einen beständigen Kontakt mit diesen Wohngemeinschaften zu unterhalten und seine beratenden und unterstützenden Dienste zur Verfügung zu stellen. Für uns wäre dabei nicht ein abstraktes wissenschaftliches Interesse leitend, sondern die auf wissenschaftliche Einsicht gegründete Überzeugung, daß die Misere der Heimerziehung nur auf dem Wege der Erprobung solcher Alternativen überwunden werden kann." [135]

Verhandlungen, Kompromiss, Rückzug

Der 31. Juli 1969 wurde zu einem „Tag der Verhandlungen". Am Vormittag tagten die Vertreter des Ministeriums für Arbeit, Volkswohlfahrt und Gesundheitswesen, des Innenministeriums, des Landeswohlfahrtsverbandes, des Landesjugendamtes und die Liga der freien Wohlfahrtsverbände. Den Teilnehmern der Sitzung wurden die beiden Gutachten vorgelegt. Im Zentrum der Diskussion stand die Frage, ob die Aktionen der APO weiter hingenommen werden müssten. In der Ergebnisniederschrift der Sitzung heißt es: „Von den Vertretern der Träger der Heime wurde insbesondere die Befürchtung geäußert, dass weitere Aktionen der APO in den Heimen einen ordentlichen Heimbetrieb schließlich unmöglich machen würden. Andererseits wurde aber auch der Standpunkt vertreten, dass Kontakte bzw. Diskussionen mit der APO nicht ohne weiteres abgelehnt werden sollten, zudem auf Grund bisheriger Erfahrungen durch Gespräche und Diskussionen mit der APO einiges erreicht und negative Aktionen verhindert werden konnten." [136]

---

135 Zit. nach Brosch, a.a.O., S. 109 f
136 Zit. nach Arbeitsgruppe Heimreform, a.a.O., S. 158

Die Leiterin des Landesjugendamtes wies außerdem darauf hin, dass die Gespräche in den Heimen von Gruppen der APO mit Jugendlichen als eine Form der politischen Bildung durchaus in Betracht gezogen und nicht grundsätzlich abzulehnen seien.[137] Schließlich wurde ein Maßnahmenkatalog zur Sicherung einer geordneten Heimbetreuung erstellt: Am Nachmittag sollte ein Gespräch mit den APO-Vertretern geführt werden, das anschließend in einem größeren Kreis mit interessierten Jugendlichen fortzuführen sei. Die entwichenen Jugendlichen waren entsprechend den gesetzlichen Bestimmungen wieder in die Heime zurückzuführen. Realisierbare Vorschläge der APO sollten aufgegriffen werden. Das Rechtsgutachten von Professor Denninger und die Stellungnahme von Professor Mollenhauer waren zu berücksichtigen. Die Diskussion um eine neue Heimverfassung sollte aus den Heimen heraus auf die Behördenebene verlagert werden. Bei weiteren Aktionen der APO dürften die Heimträger von ihrem Hausrecht Gebrauch machen. Die Polizei müsste entsprechend informiert werden. Die Aktionen der APO sollten in der nächsten Kabinettssitzung berücksichtigt und eine einheitliche Haltung der Landesregierung herbeigeführt werden.[138]

Dieser Maßnahmenkatalog zeigt eindeutig, worum es ging. Er lässt sich in zwei Gruppen von Maßnahmen unterteilen. Einerseits beinhaltet er Vorgaben, die über vage Formulierungen nicht hinausgehen: Gesprächsbereitschaft, ein Aufgreifen „realisierbarer" Vorschläge (Was wurde darunter verstanden, und welche Kriterien würden hier eine Rolle spielen?), Berücksichtigung der Gutachten. Andererseits enthielt er Vorgaben, die ganz klar dem Anliegen der Aktivisten, eine Mitbestimmung der Jugendlichen über die ihr eigenes Leben betreffenden Entscheidungen zu erreichen, zuwiderliefen: Rückführung der entflohenen Jugendlichen ins Heim, Verlagerung der Diskussion um eine neue Heimverfassung auf Behördenebene (Das sagte noch nichts über eventuelle Inhalte aus und bedeutete die gänzliche Ausschaltung einer Einflussnahme seitens der Betroffenen.), Rückgriff auf die Polizei, Herbeiführung einer einheitlichen Haltung der Landesregierung. Damit waren die Machtverhältnisse geklärt. Der „Wiederherstellung der Ordnung", wie sie das Ministerium für Arbeit, Volkswohlfahrt und Gesundheitswesen und das Innenministerium gefordert hatten, stand nichts mehr im Wege. Gäbe es weitere Aktionen, würde mit Polizeigewalt gegen die Studenten und Jugendlichen vorgegangen.

Am Nachmittag fand das Gespräch mit den Vertretern der APO statt. Dazu stellt Brosch fest: „Nach aufreibender, aber sachlicher Diskussion, in der auf die Verhältnisse in den einzelnen Heimen eingegangen wurde, gestanden die Verhandlungspartner die Berechtigung fast aller Forderungen zu. Sie verspra-

---

137 Vgl. Arbeitsgruppe Heimreform, a.a.O., S. 158
138 Vgl. Arbeitsgruppe Heimreform, a.a.O., S. 158

chen Reformen, solange prinzipielle Veränderungen nicht durchgeführt seien. Als Sofortmaßnahme wurde vorgeschlagen, Jugendliche in leer stehenden und schnell renovierbaren Jugendheimen unterzubringen. Die Wohngruppen der Heimbefreiten sollten legalisiert werden. Das „Stadtjugendamt würde als zuständige Behörde das Projekt wohlwollend unterstützen. Als Träger könne zunächst der ASTA der Frankfurter Universität fungieren, bis ein zu gründender gemeinnütziger Verein die Aufgabe übernommen habe. Vom LWV wird zugesagt, bei der Beschaffung von Lehrstellen zu helfen. Die Finanzierung der Kollektive sei entsprechend den Regelungen für die Heime möglich." [139]

Zunächst atmeten alle Beteiligten über den überraschend leicht verhandelten Erfolg auf. Doch die Verhandlungsergebnisse waren noch inoffizielle Abmachungen, die von der Landesvertreterversammlung des Landeswohlfahrtsverbandes bestätigt und durchgeführt werden mussten.

Die Entwicklung der Situation auf der Seite der nun rund 50 Jugendlichen, die illegal in Frankfurt lebten, gestaltete sich allerdings zunehmend schwieriger. Sie befanden sich in einer unsicheren Lage. Die eine Hälfte war einzeln oder zu zweit bei Intellektuellen untergebracht, während die andere Hälfte sich auf vier große Wohnungen verteilte. In beiden Fällen handelte es sich um provisorische Lösungen, die vor allem aufgrund des illegalen Aufenthaltes der Jugendlichen in der Stadt alle Beteiligten belasteten. Auch die Unterschiede in der Sozialisation der Studenten und der Jugendlichen erschwerten das Zusammenleben.[140] Zudem behinderten das Fehlen eines klaren Konzeptes für die Arbeit in den Heimen und in Frankfurt sowie die politischen Grabenkämpfe in den eigenen Reihen der Studenten die Entwicklung der Kampagne. Das theoretische und organisatorische Versagen der Intellektuellen rief nun die Jugendlichen auf den Plan. Das Protokoll des Lehrlingstreffens vom 18. August verdeutlicht, dass die Jugendlichen selbst mehr Disziplin und Selbstdisziplin forderten, weil sonst die Arbeit erschwert und unerträglich würde. Sie lehnten sich nun gegen die von den Studenten gewünschte Gefolgschaft auf.[141] Doch die Lehrlinge scheiterten mit ihrer Rebellion. Brosch sieht drei wesentliche Gründe dafür: Erstens habe es sich im Kern um einen antiautoritären Protest gegen die Studenten gehandelt, so wie sie es von diesen selbst im Kampf gegen Heimleitung und Erzieher gelernt hatten. Hierbei seien sie auch in Konkurrenz zu den Studenten gebracht worden. Nicht das Plenum, sondern das Lehrlingskomitee sollte nun ihrer Auffassung nach das Projekt leiten. Die Protesthaltung habe jedoch keinen Erfolg gehabt, da sie nicht zu einem Bündnis zwischen aktiven Lehrlingen und progressiven Intellektuellen

---
139 Brosch, a.a.O., S. 111
140 Vgl. Brosch, a.a.O., S. 119
141 Vgl. Brosch, a.a.O., S. 121

geführt habe, sondern zur Isolation und damit zum erneuten Scheitern.[142] Zweitens hätten sich die Jugendlichen wegen des antiautoritären Charakters ihres Protestes nicht mit den Studenten, die guten Willens und durch die Kritik der Lehrlinge einsichtig geworden seien, verbündet. Statt dessen seien sie wie zuvor in eine Anhänglichkeit und Abhängigkeit von der Baader-Gruppe zurückgefallen, die sich in der Auseinandersetzung nur zum Schein auf die Seite der Lehrlinge gestellt habe, um so die anderen Studenten besser ausbooten zu können. Aufgrund dieser Taktik der Baader-Gruppe, ihr unliebsame Studenten auszuschalten, habe von August bis Oktober über die Hälfte der mitarbeitenden Intellektuellen das Projekt verlassen. „Die Baader-Gruppe benutzt dabei nicht etwa ideologische Auseinandersetzung, Kritik und Selbstkritik an der politischen Linie, um so einem Genossen politische Fehler nachzuweisen. Im Gegenteil vermeidet sie es immer, politisch zu argumentieren, praktisch und ideologisch, ja sie verhindert in großem Maße politische Argumentation auch der anderen. Ihre Methode ist das laute, gehässige, persönliche Anschreien [...] Die Jugendlichen fallen auf die Baader-Gruppe deshalb herein, weil jene sich *nicht-studentisch* gibt. Die Kritik der Lehrlinge ist ja nur gegen Studenten gerichtet und nicht gegen all diejenigen, die sinnvolle Arbeit verhindern. Die Lehrlinge sehen die Baader-Gruppe deshalb als die ihrige an. Außerdem *besticht* die Baader-Gruppe die Lehrlinge mit Abenteuerspielchen (wildes, aufregendes Autofahren z.B., oder Aktiönchen gegen alles und jedes, was einem gerade über den Weg läuft, in einem Café gegen einen Kellner, gegen diesen oder jenen ‚liberalen Arsch'.) Bei den Baaders ist immer was ‚los'. Deshalb zieht es alle Jugendlichen dorthin."[143] Der dritte Grund ist für Brosch der bedeutsamste: „Den Hauptfehler machen jedoch die anderen Genossen, die dieses Treiben sehen, beobachten und im Grunde hilflos zuschauen. Sie erkennen nicht, dass die Jugendlichen überschüssige Aktivität haben, insbesondere in diesem Alter. Daher organisieren sie weder eine geregelte ‚Triebabfuhr' durch sexuelle Befriedigung und eine spontane Freizeitbeschäftigung, noch sorgen sie praktisch dafür, dass die Jugendlichen arbeiten gehen können. Sie stellen abstrakt Forderungen an die Jugendlichen, verlangen Disziplin usw., anstatt sie zu ermöglichen [...] Sie unterstützen auch keineswegs die Jugendlichen, die vernünftig und diszipliniert arbeiten, noch nicht von der Baader-Begeisterung betroffen sind und eigentlich die Arbeit des Lehrlingskomitees und des Lehrlingstreffens tragen. Ein ideologischer Kampf wird nur gelegentlich und unvollkommen, weil völlig unvorbereitet, geführt. Den Jugendlichen wird niemals die Kritik an Baader klar, obwohl viele Jugendliche ihm mit Reserve gegenüberstehen."[144] Durch die

---

142 Vgl. Brosch, a.a.O., S. 123
143 Ebd., S. 124
144 Ebd.

von Brosch gegebene Analyse der Situation wird deutlich, dass die Heimkampagne an einem Punkt angelangt war, an der eine positive Entwicklung im Sinne der ursprünglichen Ziele, Abschaffung der Heime und Einrichtung von unabhängigen selbstverwalteten Kollektiven als Alternative, immer weniger durchsetzbar erschien. Die Bewegung hatte nicht die Voraussetzungen für den langen Atem, den sie gebraucht hätte, um die Situation in ihrem Sinne gestalten zu können. Anders die Behörden und Träger der Heime: Ihnen war klar, dass für sie die Zeit arbeitete.

Aus diesem Grund erwiesen sich die Verhandlungen zwischen Behörden und Trägern auf der einen und der APO auf der anderen Seite als zäh und wenig fruchtbar.

Drei Wochen später war die Situation in den in Frankfurt überbelegten Wohnungen desolat geworden: „ [...] die Jugendlichen wissen nichts Rechtes mit sich anzufangen, sie hängen im Leeren, einige kriminalisieren sich, andere entfliehen in die Subkultur. Alle, auch die Intellektuellen, werden nervöser und sehnen eine Entscheidung und Lösung herbei." [145]

Mitte August war es soweit; es kam zu einem Kompromiss:
1. Die Heimkampagne wird unterbrochen, lose Informationskontakte bleiben bestehen, es sollen keine Jugendlichen zur Flucht ermuntert werden.
2. Es werden keine Strafanzeigen erstattet, und die Polizei fahndet nicht aktiv.
3. Es werden so schnell wie möglich Wohnungen gesucht, in denen diejenigen legal nach Bestimmungen des Jugendwohlfahrtsgesetzes leben dürfen, die sich vor dem ersten Verhandlungstermin, also dem 1. August 1969, in Frankfurt aufgehalten haben.

Brosch deutet die Hintergründe für diesen Kompromiss folgendermaßen: „Beim LWV, als hauptsächlich betroffener Institution, steht hinter dem Kompromiss die Angst, dass durch weitere, nicht endende Heimaktionen in immer mehr Heimen Skandale ans Licht der Öffentlichkeit kommen, die den LWV noch mehr als schon bisher in die Schußlinie der öffentlichen Kritik bringen könnten. Alle Institutionenvertreter wollen wegen der bevorstehenden Bundestagswahl Ruhe und Ordnung und ein fortschrittliches Image bewahren. Dafür sind sie bereit, der APO ihre ‚Beute' zu lassen. Die liberalen Leute in den Institutionen, wie Gietz vom Landesjugendamt und m. E. Faller vom Jugendamt Frankfurt, wollen mittels APO und den Kollektiven Reformen in LWV und Sozialministerium durchsetzen [...] Nach außen hin polieren sie sich ein liberales Image auf, geben sich als Reformer und steigen auch tatsächlich im Kurs bei den Jungsozialisten. (Faller wird Anfang 1970 überraschend stellvertretender Vorsitzender der SPD Frankfurt, wesentlich mit den Stimmen der Jungsozialisten.)" [146]

---
145 Ebd., S. 128
146 Ebd.

Am 21. August 1969 tagten Vertreter des Ministeriums für Arbeit, Volkswohlfahrt und Gesundheitswesen, des Innenministeriums, des Landeswohlfahrtsverbandes, des Landesjugendamtes und der Liga der freien Wohlfahrtsverbände. Den Anwesenden wurden in dieser Sitzung die Ergebnisse der Kabinettssitzung der Landesregierung mitgeteilt. Danach sollten keine Gespräche mehr mit den Vertretern der Basisgruppen zugelassen und im Bedarfsfall die Polizei gerufen werden. Mit dem Minister des Inneren und dem Minister der Justiz sollte dafür Vorsorge getroffen werden, dass sich die Vorgänge der Vergangenheit nicht wiederholten. Der Kurswechsel unter dem Motto „Zurück zur Ordnung" war vollzogen. Gleichzeitig begannen Behörden und Träger, aus der reagierenden Position herauszutreten und wieder die Zügel in die Hand zu nehmen. Ihnen ging es jetzt um die Fragen der Strafantragstellung, der Zulassung von Diskussionen in den Heimen und der Feststellung eines einheitlichen Vorgehens aller Beteiligten.[147]
Gegen diesen harten Kurs gab es in der Sitzungsrunde allerdings Einwände. Die Leiterin des Landesjugendamtes merkte an, dass die Entweichungen der Jugendlichen oft auf Fehlverhalten der Heimleitung zurückzuführen seien. Seitens des Landeswohlfahrtsverbandes wurde auf das Stillhalteabkommen verwiesen, zu dem auch Zugeständnisse seitens der Behörden (z.B. keine Strafanträge zu stellen) zählten. Weiter wurde das Verbot der Diskussionen in den Heimen in Frage gestellt, da sich die Diskussionen in diesem Fall lediglich räumlich verlagerten und es zweifelhaft sei, ob das die bessere Lösung wäre. Der Vertreter des Arbeiterwohlfahrtverbandes plädierte für die Zulassung von Diskussionen in den Heimen. Dennoch wurde am Ende der Sitzung vom Sozialminister daran festgehalten, dass die Diskussionen mit der APO nicht länger gebilligt werden könnten. Es müssten nun Schritte eingeleitet werden, um die Erziehungsarbeit in den Heimen in ordnungsgemäßer Weise zu sichern. Über diese Schritte wurde allerdings kein Einvernehmen hergestellt und so wurde festgehalten, dass das gemeinsame Vorgehen beim nächsten Treffen am 8. September 1969 endgültig geklärt werden sollte.[148]
Ein anderer Themenkreis in der Sitzung vom 21. August behandelte die Frage nach der Einrichtung von Wohngruppen. Zu diesem Vorhaben gab es insbesondere vonseiten der Diakonie und der Arbeiterwohlfahrt kritische Anmerkungen. Die Diakonie hielt den Ort, Frankfurt, mit Blick auf die sich dort „in beängstigender Weise verbreitenden Rauschgiftsucht unter Jugendlichen" für ungünstig.[149] Beide Träger wandten sich übereinstimmend gegen die Betreuung der Jugendlichen durch unausgebildete Kräfte. Der Vertreter der Arbeiterwohlfahrt – zugleich Leiter des Stadtjugendamtes – sah außerdem

---

147 Vgl. Arbeitsgruppe Heimreform, a.a.O., S. 158
148 Vgl. Arbeitsgruppe Heimreform, a.a.O., S. 159
149 Niederschrift vom 21.8.1969, zit. nach Arbeitsgruppe Heimreform, a.a.O., S. 159.

in den „Lehrlingskollektiven" keine adäquate Alternative zur Fürsorgeerziehung im Heim, da eine Betreuung und Erziehung immer nur unter der Aufsicht der Fürsorgeerziehungsbehörde erfolgen dürfe. Stattdessen sollte über Erziehungsmodelle nachgedacht werden, wie sie bereits an anderen Orten praktiziert wurden, an denen Jugendliche für ihren Übertritt ins freie Leben hinreichend vorbereitet würden.[150] Der Austausch und die Abstimmung der Positionen wurden ebenfalls auf das weitere Treffen der beteiligten Parteien am 8. September gelegt.
Bemerkenswert erscheint aus heutiger Perspektive, dass aus Sicht des Sozialministers Schmidt Schritte eingeleitet werden sollten, „die Erziehungsarbeit in den Heimen in ordnungsgemäßer Weise zu sichern." Welche Ordnung hatte er hier im Sinn? Diakonie und Arbeiterwohlfahrt wandten sich übereinstimmend gegen die Betreuung der Jugendlichen durch unausgebildete Kräfte. Damit vermieden sie den Blick auf die von ihnen selbst produzierten Zustände in den Heimen, in denen damals das Personal kaum ausgebildet war. Von dem Leiter des Stadtjugendamtes wurde angemerkt, dass eine Betreuung und Erziehung immer nur unter der Aufsicht der Fürsorgeerziehungsbehörde erfolgen dürfe. Fakt war, dass diese Behörde ihrer Aufsichtspflicht in den Heimen nicht nachgekommen war, und – wie wir heute durch die ehemaligen Heimkinder und die wissenschaftliche Aufarbeitung der Verhältnisse in den Heimen erfahren – auch weiterhin nicht angemessen nachkam. Diese Redebeiträge zeigen deutlich auf, dass es auch hier immer noch um den Erhalt alter Strukturen ging und die Bereitschaft zur Einleitung von strukturellen Veränderungen im Sinne des Grundgesetzes noch ausgesprochen gering war. Besonders bemerkenswert ist allerdings die Haltung der Landesregierung. Während die Behörden und die Träger der Heime zumindest die grundsätzliche Berechtigung der Forderungen anerkannten und sich bereit zeigten, Abmachungen einzuhalten, reagierte das Kabinett mit einem Peitschenhieb: keine Gespräche, bei Bedarf: Polizei! Was bedeutete die Aussage, mit dem Minister des Inneren und dem Minister der Justiz sollte dafür Vorsorge getroffen werden, dass sich die Vorgänge der Vergangenheit nicht wiederholten? Was genau sollte sich nicht wiederholen? Dass Jugendliche sich für ihre verfassungsmäßigen Rechte einsetzten und gehört wurden? Und welcher Art sollte die gewünschte Vorsorge dagegen sein?
Der ASTA der Universität Frankfurt war aufgrund des Mitte August getroffenen Kompromisses offiziell aktiv geworden, da er als Träger der zu legalisierenden Wohngruppen vorgeschlagen worden war, bis ein zu gründender gemeinnütziger Verein die Aufgabe übernehmen würde. Zu seinen Aktivitäten gehörte das Bemühen um eine schriftliche Zusage des Landeswohl-

---

150 Vgl. Arbeitsgruppe Heimreform, a.a.O., S. 160

fahrtsverbandes, dass dieser die Wohnungsmieten bezahlte, wenn der ASTA Wohnungen für die Jugendlichen anmietete. Des Weiteren wollte er das den Jugendlichen für die Lebenshaltungskosten vorgestreckte Geld von den Institutionen zurückerhalten.[151] Dieses Vorgehen des ASTA macht zweierlei deutlich. Zum einen versuchte er, seinen eigenen finanziellen Einsatz rechtlich abzusichern; zum anderen wird aber auch deutlich, dass er die von den Behörden gemachten Versprechen ernst nahm. Dass es sich bei der Vorgabe der Einbeziehung seiner Mitwirkung um eine Strategie handeln könnte, sah er nicht.

Brosch stellt fest, dass sich aus dem Vorgehen der Vertreter des Landeswohlfahrtsverbandes bezüglich der Umsetzung des vorgeschlagenen Kompromisses für die Studenten und Jugendlichen eine klare Verzögerungstaktik erkennen ließ: Besichtigungstermine von Wohnungen wurden verschoben, angekündigte Beschlüsse und Entscheidungen vertagt.[152] Diese Beobachtung scheint zutreffend zu sein, denn eine Verzögerungstaktik entsprach der Vorgabe des Staatssekretärs in der Sitzung vom 17. Juli, in der er erklärt hatte, es gelte, die Aktionen dynamisch in die Hand zu bekommen und nicht länger statisch zu verharren, wie auch der Quintessenz des Maßnahmenkatalogs vom 31. Juli.

Nach dem gegebenen Stand der Machtverhältnisse war für alle zu sehen, dass sich die Ereignisse vermutlich anders entwickeln würden, als es vonseiten der Akteure der Heimkampagne beabsichtigt war.

„Als die Kampfgruppe erfährt, dass am 8.9. im hessischen Sozialministerium die Liga der freien Wohlfahrtsverbände konferiert, versucht sie durch eine klare Drohung mit militanten Aktionen Druck auf sie auszuüben. Die Konferenz ist die neben dem LWV angeblich entscheidende Instanz für einen positiven Beschluss zu den Kollektiven." [153] Zum Schrecken der Behörden praktizierte die Gruppe um Andreas Baader und Gudrun Ensslin „den ‚Marsch durch die Institutionen' [...] ganz wörtlich: Mit 20 oder 30 Personen zogen sie durch Flure und Zimmer der Ämter und Behörden, um ihren Forderungen Nachdruck zu verleihen." [154]

In der Sitzung vom 8. September legten die Diakonie eine Stellungnahme und der Landeswohlfahrtsverband die Beschlüsse seiner Verbandsversammlung vor. Da zu dieser Sitzung kein Protokoll vorliegt, lassen sich die Ergebnisse lediglich der Presseerklärung entnehmen, in der das Sozialministerium bekannt gab, worauf sich die Liga der freien Wohlfahrtsverbände, das Landesjugendamt und der Landeswohlfahrtsverband geeinigt hatten.

---

151 Vgl. Brosch, a.a.O., S. 129
152 Vgl. Brosch, a.a.O., S. 130
153 Brosch, a.a.O., S. 130
154 Wensierski, *Schläge*, S. 205

„Die Konferenz stellt einmütig fest:
1. Eingriffe nicht autorisierter Gruppen in das Heimleben werden nachdrücklich abgelehnt.
2. Die geltende Rechtsordnung muss gewahrt bleiben.
3. Die Absicht des LWV und des Stadtjugendamtes Frankfurt, eine baldige Regelung der Betreuung der aus den Heimen entwichenen Jugendlichen anzustreben, ist zu begrüßen. In diesem Zusammenhang wird eine Trägerschaft des ASTA abgelehnt.
4. Das Androhen militanter Aktionen kann weder die Träger der Heime noch die Hessische Landesregierung davon abhalten, ihren gesetzlichen Auftrag zu erfüllen." [155]

Damit war der ASTA ausgeschaltet. Nachdem die Behörden wie auch die Träger Mängel in der Heimerziehung anerkannt und Zugeständnisse an die „Aufständischen" gemacht hatten, waren sie nun ganz auf dem Kurs der Landesregierung. Man war wieder auf der die Agenda bestimmenden Seite und setzte nun die Bedingungen für die Umsetzung der Beschlüsse.

Vor Betrieben, Schulen und in der Stadt wurden daraufhin Flugblätter von den Kollektivbewohnern verteilt, die Presse informiert und zu einer Protestkundgebung aufgerufen.

Das war nun der Zeitpunkt, an dem der *Verein für Arbeits- und Erziehungshilfe e.V.* des Stadtjugendamtes ins Spiel kam und sich bereit erklärte, Träger der Kollektive zu werden. Brosch schätzt die Situation so ein: „Dahinter steckt natürlich das Interesse von Faller, der der geschäftsführende Vorsitzende des Vereins ist, sich als Reformer präsentieren zu können. Aber in Wirklichkeit sind in dem Verein reaktionäre Politiker stark tonangebend." [156] Die Satzung für den von den Studenten und Jugendlichen geplanten eigenen Verein lag zwar schon in der Schublade; doch bis dieser Verein hätte arbeiten können, wären noch Monate vergangen. Folglich blieb den Studenten und Jugendlichen nichts anderes übrig, als den *Verein für Arbeits- und Erziehungshilfe e.V.* zu akzeptieren. Am 27. September wurde ihm vom Landeswohlfahrtsverband die Trägerschaft der Kollektive übertragen. Die erste Kollektivwohnung wurde am 15. Oktober bezogen. Das vierte und letzte Kollektiv zog am 1. November in die bereitgestellten Wohnungen ein.

Die Zeit von August bis November 1969 hatte in die Reihe der aktiven Jugendlichen eine Bresche geschlagen, so dass ungefähr ein Drittel der Jugendlichen den Druck nicht ausgehalten hatte und sich nicht mehr bei der Kampfgruppe befand, die in diesen Monaten mehr und mehr in ihren Strukturen zerfiel. Einige Jugendliche entflohen dem Druck der Situation durch Drogenkonsum. Andere „erreichen ihr Aktivitätsoptimum nun durch Tagträumen, Wunsch-

---
155 Zit. nach Arbeitsgruppe Heimreform, a.a.O., S. 161
156 Brosch, a.a.O., S. 133

denken. Auch tauchen jetzt wieder für überwunden gehaltene Marotten der Jugendlichen auf. Sinnlose Zerstörungswut, Prostitution, Reisepläne und sonstige unbefriedigte Abenteuerwünsche."[157] Die Kollektive konnten letztlich von den Jugendlichen nicht gehalten werden, da diese überfordert, den Ansprüchen von Freiheit und Selbstbestimmung nicht gewachsen waren und aufgrund ihrer Geschichte auch nicht gewachsen sein konnten. Die Entwicklung der Wohnkollektive ist auch aus der Sicht der Autoren des Jahrbuchs der Sozialarbeit als Misserfolg zu werten: „Der überwiegenden Zahl der entwichenen Fürsorgezöglinge gelang es nicht, die neue soziale Situation zu bewältigen, geschweige denn sich zu politisieren, sondern sie resignierten und versackten teilweise in der Drogensubkultur."[158]

Ergebnis

Auch wenn die aktive Heimkampagne vonseiten der Heimzöglinge und der Studenten aufgegeben worden war, hatten sie doch eines ihrer Hauptziele erreicht, nämlich dass die aus den Heimen entwichenen Jugendlichen legal in Frankfurt leben konnten. Sie erhielten Ausweise des Vereins und brauchten sich nicht mehr vor der Polizei zu verstecken. Beim Lösen der Probleme hinsichtlich ihrer Lebensgestaltung, was zum Beispiel das Thema Ausbildung beziehungsweise Arbeit betraf, erhielten sie jedoch von staatlicher Seite keine angemessene Unterstützung. Die eigentliche, unausgesprochene Aufgabe des Vereins sieht Brosch deswegen vor allem darin, „die Kampfgruppe zu befrieden, zu verhindern, dass sie weiter ein politisches Zentrum im Kampf gegen staatliche Unterdrückungsinstitutionen, wie zum Beispiel die Fürsorge, darstellt. Der Sozialausschuss des Landeswohlfahrtsverbandes Hessen verpflichtet z.B. den Verein und der Verein seine beiden Sozialarbeiter, zu verhindern, dass weitere Jugendliche an Aktionen gegen die Heime beteiligt sind".[159] So hatte sich unter dem Einfluss des Vereins der Charakter der Kollektive bereits 1971 eindeutig gewandelt. „Aus mit großen Opfern erkämpften, sich selbständig organisierenden, politischen Kollektiven, die die Fürsorgebürokratie notgedrungen dulden musste, ist eine neue Form von Kleinstheimen entstanden, die fast völlig in der Hand der Fürsorge sind."[160]
Die resignative Einschätzung des Ergebnisses der Protestaktionen durch Brosch im Jahre 1971 ist vor dem Hintergrund seiner eigenen persönlichen Erfahrungen mit der Fürsorgeerziehung und seiner unerfüllten politischen

---
157 Brosch, a.a.O., S. 135
158 Jahrbuch der Sozialarbeit 1976, S. 227
159 Brosch, a.a.O., S. 143
160 Ebd., S. 148

Hoffnungen zu verstehen. Er hatte sich wesentlich mehr gewünscht. Sicher teilten viele seine Enttäuschung, vor allem diejenigen, die bis weit in die 70er Jahre hinein noch unter den alten Bedingungen leiden mussten. Andererseits war die Bewegung, die die Heimkampagne in die verkrusteten und am Grundgesetz vorbei agierenden Institutionen brachte, stark genug, eine langfristige Veränderung und Neustrukturierung zu bewirken. Doch es sollte vielerorts noch ein Jahrzehnt und länger dauern, bis sich diese Veränderungen durchsetzten. Immerhin: Der Anfang war gemacht. Die Jugendhilfeträger waren aufgerüttelt worden und standen unter erheblichem Reaktionsdruck, dem sie mit Verbesserungen und Korrekturen nach der von den Studenten aufgeführten Mängelliste im Rahmen der jetzt einsetzenden Reformen entsprachen.[161] Von grundlegender Bedeutung war auf jeden Fall, dass die juristische Fachschaft des ASTA an der Universität Frankfurt, die sich stark engagiert hatte, Wesentliches erreichte. Erinnert sei hier an das von Professor Denninger erstellte Rechtsgutachten zur Heimerziehung (für das sich Wensierski zufolge auch Gudrun Ensslin maßgeblich eingesetzt hatte), an die Stellungnahme Professor Mollenhauers zur Unterbringung von Jugendlichen aus der Fürsorgeerziehung und Freiwilligen Erziehungshilfe in Heimen und an eine Reihe von Strafanzeigen gegen Erzieher der Jugendheime Staffelberg und Karlshof wegen der Misshandlung Abhängiger.

Denningers Gutachten hatte dazu beigetragen, die Kritik an den bestehenden Heimen rechtlich zu begründen. Die besondere Bedeutung seines Gutachtens lag letztlich jedoch darin, aufgezeigt zu haben, dass die Missachtung der Grundrechte der Kinder und Jugendlichen, wie sie bis dahin Praxisalltag in der Heimerziehung war, gegen das Grundgesetz verstieß. Die Träger der privaten und öffentlichen Wohlfahrtspflege reagierten und waren nun um einen reformpädagogisch-therapeutischen Ansatz bemüht.[162] In der Konzeption der Heimerziehung zwischen 1970 bis 1972 entstanden eine Reihe von offiziell geäußerten Vorschlägen zur Reform der Heimerziehung, die in Denningers Gutachten ihre rechtliche Grundlage hatten. Entsprechend wichtig war das Gutachten von Mollenhauer, der weiter an der pädagogischen Begründung von Alternativen zur Heimerziehung arbeitete.

Die Arbeitsgruppe Heimreform stellt resümierend fest, dass Heimleitungen und Träger den öffentlichen Druck brauchten, um einzusehen, dass sich die Zeiten geändert hatten, dass Kinder und Jugendliche Träger von Grundrechten sind. Erst die kritische Auseinandersetzung mit der faschistischen Vergangenheit der Elterngeneration einerseits und die Forderung nach Demokratisierung der Gesellschaft andererseits habe die Wahrnehmung dafür geschärft.

---

161 Vgl. Wolfgang Post: *Erziehung im Heim. Perspektiven der Heimerziehung im System der Jugendhilfe.* Weinheim/München 2002, S. 31
162 Vgl. Jahrbuch der Sozialarbeit 1976, S. 229

Bezogen auf die Heimerziehung sei es darum gegangen, die herrschende sozialpolitische und fürsorgerische Vorstellung zu entlarven, die immer noch dem nationalsozialistischen Gedankengut entstammten.[163] Diese Auffassung ist in jedem Fall zu teilen. Des Weiteren stellt die Arbeitsgruppe Heimreform fest, dass die Wissenschaft in der Auseinandersetzung der Heimkampagne Position für die Heimzöglinge bezogen habe, und benennt in diesem Zusammenhang einen weiteren Erfolg: „So wurden in den Ende 1969 eingesetzten Beirat für Heimerziehung u.a. drei WissenschaftlerInnen berufen. Analog dem technischen und naturwissenschaftlichen Fortschritt war nun auch im sozialen Bereich wissenschaftliche Fachkompetenz gefragt." [164] Neben dieser Feststellung ist folgende Notiz aus der Frankfurter Rundschau abgedruckt: „Unter Vorsitz des hessischen Sozialministers Dr. Horst Schmidt hat sich in Wiesbaden der bereits im Dezember 1969 einberufene Beirat für Heimerziehung konstituiert. Das sechsköpfige Gremium, dem Sachverständige aus Wissenschaft und Praxis angehören, will nach Angaben des Sozialministeriums bis zum Sommer ‚praktikable Grundsätze für eine moderne, menschenwürdige Erziehung' in den hessischen Jugendfürsorgeheimen erarbeiten." [165] Interessant für die aktuelle Problematik ist allerdings ein Blick auf die Namensliste dieses Beirates, die in der Studie der Arbeitsgruppe Heimreform auf Seite 206 zu finden ist, taucht hier doch wieder Professor Stutte auf: Ordinarius und Direktor der Klinik für Kinder- und Jugendpsychiatrie der Universität Marburg; Leiter des Instituts für ärztlich-pädagogische Jugendhilfe und der Erziehungsberatungsstelle des Vereins für Erziehungshilfe e.V. Marburg, Fachberater für Erziehungshilfe. Es handelt sich dabei um genau jenen Professor Stutte, der sich 1944 mit *Erbbiologischen Forschungen an Gießener Fürsorgezöglingen* habilitiert hat, der 1948 zusammen mit Werner Villinger den Aufsatz *Zeitgemäße Aufgaben und Probleme der Jugendfürsorge* herausgegeben hat, welcher auf den erbbiologischen Forschungen der beiden Kinder- und Jugendpsychiater in der NS-Zeit beruht und in dem Fürsorgezöglinge als „sozialbiologisch unterwertiges Menschenmaterial" betrachtet werden. Der noch 1959 ein Buch herausgab mit dem Titel *Die Grenzen der Sozialpädagogik*, in dem er wesentlich seine jugendpsychiatrischen Untersuchungen und „Erkenntnisse" an so genannten „unerziehbaren Fürsorgezöglingen" bis zurück in die NS-Zeit referierte. Es sei in diesem Zusammenhang auch daran erinnert, dass er dieses Werk in der Schriftenreihe des *Allgemeinen Fürsorgetages* herausgeben konnte (1959!) und dafür viel Beifall erhielt. Er stand mit seinem Gedankengut also auch 1959 in einflussreichen Fachkreisen nicht auf einsamem Posten. Welche Rolle mag

---

163 Vgl. Arbeitsgruppe Heimreform, a.a.O., S. 154
164 Arbeitsgruppe Heimreform, a.a.O., S. 169
165 Zit. nach: Arbeitsgruppe Heimreform, a.a.O., S. 205

er wohl 1970 bei der Erarbeitung „praktikabler Grundsätze für eine moderne, menschenwürdige Erziehung" in den hessischen Jugendfürsorgeheimen gespielt haben? Fraglich ist auch seine Rolle in dem *Verein für Arbeits- und Erziehungshilfe*. Peter Broschs Einschätzung, dass dort reaktionäre Politiker tonangebend waren, scheint vor diesem Hintergrund äußerst treffend zu sein. Seine Frage, warum der Verein seine beiden Sozialarbeiter damit beauftragte zu verhindern, dass sich weitere Jugendliche an Aktionen gegen Heime beteiligten, erhält nun eine neue Brisanz. Was sollte nicht aufgedeckt werden? Anzunehmen ist, dass eine Menge von dem nicht aufgedeckt werden sollte, was erst heute über die aktuelle Aufarbeitung der in den 50er und 60er Jahren internierten Kinder und Jugendlichen ans Tageslicht kommt und die Öffentlichkeit aufs Neue schockiert. Es ist auch die Frage zu stellen, inwieweit Stutte den Beirat für seine Interessen instrumentalisieren konnte. Warum brauchten die Veränderungen so lange? Warum musste der Kampf um die Durchsetzung der Rechte der Kinder und Jugendlichen insgesamt noch mehr als ein Jahrzehnt andauern? Diese Fragen stellte sich die Arbeitsgruppe Heimreform nicht. Sie äußert hingegen den Verdacht, „dass die Heimjugendlichen von den Studierenden für ihre politischen Zwecke instrumentalisiert wurden. Es ging letztlich nicht um die Verbesserung der Lebensverhältnisse dieser Jugendlichen. Denn immer dann, wenn die Studierenden den Eindruck gewannen, dass sie nicht verstanden wurden bzw. keinen Erfolg in ihrem Sinne sahen, zogen sie sich zurück: in der Steinmühle, weil die als geistig behindert angesehenen (oder auch diagnostizierten) Mädchen ihnen nicht folgen konnten; im Karlshof, weil die Jugendlichen begannen, kritische Fragen an die APO zu stellen. Auch später, in den ersten Wohnkollektiven, zogen sich die Studierenden zurück, als sie darin nicht mehr den Ort ihrer politischen Tätigkeit sahen. Die bis dahin gewachsenen Beziehungen blieben sekundär." [166] Doch Tatsache bleibe auch, „dass über Presse- und Rundfunkberichte eine breitere Öffentlichkeit hergestellt worden war. Die Heimerziehung stand im Rampenlicht. Wenn auch die APO wie beispielsweise im Staffelberg betonte, nicht das einzelne Heim zu terrorisieren, sondern die Institution und Methode der Heimerziehung anklagen zu wollen, so hatte sie doch die Finger in einige Wunden gelegt [...] Die Öffentlichkeit des Themas wie auch das konkrete Wissen um Mißstände seitens der APO erzeugte einen großen Handlungsdruck auf die Träger und die Einrichtungen. Es war gewissermaßen eine Kontrolle von außen entstanden." [167] Zu dem negativen Aspekt der Bewertung ist anzuführen, dass die Studenten politische Ziele verfolgt hatten und es ihnen nicht um den Aufbau von persönlichen Beziehungen gegangen war. Das hatten sie ganz klar formuliert. Die Arbeitsgruppe Heimreform selbst

---

166 Arbeitsgruppe Heimreform, a.a.O., S. 155
167 Ebd., S. 155

zitiert die entsprechende Vorgabe der Studenten, nämlich die Institution und Methode der Heimerziehung anklagen zu wollen. Von daher erscheint der moralische Vorwurf, es sei ihnen nicht um die Verbesserung der Lebensverhältnisse der Jugendlichen gegangen, unangebracht. Ihre Absicht war ursprünglich gewesen, die Heime abzuschaffen und mit den Jugendlichen in Form von politischen Wohnkollektiven Lebensbedingungen zu erkämpfen, in denen die Jugendlichen ein Leben gemäß den Garantien des Grundgesetzes hätten führen können. Das Durchschütteln der Institutionen hat zudem – wie sich in den Jahren nach der Heimkampagne beobachten lässt – sehr wohl zur Verbesserung der Lebensverhältnisse der Jugendlichen in den Heimen, für deren Wohl die öffentliche Fürsorge zuständig war, beigetragen, wenn dies auch aufgrund der nur langsam einsetzenden Reformen in der Heimerziehung bundesweit erst Ende der 80er Jahre der Fall war. Mit großer Vehemenz hatten die Studenten die Missstände ans Licht der Öffentlichkeit gezerrt. Sie sind dabei mit einer Zivilcourage und mit Methoden vorgegangen, die sie selbst an den Rand der Kriminalisierung gebracht haben: Eine Verurteilung wegen Hausfriedensbruchs, Aufruhr, Widerstand hätte für sie schwerwiegende Folgen haben können. Der Vorwurf der Arbeitsgruppe Heimreform, es sei den Studierenden nicht um die Verbesserung der Lebensverhältnisse der Jugendlichen gegangen, sie hätten sie lediglich für ihre eigenen Zwecke instrumentalisiert, greift auch deswegen zu kurz, weil die Studenten die Lawine, die sie ins Rollen gebracht hatten, aufgrund der strukturellen Gegebenheiten gar nicht kontrollieren konnten. Dazu hatten sie weder die finanziellen, institutionellen noch machtpolitischen Voraussetzungen. Wie in der Darstellung der Heimkampagne am Beispiel Staffelberg deutlich wurde, saßen sie einfach am kürzeren Hebel. Brosch hat die Situation einer sehr genauen Analyse unterzogen, und das Quellenmaterial, mit dem die Arbeitsgruppe Heimreform seine Aussagen ergänzt, bestätigt diese nur.

Die Ausdehnung der Heimkampagne in Hessen

Die Aktionen der Studenten haben sich während der Staffelberg-Kampagne auch auf weitere Heime in Hessen ausgedehnt. Insgesamt kam es in der Zeit vom 28. Juni bis zum 13. August 1969 zu fünfzehn Aktionen in verschiedenen Erziehungsheimen: im Staffelberg bei Biedenkopf, im Karlshof in Wabern, in der Steinmühle in Obererlenbach, im Beiserhaus in Rengshausen, im Heim Fuldatal in Guxhagen und im Kalmenhof in Idstein.
Entsprechend ihrer politischen Zielsetzung hatte sich die APO Heime eines öffentlichen Trägers, nämlich des Landeswohlfahrtsverbandes, ausgesucht. Das Beiserhaus als einzige kirchliche Einrichtung wurde ausgewählt, um

exemplarisch zu zeigen, dass in staatlichen wie auch in kirchlichen Einrichtungen gleichermaßen Zwangsstrukturen vorherrschten.[168] Die Aktionen in den Erziehungsheimen verliefen dabei nicht nach einem einheitlichen Muster. „Während zur ersten Aktion im Staffelberg über eine breite Flugblattaktion im Vorfeld öffentlich informiert und aufgerufen wurde, waren die Aktionen in den anderen Einrichtungen mehr intern gehalten. Entsprechend waren die Gruppen hier insgesamt kleiner [...] Im Beiserhaus wie auch in der Steinmühle fanden zahlenmäßig die meisten Aktionen statt, die hier allerdings immer als Diskussionsrunden angelegt waren. Den Berichten zufolge waren die Aktionen im Staffelberg stärker von Agitation und Aggression geprägt als in den anderen Einrichtungen. So kam es auch nur hier zu einem Polizeieinsatz, wenn auch in den anderen Einrichtungen sich die Polizei bei jeder Aktion abrufbereit hielt." [169] Im Staffelberg, im Karlshof, in der Steinmühle und im Beiserhaus waren vorrangig Studenten aus Frankfurt aktiv, die ihre Aktionen unter der Zielsetzung gesamtgesellschaftlicher Veränderungen durchführten und die Jugendlichen selbst aktivieren und politisieren wollten. Im Kalmenhof und im Mädchenheim Fuldatal hingegen engagierten sich Studenten aus Marburg, die bisher vergeblich versucht hatten, auf die Missstände in diesen Heimen aufmerksam zu machen.

Das Institut für Sonderpädagogik der Universität Marburg hatte den Landeswohlfahrtsverband schon länger darauf hingewiesen, dass die Pädagogik, die im Mädchenheim Fuldatal betrieben wurde, den damaligen Kenntnissen von Resozialisation, Rehabilitation und Heilerziehung Hohn spreche, und empfohlen, die Leiterin des Heimes abzulösen. Gottfried Sedlaczek, der dort eine Untersuchung zur Feststellung von Legasthenie durchgeführt hatte, kritisierte, dass die Menschenrechte der Mädchen verletzt würden und in dem Heim keine Erziehung stattfinde. „Stattdessen herrscht ein Vergeltungsstrafrecht mit allen möglichen und unmöglichen Härten, Schikanen von Direktorin und Erzieherinnen [...] Ordnung und sinnlose Arbeit sind der Höchstwert dieses ‚Erziehungsvollzuges'. Es gibt keine Lehrstellen, keine positiven Angebote wie Erziehung, Berufsbildung, Information, Therapie, keine Einübung sozialer Fertigkeiten. Durch diesen Erziehungsstil werden die bereits milieugeschädigten Jugendlichen zusätzlich desozialisiert!" [170] Als Ursache für die Missstände benannte er den Mangel an fachlich qualifizierten Erzieherinnen, das Fehlen einer pädagogisch ausgebildeten Direktorin. Eine von Marburger Wissenschaftlern geforderte unabhängige Untersuchung wurde vom Landeswohlfahrtsverband verweigert. Im Oktober 1969 gerieten die Informationen an die Presse und damit der Landeswohlfahrtsverband wie

---

168 Vgl. Arbeitsgruppe Heimreform, a.a.O., S. 139 f
169 Ebd., S. 140
170 Zit. nach: Arbeitsgruppe Heimreform, a.a.O., S. 182

in den Monaten zuvor ins Visier der Medien. In einer Pressekonferenz, zu der Sedlaczek und Meinhof nicht zugelassen wurden, dementierte der Landeswohlfahrtsverband die Vorwürfe gegen das Heim. Vor dem Heim hatten sich 150 demonstrierende Gymnasiasten der Geschwister-Scholl-Schule in Melsungen und Angehörige der APO versammelt. Vier Aktivisten erhielten Zugang zu dem Heim, das nicht einmal Mitarbeiter der einweisenden Behörden von innen kannten. Das ursprüngliche Ziel der Pressekonferenz, den harmlosen Schein wiederherzustellen, konnte nicht erreicht werden. Ein 1970 eingestelltes Erziehungshilfeteam bemühte sich um eine Reform in der Einrichtung. Als zwei Jahre später noch keine deutlichen Verbesserungen sichtbar wurden, beantragte das Dezernat Erziehungshilfe die Schließung der Einrichtung, die jedoch zunächst durch die Intervention einiger Jugendämter verhindert wurde. Das Erziehungshilfeteam legte aus diesem Grund Beschwerde bei der Präsidentin des Landeswohlfahrtsverbandes ein und eine erneute Beschreibung der Verhältnisse vor. 1973 wurde das Heim Fuldatal - als letztes geschlossenes Mädchenheim in Hessen – aufgegeben.[171]

Im November 1969 wurde im Hessischen Rundfunk eine Reportage über den Kalmenhof in Idstein gesendet. Die Journalistin Ulrike Holler kam darin zu dem Schluss, dass die im Kalmenhof lebenden Kinder zu seelischen Krüppeln gemacht würden. Auch ehemalige Mitarbeiter und Ersatzdienstleistende hatten zuvor schon versucht, die Missstände dort anzuprangern, aber beim Landeswohlfahrtsverband kein Gehör gefunden.

Die studentische „Heilpädagogische Aktionsgemeinschaft – Aktionsgruppe Fürsorgeheime" des Instituts Sonderpädagogik in Marburg dehnte ihre Öffentlichkeitsarbeit auch auf dieses Heim aus, womit der Landeswohlfahrtsverband wieder in die Schlagzeilen geriet. Auf einer Pressekonferenz, die vom Landeswohlfahrtsverband einberufen wurde, waren auch Gottfried Sedlaczek und Ulrike Holler vom Hessischen Rundfunk anwesend. Auch hier gelang es dem Heimdirektor trotz beharrlicher Dementis nicht, die Vorwürfe zu entkräften. Wie in Fuldatal ließ der Landeswohlfahrtsverband keine unabhängige Kommission zu einer Überprüfung der Situation im Heim zu, sondern entschied, eine interne Überprüfung durchzuführen. Die Vorgehensweise dieses verbandsinternen Untersuchungsausschusses rief allerdings Empörung bei den Mitarbeitern hervor, da sie erfuhren, dass der Direktor die Tonbandaufzeichnungen ihrer Aussagen abhören konnte und dies auch tat. Anfang Februar bekundete der Erste Landesdirektor des Landeswohlfahrtsverbandes, dass die Notwendigkeit personeller Konsequenzen nicht gesehen werde. Nun erstatteten die Marburger Aktivisten Anzeige bei der Staatsanwaltschaft Wiesbaden gegen Alfred Göschl, den Direktor des Heilerziehungsheimes

---

171 Vgl. Arbeitsgruppe Heimreform, a.a.O., S. 180 ff

Kalmenhof Idstein wegen Korruption und Ausnutzung von Abhängigen, gegen den Gutsverwalter Hofbauer wegen Ausnutzung von Untergebenen und gegen die Abteilung Erziehungshilfe des Landeswohlfahrtsverbandes wegen Duldung und Begünstigung sowie Verletzung der Aufsichtspflicht.[172] Zur Vorbereitung dieser Anzeige waren von den Aktivisten Interviews mit über 40 Zeugen, vor allem mit Mitarbeitern der Heime des Landeswohlfahrtsverbandes und ehemaligen Heiminsassen, geführt und zu einer Dokumentation über die Zustände in den Heimen zusammengestellt worden, die im März 1970 unter dem Titel *Zucht-Häuser der Fürsorge* veröffentlicht wurde. Die Staatsanwaltschaft Wiesbaden eröffnete ein Ermittlungsverfahren, das sie jedoch bald wieder einstellte. Alfred Göschl wurde in die Hauptverwaltung des Landeswohlfahrtsverbandes nach Kassel berufen und arbeitete dort bis zu seiner vorzeitigen Pensionierung als Verwaltungsdirektor. Seine stärkste Widersacherin, die Heimpsychologin Gertrud Zovkic, wurde zunächst zwangsversetzt, wogegen sie arbeitsrechtlich vorging. Nachdem ihr dann auch noch die Kündigung ausgesprochen wurde, musste arbeitsrechtlich neu verhandelt werden. „In einem vor allem für den LWV wenig schmeichelhaften Verfahren einigen sich beide Parteien letztlich auf einen Vergleich, der Frau Zovkic zwar 10.000 DM Abfindung und ein ‚ihrer unbestrittenen fachlichen Leistung entsprechendes Zeugnis einbringt', dem LWV es aber auch ermöglicht, sich einer unbequemen Mitarbeiterin zu entledigen. Der Vergleichsvorschlag des Gerichtes, Gertrud Zovkic genau wie ihren Widersacher Alfred Göschl nach Kassel in die Hauptverwaltung zu befördern, wird vom LWV empört abgelehnt."[173] Es ist deutlich geworden, dass die Verantwortlichen hinsichtlich der skandalösen Verhältnisse in den Heimen in Hessen nicht nur kein Interesse an einer Veränderung im Sinne des Grundgesetzes zeigten, sondern auch alles ihnen Mögliche unternahmen, um einer Veränderung entgegenzuwirken.

Zu Aufsehen erregenden Aktionen im Rahmen der Heimkampagne ist es auch in Berlin und Köln gekommen. Auf diese Aktionen soll ebenfalls ein kurzer Blick geworfen werden.

---

172 Vgl. Arbeitsgruppe Heimreform, a.a.O., S. 189 ff; Christian Schrapper: *Vom Heilerziehungsheim zum sozialpädagogischen Zentrum. Der Kalmenhof seit 1968.* In: Christian Schrapper/Dieter Sengling (Hrsg.): Die Idee der Bildbarkeit. 100 Jahre sozialpädagogische Praxis in der Heilerziehungsanstalt Kalmenhof. Weinheim/München 1988, S. 204 f
173 Schrapper:, a.a.O., S. 206 f

Berlin

In Berlin hatte sich Ulrike Meinhof mit den Vorgehensweisen und den Folgen der Fürsorgeerziehung in Rundfunkbeiträgen und in Artikeln für die Zeitschrift *Konkret* schon seit einigen Jahren auseinander gesetzt. In ihrem 1969 entstandenen Drehbuch *Bambule* über das West-Berliner Fürsorgeheim Eichenhof schlagen sich die Erkenntnisse dieser Arbeit nieder. Sie hatte im Eichenhof mit den dort untergebrachten Mädchen eine Kampagne gegen die unverantwortlichen Zustände geführt und schließlich zumindest die Entlassung eines Erziehers erreicht. Ulrike Meinhof stellt in ihrem Drehbuch authentische Zustände dar. *Bambule* wurde 1970 verfilmt. Dieser vom Südwestfunk in Auftrag gegebene Film, der der erste Film über deutsche Fürsorge gewesen wäre, wurde allerdings nicht wie vorgesehen im Mai 1970 gesendet, sondern von der ARD abgesetzt, da Ulrike Meinhof zu diesem Zeitpunkt bereits seit einer Woche der Beteiligung an der Befreiung Andreas Baaders verdächtigt wurde.[174] Der Film hätte die skandalösen Zustände in den Heimen einer breiteren Öffentlichkeit zeigen können, was jedoch durch die Selbstzensur der ARD verhindert wurde.[175] Erst 24 Jahre später wurde er gezeigt.

Der studentische Aufbruch von 1968 hatte auch in Berlin eine Bewegung entstehen lassen, die den Jugendlichen in den Heimen Auftrieb gab. Eine große Zahl von ihnen floh aus den Heimen und fand Unterschlupf in den gerade entstandenen Wohngemeinschaften und Kommunen wie auch bei Lehrern, Pädagogen und anderen Unterstützern der Heimkampagne. Die öffentliche Auseinandersetzung mit der Heimsituation und der Problematik der aus Heimen und aus dem Elternhaus geflüchteten Jugendlichen nahm in dieser Zeit deutlich zu. Manfred Kappeler, der von 1989 bis 2005 Professor für Erziehungswissenschaft und Sozialpädagogik an der TU in Berlin war, hatte bis Juli 1968 ein Modellheim am Schnittpunkt zwischen Jugendhilfe und Strafrechtspflege geleitet. Für dieses Heim hatte er die Konzeption mit weitreichenden Zugeständnissen des Trägers und des Landesjugendamtes erarbeitet. In dieser Konzeption war die mit der West-Berliner Polizeiführung getroffene Vereinbarung, dass das Haus und das Heimgelände eine polizeifreie Zone sein sollten, ein wichtiger Punkt. Diese Festlegung sollte den kriminalisierten Jugendlichen eine Schutzzone im Sinne einer „Unterbrechung" ihrer Stigmatisierungsgeschichte garantieren. Bereits im ersten Jahr war die Vereinbarung zwischen Heimleitung und Polizeiführung durch

---

174 Andreas Baaders und Gudrun Ensslins Haftaussetzung war während der Heimkampagne aufgehoben worden, woraufhin beide in den Untergrund gingen. Baader wurde im April erneut verhaftet.

175 Vgl. Klaus Wagenbach: *Nachwort zu Bambule*. In: Ulrike Marie Meinhof: *Bambule. Fürsorge - Sorge für wen?* Berlin 1971/1987, S. 103

schikanöse und brutal-vandalisierende nächtliche Überfälle von Polizeikommandos gebrochen worden, die – so Manfred Kappeler – mit keinem zureichenden Grund gerechtfertigt werden konnten. Seine Beschwerden blieben wirkungslos. Erst seine Drohung, die Polizeiübergriffe in der Presse zu dokumentieren, erreichte eine Bestätigung der ursprünglichen Vereinbarung und das Versprechen, sich daran zu halten. Eine Woche später jedoch wurde ihm vom Vorstand des Trägers und vom Kuratorium der Einrichtung ein Maulkorb verpasst: Er sollte sich hinfort nicht mehr ohne vorherige Absprache öffentlich in Fragen der Heimerziehung und der Jugendstrafrechtspflege äußern dürfen, obwohl er unter anderem mit der Zusage uneingeschränkter Rede- und Disskussionsfreiheit in der Jugendhilfe-Öffentlichkeit nach Berlin geholt worden war.[176] Im Hinblick auf die Berliner Heimkampagne erinnert Manfred Kappeler sich: „Mir wurde schnell klar, dass mit meinem theoretischen Repertoire von liberalen Erziehungs- und Fürsorgetheorien und bürgerlicher Psychoanalyse keine Klarheit über die Gründe für die skandalösen Zustände und Erziehungspraktiken in der Heim- und Fürsorgeerziehung zu gewinnen war. Den StudentInnen wurde klar, dass ihre analytischen Anstrengungen ins Leere laufen würden, wenn es nicht gelang, ein dialektisches Theorie-Praxis-Verhältnis herzustellen. So entwickelte sich ein gleichberechtigtes fruchtbares Bündnis zwischen den mit kritischer Theorie und revolutionärer Veränderungslust geladenen StudentInnen und mir, ihrem praxiserfahrenen und selbst theoriehungrigen Dozenten. Ich lernte von ihnen, sie lernten von mir. In wenigen Monaten wurde ich von einem enttäuschten sozialdemokratischen Jugendhilfe-Reformer zu einem radikalen linken Kritiker, der sich tiefgreifende Veränderungen in der Jugendhilfe, in der Sozialen Arbeit insgesamt nur als Teil einer revolutionären Umgestaltung der Gesellschaft vorstellen konnte. Die theoretische Analyse und Kritik der Heimerziehung im Seminar reichte uns nicht. Kritische Theorie und Praxis mussten zueinander kommen – sie drängten förmlich zueinander [...] Aus unserem Vertiefungsgebiet Heimerziehung an der Alice-Salomon-Akademie entstand im Frühjahr und Sommer 1968 die Berliner Heimkampagne. Mit spektakulären Aktionen in Senatsheimen wurde buchstäblich das Licht der Öffentlichkeit auf die menschenverachtenden Praktiken hinter Mauern, geschlossenen Türen und vergitterten Fenstern gebracht.[177]

Der in diesem Kontext erstellte Bericht *Zur Situation der West-Berliner Heime* gilt als das erste Dokument der Heimkampagne. Als Motto wurde ihm ein Zitat aus einer Veröffentlichung des Deutschen Ausschusses für Erzie-

---

176 Vgl. Manfred Kappeler: *„Achtundsechzig" – und die Folgen für Pädagogik und Soziale Arbeit*. In: Forum Erziehungshilfen. Hrsg. von der Internationalen Gesellschaft für erzieherische Hilfen. 14. Jg., H. 5, Dezember 2008, S. 270 f

177 Manfred Kappeler: *„Achtundsechzig"*, S. 271 f

hungs- und Bildungswesen vorangestellt: *Es ist eine Probe auf die Menschlichkeit einer Gesellschaft, ob in ihr diejenigen zu ihrem Recht kommen, die es selber noch nicht fordern können.* Über die Situation in den Heimen kommt der Bericht zu eindeutigen Aussagen: „Wir stellten fest, es herrscht Personalmangel. Das vorhandene Personal ist zum großen Teil überhaupt nicht, viele mangelhaft und wenige gut ausgebildet. [...] Durch Überbelegung der Gruppen sind die Erzieher zur Selbsthilfe gezwungen. Sie entwickeln autoritäre Erziehungspraktiken, die den geschädigten Kindern und Jugendlichen nicht helfen, sondern sie noch mehr schädigen. Um sich durchsetzen zu können, greift man zu drastischen Zuchtmitteln (Bunker, Isolierung, Urlaubssperre, Taschengeldentzug, Prügel, Kollektivstrafen, Versetzung der Kinder in andere Heime, wenn sie als untragbar bezeichnet werden)." [178]

Doch in Berlin wurde vonseiten des Senats vorerst keine Lösung für das Problem gefunden. Am 8. Dezember 1971 rief Rio Reiser nach einem Konzert seiner anarchistischen Politrockband *Ton, Steine, Scherben* im Audimax der Berliner TU zur Besetzung des leerstehenden Schwesternwohnheimes des Bethanien-Krankenhauses in Kreuzberg auf, um einen Treffpunkt für Jugendliche zu schaffen. Ungefähr 300 Jugendliche folgten begeistert seinem Aufruf, und es kam zur ersten Hausbesetzung in der Geschichte West-Berlins, der noch weitere folgen sollten. Die Besetzer benannten ihr neues Domizil nach dem Studenten Georg von Rauch, der neben der Kommune 1 mit Gleichgesinnten die Kommune Wielandstraße gegründet hatte, in den Untergrund gegangen und vier Tage zuvor in Berlin-Schöneberg in einem Feuergefecht von einem Polizisten erschossen worden war. Das besetzte Haus wurde zur Anlaufstelle für Straßenkinder, orientierungslose Jugendliche und entflohene Heimzöglinge. Weitere Hausbesetzungen folgten. 1973 zum Beispiel gründete sich das Wohnkollektiv Tommy Weissbecker-Haus, das sich nach Thomas Weissbecker benannte, der in Frankfurt studiert und die Heimkampagne unterstützend mit entflohenen Jugendlichen für ihre Rechte gekämpft und mit ihnen zusammen gewohnt hatte. Er hatte sich der Roten Armee Fraktion angeschlossen und war kurz nach Georg von Rauch ebenfalls von einem Polizisten erschossen worden.

Nachdem sich der Verein *Sozialpädagogische Sondermaßnahmen Berlin e.V.* (SSB) gegründet hatte, wurden von ihm weitere Wohnungen angemietet. Aus den zu Beginn der 70er Jahre erfolgten Aktionen heraus entwickelten sich, bedingt durch den Druck der Öffentlichkeit auf den Senat, die Reformen, auf die die Jugendhilfe in Berlin in Folge der Heimkampagne zurückblicken

---

178 Ders.: *Von der Heimkampagne zur Initiative des Vereins ehemaliger Heimkinder. Über den Umgang mit Vergangenheitsschuld in der Kinder- und Jugendhilfe.* In: neue praxis, Zeitschrift für Sozialarbeit, Sozialpädagogik und Sozialpolitik, 4/08, S. 371

kann. Voraussetzung für die Reformen war auch hier ein harter Kampf der Jugendlichen, Studenten und ihrer Unterstützer gegen die Behörden. Nicht selten kam es dabei zu Polizeieinsätzen gegen die Jugendlichen.[179]

Köln

Im Gefolge der Studentenbewegung entstanden auch in Köln gegen Ende der 60er Jahre erste Gruppen aktiver Studenten, Schüler, Sozialarbeiter und weiterer Personen, die sich für die Interessen entflohener Jugendlicher einsetzten: das Politische Nachtgebet, das Redaktionskollektiv Ana & Bella, der SSK – Sozialpädagogische Sondermaßnahme Köln e.V. Über die Ereignisse in Köln während der Heimkampagne berichtet die bereits 1970 veröffentlichte Dokumentation *Ausschuß – Protokolle und Berichte aus der Arbeit mit entflohenen Fürsorgezöglingen* von Lothar Gothe und Rainer Kippe. Mit diesem Buch realisierten sie eine Zwischenbilanz über die gemeinsame Arbeit mit aus den Heimen entflohenen Jugendlichen. „Alles Material entstammt dem engen Zusammenleben von Studenten, Pädagogen und engagierten Bürgern mit den Jugendlichen. Deshalb ist *Ausschuß* kein Fallbuch im herkömmlichen Sinn, es ist auch kein Buch aus der bürgerlichen Wissenschaft, dieses Buch versucht vielmehr, umfassend die Situation und den Prozeß dieses Teils des *Ausschusses* der Gesellschaft weiterzugeben." [180] Eine weitere Veröffentlichung erfolgte 1975 unter dem Titel *Aufbruch*.

Nach amtlichen Angaben waren laut Gothe/Kippe ständig 10 Prozent der Heimzöglinge unterwegs; das waren für Nordrhein-Westfalen circa 1.000 Jugendliche. Diese entwichenen Jugendlichen waren gezwungen, illegal zu leben. Da sie keine Papiere besaßen, konnten sie nicht legal arbeiten und auch keine Wohnung anmieten. Deswegen versuchten sie häufig, ihr Leben mit Diebstählen oder auch mit Prostitution zu finanzieren. „Niemand kann so viele Wohngemeinschaften einrichten, wie für diese Jugendlichen erforderlich sind. Niemand hat die Wohnungen dafür, niemand die Sozialarbeiter, niemand das Geld. Vor dieser Realität zerrinnen alle pädagogischen Modelle und alle jugendpolitischen Theorien. Der Druck der Jugendlichen formt eine Gruppe, die zu einem Instrument für die Durchsetzung der elementaren, grundlegenden Rechte für einen ganzen Bevölkerungsteil wird. In diesem

---

179 Vgl. *Sonderwege Berlins in der Jugendhilfe. 25 Jahre Jugendberufshilfe in der Anwendung des KJHG*, Berlin o.J., http://www.ash-berlin.eu/hsl/freedocs/237/25_jahre_jbh_in_berlin.pdf, S. 2
180 Gothe/Kippe, *Ausschuß*, S. 2

Augenblick wird 1969 der SSK geboren, als eine selbständige, sozialpolitische Bewegung, als eine eigene politische und pädagogische Kraft, unabhängig und außerhalb von dem, was pädagogisch und politisch etabliert ist."[181] In *Ausschuß* beschreiben Lothar Gothe und Rainer Kippe einleitend, welche Wirkung die Begegnung mit Fürsorgezöglingen auf sie hatte: „Wir lebten, wohnten und verhielten uns [...] konträr zu bürgerlichen Normen. Wir wohnten in Kommunen, trugen lange Haare, rauchten Haschisch und konnten es uns leisten, sexuelle Schranken aufzuheben [...] Aufgrund dessen behaupteten wir, wir seien eine gesellschaftliche Avantgarde. Die Wirklichkeit selbst kam in unser Luftschloß. Unser Lebensstil zog sie herein. Der Untergrund der Großstadt drängte in unsere Wohnungen, weil sich herumsprach, dass wir Leute aufnahmen, die nichts zu pennen, nichts zu essen, kein Geld hatten. Wir nahmen auch die, die man nicht aufnehmen durfte, die keine Papiere hatten, nach denen gefahndet wurde [...] Wir waren bestürzt, wenn sie erzählten. Wir hatten zwar gelernt in Begriffen zu denken wie Unterdrückung, Ausbeutung. Aber auf einmal füllten sie sich mit Leben. Hier setzte eine Entwicklung ein, die uns nicht mehr losließ. Wir wussten, dass wir ihnen mit bloßer Unterkunft nicht wirksam helfen konnten [...] Die große Masse streunender Jugendlicher blieb weiter ihrem Schicksal überlassen. Die Heime gerieten in den Blick unseres Interesses. Mit den Jugendlichen nahmen wir den Kampf gegen die bestehenden Verhältnisse auf. Dieser Angriff traf eine Stelle des Systems, an der es sich noch weit schwächer zeigte als in der Universität. Unsere Erfahrung aus der Studentenrevolte brachten wir ein und vereinigten sie mit der Verzweiflung der Unterprivilegierten."[182] Die politische Arbeit mit den entflohenen Fürsorgezöglingen wurde als Kampf gegen den bürgerlichen Machtapparat verstanden, der die augenblickliche Situation der Menschen nicht außer Acht lassen wollte. „Der Kampf für ihre Rechte darf nicht über sie hinweggehen, indem er ihre gegenwärtigen Bedürfnisse ignoriert. Gleichzeitig muß er schon hier und jetzt Verbesserungen durchsetzen, neue Strukturen in der Wirklichkeit verankern, dem Bestehenden Gegenmodelle entgegensetzen. Er muss sich ausrichten an dem Ziel einer wirklichen Emanzipation."[183]
An der Fachhochschule für Sozialarbeit organisierten die Studenten ein Matratzenlager als Notunterkunft, die erste Etage des Hauses Salierring 41 wurde zur Anlaufstelle und Zuflucht für gestrandete Jugendliche.[184]

---

181 Kurt Holl/Claudia Glunz: *1968 am Rhein*, Köln 1998, S. 186
182 Gothe/Kippe, *Ausschuß*, S. 10 f
183 Gothe/Kippe, *Ausschuß*, S. 68
184 Vgl. *Kleine unvollständige Geschichte des SSK*, Köln 2004, S. 1, www.ssk-bleibt.de, im Folgenden zitiert als SSK 2004

Der SSK wurde 1969 als *Sozialpädagogische Sondermaßnahmen Köln e.v. (SSK)* von Studenten und Sozialarbeitern gegründet und existiert heute noch unter dem Namen *Sozialistische Selbsthilfe Köln e.v.* Er hatte sich zur Aufgabe gemacht, entflohenen Fürsorgezöglingen eine Unterkunft zu bieten und sie beim Kampf um ihr Recht auf Erziehung und auf eine menschenwürdige Existenz zu unterstützen. Die Arbeit des SSK hatte zum Ziel, den Kreislauf Entweichen − Fahnden − Aufgreifen − Rückführen − Entweichen mit der damit verbundenen fortschreitenden Kriminalisierung des Jugendlichen aufzubrechen, indem dem Jugendlichen die Möglichkeit gegeben wurde, in seinem frei gewählten Aufenthaltsort beim SSK zu bleiben, Papiere, die seinen Aufenthalt legalisierten, zu erhalten, seine Primärbedürfnisse zu befriedigen und, darauf aufbauend, weitergehende Stabilisierungen und Verselbstständigungen zu erreichen.[185] Eine Fraktion erregte mit spektakulären Aktionen Aufsehen, indem sie Gitter absägte und Jugendlichen zur Flucht verhalf. Nachdem immer mehr Jugendliche beim SSK Hilfe suchten, wurde – zunächst ohne Genehmigung des Landesjugendamtes – 1970 ein erstes Wohnkollektiv für entflohene Heimzöglinge eingerichtet.[186] Die Verhandlungen mit dem Jugendamt der Stadt Köln suchte der SSK zu forcieren, indem er eine aggressive Öffentlichkeitsarbeit betrieb, Sit-ins, Go-ins, Aktionen vor dem Rathaus und die Besetzung des Büros des Oberbürgermeisters organisierte. Fast alle SSK-Gruppen waren durch Hausbesetzungen entstanden. Wenn es in einem Haus zu eng wurde, weil immer mehr Bedürftige auftauchten, wurde das nächste besetzt.[187]

Der Ausbildungsweg, den die meisten Erzieher gegangen waren, passt gut in das Bild, das die ehemaligen Heimkinder heute über die Inkompetenz ihrer Erzieher vermitteln. Lothar Gothe und Rainer Kippe fanden heraus, dass Personen, die den Beruf des Erziehers in Heimen in Nordrhein-Westfalen ausüben wollten, lediglich irgendeine abgeschlossene Berufsausbildung oder irgendeine längere Berufstätigkeit nachweisen mussten. Sie wurden nicht an der Fachhochschule für Sozialarbeit ausgebildet, sondern sofort als Hilfserzieher in den Heimen eingestellt und dann durch Kurse oder durch Vorträge ihrer Vorgesetzten im Heim „geschult". Nur in staatlichen Heimen waren Kurse von 1.000 Stunden bis zur ersten Erzieherprüfung und nochmals 1.000 Stunden bis zur zweiten Erzieherprüfung Pflicht. Im Vordergrund stand dabei das Einpauken von Gesetzes- und Verwaltungsvorschriften. Es gab keinen inhaltlich vom Staat vorgeschriebenen Ausbildungsplan und keine allgemein anerkannten Prüfungen. Die „freien Träger", also vorrangig die Kirchen,

---

185 Vgl. Erwin Jordan/Gitta Trauernicht: *Ausreißer und Trebegänger. Grenzsituationen sozialpädagogischen Handelns.* München 1981, S. 70
186 Vgl. Gothe/Kippe, *Ausschuß.*, S. 71
187 Vgl. SSK 2004, S. 5

bestimmten die Ausbildung ihrer Erzieher selbst. Man konnte in kirchlichen Einrichtungen sogar schon Heimleiter werden, wenn man lediglich einen Heimkurs von drei Wochen absolviert hatte. „Als frühere Berufstätigkeit von Heimerziehern sind uns u.a. auch bekannt: Major, Boxer, Theologe, Handwerksgeselle, Polizist, Gefängnisaufseher, Werkmeister. Die Erzieherlaufbahn ist neben der des Unteroffiziers, Polizisten und Justizbeamten eine der Möglichkeiten, um vom Arbeiter zum Angestellten oder gar Beamten aufzusteigen. Sie ist die Endstation für viele, die sich auf dem Arbeitsmarkt nicht mehr verkaufen können oder die aus persönlichen Gründen entlassen werden. Den höchsten Zulauf hatte der Erzieherberuf deshalb während der Rezession 1966." [188] So konnte zum Beispiel Konrad Müller, der Aufseher in dem berüchtigten Kölner Gefängnis Klingelpütz war, nach seinem Ausscheiden aus dem Justizdienst Erzieher im Don-Bosco-Heim werden, das der *Sozialdienst katholischer Männer* am Barbarossaplatz in Köln als geschlossenes Aufnahmeheim für „Streuner" unterhielt. „Als der Verdacht nicht mehr vor der Öffentlichkeit zu verbergen war, dass er seine Schützlinge sexuell missbrauchte, wurde er im Herbst 1969 ‚beurlaubt' [...] Er wurde für keine seiner Taten in irgendeiner Weise zur Verantwortung gezogen." [189] In das Don-Bosco-Heim wurden Jungen eingeliefert, die von der Polizei aufgegriffen worden waren. „Die Jungen vegetierten da oft monatelang hinter Gittern. Sie wurden sadistisch misshandelt, von einem Erzieher sogar sexuell mißbraucht. In einer Fabrikhalle, die zum Heim gehörte, mussten sie den ganzen Tag lang für einige Pfennige Lohn Kugelschreiber herstellen. Allen Behörden waren die Zustände in diesem Heim bekannt, aber keine war dagegen eingeschritten." [190]
Uwe Kaminsky, Mitglied der fünfköpfigen Forschungsgruppe, die der Landschaftsverband Rheinland Mitte 2008 beauftragt hat, die Vergangenheit in den Heimen aufzuarbeiten, äußert sich 2009 entsprechend dem *Kölner Stadtanzeiger* gegenüber. Er stellt fest, dass es Entgleisungen einiger Erzieher mit sadistischer Neigung gegeben habe. Viele der 300 Erzieher seien zudem kaum im Umgang mit Jugendlichen ausgebildet gewesen. Ein großer Teil des Personals habe sich aus ehemaligen Soldaten, Gefängniswärtern oder Bauern zusammengesetzt.[191]

---
188 Gothe/Kippe, *Ausschuß*., S. 156
189 Ebd., S. 157
190 Lothar Gothe/Rainer Kippe: *Aufbruch*, Köln/Berlin 1975, S. 16
191 Vgl. Uwe Kaminsky in: *Geschlagen und gedemütigt*, http://www.ksta.de/servlet/OriginalContentServer?pagename=ksta/ksArtikel/Druckfassung&aid=1238966906876, S. 2

Auch in Köln kam es innerhalb der verschiedenen studentischen Gruppierungen schnell zu Meinungsverschiedenheiten über Ziele und Vorgehensweisen der Organisation, die zu Zersplitterung und Untergruppierungen führten. Die Gründungsmitglieder des SSK Lothar Gothe und Rainer Kippe warfen anderen Gruppierungen vor, dass sie sich und ihre Ziele an die Behörden verkauften, weil diese inzwischen zu einer Zusammenarbeit mit der Jugendbehörde bereit waren, was der SSK grundsätzlich ablehnte.
„Während dieser Zeit stieg die Zahl der hilfesuchenden jugendlichen Treber in Köln rapide an. Dies bedeutete gleichzeitig, dass die ursprünglich weitgehend durch Studenten und Schüler bestimmte Alternativszene durch die Aufnahme von Jugendlichen in ihre Wohngemeinschaften etc. mit Phänomenen wie Prostitution, Drogen, Gewalt in einer außerordentlich direkten und sicherlich auch überfordernden Weise konfrontiert und belastet wurde."[192] Die Situation in den Wohngruppen und Einrichtungen des SSK war chaotisch. „Es kamen fast erwachsene junge Männer, aus dem Knast oder aus Heimen, auf offene Gewalttätigkeiten trainiert und angefüllt mit gefährlicher Verzweiflung, es kamen Mädchen vom Strich und ließen in hysterischen Anfällen ihre unterdrückten Wünsche nach Familie und trautem Heim raus, es kamen Jugendliche als Elternhäusern, grimmig entschlossen, ihr bis dahin strenges und braves Leben zu beenden, es waren welche da, die aus Irrenhäusern ausgebrochen waren und unter Medikamentenentzug zusammenbrachen oder durchdrehten, Strichjungen hatten sich überall im Hause festgesetzt und unterliefen raffiniert alle Schwellen, dann Rockertypen, die fast nie den Mund aufmachten, ein Kifferklübchen, Kinder, seelisch ‚verdorben', verkümmert und mit unstillbarem Bedürfnis nach Zärtlichkeit, wie streunende Katzen".[193] Das Landesjugendamt Rheinland missbilligte diese chaotischen Verhältnisse in den Wohngemeinschaften und kritisierte, dass fundierte pädagogische Konzeptionen nur in Ansätzen vorlagen. Die Situation in den Wohngruppen gestaltete sich allerdings nicht nur aus diesem Grund schwierig, sondern auch, weil die aus den Heimen entflohenen Jugendlichen mit ihrer unsicheren Situation und der ungewohnten Freiheit in den Wohngruppen überfordert waren. Die Heimerziehung hatte ihre Spuren hinterlassen. In Köln zeigten sich ähnliche Symptome wie in Frankfurt. Doch trotz dieser enormen Schwierigkeiten in den Wohngruppen und der intensiven Bestrebungen der Behörden, den SSK zu beseitigen, ist die Geschichte des SSK eine in der Bundesrepublik einmalige Erfolgsgeschichte. Als 1974 die Häuser von der Stadt geschlossen und alle Mittel gestrichen wurden, kam es zu öffentlichen Protesten. Der SSK erfuhr Unterstützung durch bekannte Persönlichkeiten wie Heinrich Böll, der den Verein *Helft dem SSK e.V.* gründete. Dadurch konnte die Illegalisie-

---

192 Jordan/Trauernicht, a.a.O., S. 70
193 Gothe/Kippe, *Aufbruch*, S. 100 f

rung des SSK verhindert werden. 1975 wurde aus den *Sozialpädagogischen Sondermaßnahmen Köln e.V.* die *Sozialistische Selbsthilfe Köln e.V.* Diese Veränderung bedeutete den Verzicht auf sozialstaatliche Unterstützung, die selbstständige Finanzierung des Lebensunterhaltes der Mitglieder und damit die Emanzipation und ein neues Selbstbewusstsein. Dazu gehörte auch die Besetzung von Häusern in mehreren Stadtteilen Kölns. Der SSK gründete nun eine eigene Firma, organisierte Umzüge, Entrümpelungen und rief andere Projekte ins Leben. Seine Aufgabe sah er darin, sich immer auf die Menschen zu beziehen, die im kapitalistischen System unter die Räder kommen. Das waren zunächst obdachlose Jugendliche, später Patienten aus der Psychiatrie und Behinderte. Als der Verein im gleichen Jahr eine leer stehende Tankstelle in der Liebigstraße in Köln-Ehrenfeld besetzte, schenkte Heinrich Böll dem Verein ein Haus in der Overbeckstraße, das auf demselben Gelände liegt und in dem die Mitglieder des SSK-Ehrenfeld bis heute leben. In den 70er Jahren kamen neben Jugendlichen, die aus Heimen entwichen waren, immer mehr Menschen zum SSK, die als Patienten aus Landeskrankenhäusern, den psychiatrischen Kliniken, geflohen waren. Sie berichteten von ungeheuerlichen Zuständen hinter den Mauern der Psychiatrie, Misshandlungen und Todesfällen. 1977 gründete der SSK das *Beschwerdezentrum – Initiative gegen Verbrechen in Landeskrankenhäusern.* An der Fachhochschule für Sozialarbeit entstand dazu ein Projekt; Studenten beteiligten sich an der Initiative. Die ersten großen Psychiatrie-Skandale deckte der SSK in Brauweiler, Düren und Bonn auf. „Die Zustände im LKH Brauweiler, wo der Alkoholiker Stockhausen als Klinikchef das Regiment führt, sind so katastrophal, dass die ganze Klinik geschlossen wird. Der SSK bringt weitere Todesfälle in den LKHs Düren und Bonn an die Öffentlichkeit, mit Anzeigen, Demonstrationen und Stationsbesetzungen. Klinikleitungen fliegen aus ihren Sesseln, einzelne Abteilungen werden geschlossen." [194] Träger der Heime und psychiatrischen Einrichtungen ist der Landschaftsverband Rheinland (LVR). Die Aktionen des SSK richteten sich nicht nur gegen die Einrichtungen, sondern auch gegen den Träger. Nach dem Brauweiler-Skandal sorgte ein Flugblatt für Aufsehen und jahrelange Rechtsstreitigkeiten. Darin hieß es: „Die feinen Herren vom Kennedy-Ufer in Köln haben den Skandal gemacht, um die Katastrophe zu vermeiden. Der Skandal ist, dass Menschen wie Vieh gehalten werden können, mit Dämpfungsmitteln vollgestopft. Wer bei diesem Drogenmissbrauch stirbt, wird sang- und klanglos unter die Erde geschafft. Die Katastrophe wäre, wenn die ganze Wahrheit ans Tageslicht käme. Brauweiler ist nicht ein einzelner Missstand, denn in keinem LKH ist es anders als dort. Dieser Missstand hat System. Dabei sterben ständig in den LKHs Menschen

---

[194] SSK 2004, S. 2

auf zwielichtige Art und Weise, aber die ‚Aufsicht' des LVR nimmt diese Toten hin."[195] Mit den ‚feinen Herren vom Kennedy-Ufer' waren die Leiter des Landschaftsverbandes gemeint. Die Büros des Landschaftsverbandes waren immer wieder Ziel von Aktionen des SSK. Der Landschaftsverband versuchte vergeblich, den Text des Flugblattes gerichtlich verbieten zu lassen. 1983 erklärte das Oberlandesgericht Köln, dass die Äußerungen zulässig seien.[196] 1979 wurde in Köln-Mülheim ein altes Fabrikgelände besetzt, auf dem eine neue SSK-Gruppe entstand, die sich 1985 vom SSK abspaltete und als Sozialistische Selbsthilfe Mülheim e.V. (SSM) ihre Arbeit fortführte.

Lothar Gothe und Rainer Kippe bewerten 1975 die Heimkampagne in Köln in ihrer zweiten Dokumentation *Aufbruch:* „Mit großer Vehemenz griffen die Studenten Mißstände an, zerrten die Zustände ans Licht der Öffentlichkeit, stellten Forderungen auf und griffen staatliche Aktionen an. Überall entstanden Gruppen, die sich der Obdachlosen, Gastarbeiter, Strafgefangenen oder Fürsorgezöglinge annahmen. Ihr Protest und ihre Aktionen hatten bei den Behörden Erfolg, allein ihre Versuche zur Organisierung dieser Menschen mißlangen schließlich weit und breit. So zogen sich die Studenten auch hier wieder zurück, der große Aufbruch zerrieb sich am mühsamen Alltag [...] Das Gastspiel war kurz und endete so jämmerlich, wie es großsprecherisch begonnen hatte. Dennoch hatte es den Betroffenen genützt: Denn auf die Aktionen der Studenten waren Presseveröffentlichungen über die ‚Mißstände' gefolgt, diesen wiederum wissenschaftliche Untersuchungen, immer breiter wurde die Bewegung, die den Staat selbst wegen der Existenz dieses Elends angriff. Und schließlich begannen auch die politischen Instanzen zu resignieren: Es entstand eine allgemeine und weitreichende Reformbewegung, die bis heute anhält."[197]

Heute sind beide Vereine in Köln tätig und schaffen es immer noch, Wesentliches aus ihren politischen Vorgaben zur Zeit ihrer Gründung umzusetzen. Neben den Einrichtungen des SSK gründeten sich in Köln und benachbarten Städten weitere Jugendwohnkollektive, wie 1970 das *Haus Mahnert* der Arbeiterwohlfahrt Düsseldorf in Mettmann. Wohngemeinschaften wurden von den Behörden auch hier bald als Alternative zur Heimerziehung anerkannt, wobei darauf geachtet wurde, dass die Träger und Mitarbeiter sozialpädagogische Ziele verfolgten und eine kontinuierliche Zusammenarbeit mit den Behörden gewährleistet war.

---

195 SSK 2004, S. 2
196 Vgl. SSK 2004, S. 3
197 Gothe/Kippe, *Aufbruch*, S. 11 f

Die Wirkung der Heimkampagne

Durch die Heimkampagne und den Druck der Öffentlichkeit war den Behörden wie auch den Trägern der Heime die Unumgänglichkeit von grundlegenden Veränderungen in den Heimen deutlich geworden. Die durch die Heimkampagne erzwungene Diskussion um die Zustände der Heimerziehung erreichte einen ihrer Höhepunkte auf dem 4. Jugendhilfetag 1970 in Nürnberg. Die dort von den Praktikern der Heimerziehung verabschiedeten Resolutionen forderten die Demokratisierung der Heime und durchgreifende Reformen der Heimstrukturen. Das Deutsche Jugendinstitut wurde gebeten, wissenschaftliche Grundlagen für eine Reformdiskussion zu erarbeiten. Über die Entstehung und Behandlung von Verhaltensstörungen sollte geforscht werden, Vorschläge über den Aufbau heilpädagogischer und therapeutischer Systeme sollten erarbeitet werden, die Entwicklung und Förderung von Verbundsystemen offener und halboffener Hilfen sowie die Erprobung und Förderung neuer pädagogischer Modelle und Gemeinschaftsformen wurden erwartet. Zum systematischen Aufbau der Heimerziehung wurden auf dem 4. Jugendhilfetag folgende Forderungen erhoben:
- „Die Rechtsstellung junger Menschen muss verbessert werden.
- Die Relation von Erziehern und Kindern muss verbessert werden (kleinere Gruppen).
- Eine stärkere Differenzierung der Heime ist notwendig (auch Supervision für Gruppenleiter).
- Zur Förderung der Heimerziehung sollen Beratergruppen gebildet werden.
- Die Aus- und Fortbildung der Mitarbeiter soll verbessert werden. Bessere Arbeitsbedingungen sind zu schaffen, Laien sind zu qualifizieren.
- Sozialpädagogische Fachkräfte sollen verstärkt freigestellt werden für die Arbeit mit Eltern, Schule, Arbeitgebern.
- Lokalisierung der Außenbeziehungen ist gefordert (Arbeits- und Ausbildungsplätze in der Nähe).
- Bei der Planung von Heimen müssen Sozialpädagogen beteiligt werden." [198]

Die Wurzeln für Veränderungen, die Anfang der 70er Jahre begannen und die schließlich mit der Einführung des Kinder- und Jugendhilfegesetzes 1991 und seinem wesentlich verpflichtenden Charakter endlich auch eine juristische Grundlage erfuhren, wurden hier angelegt. Durch die Problematisierung von Sozialarbeit im Allgemeinen und Heimerziehung im Besonderen haben sich neue Tendenzen entwickelt. Reaktionen staatlicher Instanzen wurden flexibler: auf Zwangsreintegration entwichener Jugendlicher in Heime wurde immer mehr verzichtet, untergetauchte Jugendliche wurden

---

198 Zit. nach Arbeitsgruppe Heimreform, a.a.O., S. 72

legalisiert, Wohngemeinschaften toleriert und auch öffentlich gefördert. Doch die Umsetzung der Vorgaben des Grundgesetzes und (sozial-) pädagogischer Erkenntnisse zog sich zäh und schwerfällig über ein Jahrzehnt hin; manche Heime hielten sogar noch länger an den alten starren Strukturen und menschenverachtenden Methoden fest.

Was allerdings 1971 schon möglich war, soll nun beispielhaft am Landesjugendheim Viersen-Süchteln aufgezeigt werden. Dieses Heim des Landschaftsverbandes Rheinland, der auf den öffentlichen Druck nun vergleichsweise schnell reagierte und den dringenden Bedarf an Reformen anerkannte, gehört zu den Heimen, die durch die Berichte der ehemaligen Heimkinder in die Schlagzeilen geraten sind. Welcher Art die Missstände waren, die in diesem Heim bis 1971 vorherrschten, wird momentan von der vom Landschaftsverband beauftragten Forschungsgruppe recherchiert und bis Ende 2010 aufgearbeitet. Ab 1971 jedoch wurde hier – in Folge der Heimkampagne – mit einem Modellversuch begonnen, der sich an den Forderungen der Zeit orientierte.

5. Was 1971 bereits möglich war: das Beispiel Viersen-Süchteln

Im Alter von 13 Jahren war Dietmar Krone wegen sittlicher Verwahrlosung bis zur Vollendung seines 21. Lebensjahres in das Jugenderziehungsheim Viersen-Süchteln überstellt worden. Dietmar Krone beschreibt seine familiären Verhältnisse in seinem Buch *Albtraum Erziehungsheim* und in einem Interview, das Martin Franke mit ihm im März 2007 führte. Franke, freiberuflicher Journalist, sprach mit Krone für den Paritätischen Wohlfahrtsverband Berlin. Dietmar Krone, der ein ungewolltes Kind war, hatte die Ehe seiner Eltern als Hölle erlebt. Nachdem sein Vater verstorben war, bemühte sich seine Mutter, die sich durch ihn in ihren Beziehungen zu anderen Männern gestört fühlte, für ihn um eine Heimeinweisung. Ihre Angaben wurden nicht überprüft; den Dreizehnjährigen stellte man vor vollendete Tatsachen. Das geschah 1967. Bis zu diesem Zeitpunkt war sein Leben bereits durch Isolation, Demütigung und Gewalt geprägt. Was ihn in der Jugenderziehungsanstalt Viersen-Süchteln erwartete, sollte das reine Martyrium werden. „Wir mussten schwerste Kinderarbeit für einen Stundenlohn von 4 Pfennig leisten, an der sich der Heimträger bereichert hat. Unser Heim hat zum Beispiel Rasierapparate für *Braun* montiert und für *Miele* und *Rowenta* gearbeitet. Rentenbeiträge wurden nicht eingezahlt, so dass mir heute fünf Jahre fehlen. Das Schlimmste war aber die ständige Angst vor Prügel und Vergewaltigungen. Ich erinnere mich an unsere Nachtwache, einen ehemaligen Seemann. Der suchte sich abends einen Jungen aus, gab ihm einen Pudding mit Valium und nahm ihn dann mit in sein Büro." [199] Dietmar Krone wurde gedemütigt, geschlagen und dabei schwer verletzt (Bruch des Schultergelenks, Muskel- und Sehnenabrisse). „Statt ärztlicher Behandlung bekam ich drei Tage Dunkelzelle. An den Folgen leide ich bis heute." [200] Seine Rentenansprüche kann Dietmar Krone nicht nachweisen, da die Akten 1985 vernichtet wurden. „Und von den Erziehern lebt fast keiner mehr oder sie können sich an nichts erinnern." [201] Als er gerade 17 Jahre alt geworden war, wurde er vom Heim aus in die geschlossene Psychiatrie eingeliefert. Hier musste er noch unvorstellbare Qualen erdulden, bevor er durch die Hilfe eines Pflegers, eines Arztes und eines Anwaltes entlassen werden konnte. Sie verhinderten, dass er zurück ins Heim musste, in dem er so schwer misshandelt worden war.[202]

---

199 Dietmar Krone im Interview. Der Paritätische Wohlfahrtsverband Berlin, 2007, http://www.paritaet-berlin.de/artikel/artikel.php?artikel=3292, S. 1
200 Ebd.
201 Ebd., S. 2
202 Vgl. Krone, *Albtraum*, S. 103 ff

Was Dietmar Krone in Viersen-Süchteln erlebt hat, wäre dort kurze Zeit später nicht mehr möglich gewesen. Der Landschaftsverband Rheinland, Träger des Heimes, in dem nicht nur Dietmar Krone gequält worden war, hat dort von 1971 bis 1977 unter der Leitung von Professor Karl-Josef Kluge, Ordinarius und Lehrstuhlinhaber des Fachbereichs Erziehungsschwierigenpädagogik der ehemals Heilpädagogischen Abteilung der Pädagogischen Hochschule Köln (seit 1995 Heilpädagogische Fakultät der Universität zu Köln), einen Modellversuch durchgeführt. Ein kurzer Blick auf die Heimerziehung im Landesjugendheim Viersen-Süchteln in diesen Jahren soll aufzeigen, was die Heimkampagne in konkret diesem Heim bewirkt hat und was als Alternative zu den Methoden von „Zucht und Ordnung" zu Beginn der 70er Jahre bereits verwirklicht werden konnte.[203]

Wie ernst es Kluge mit dem Demokratisierungsgedanken war und wie realistisch die zu erwartenden Schwierigkeiten bei der Durchführung des Modellversuches eingeschätzt wurden, zeigt die Kompromisslosigkeit hinsichtlich der „alt gedienten" Mitarbeiter, die anfangs keine Bereitschaft zur Veränderung zeigten und auf ihre angestammte Machtposition nicht verzichten wollten. „Die Umstrukturierung des Süchtelner Heimes rief unter den Mitarbeitern Unruhe und Aufregung hervor. Viele Auseinandersetzungen empfanden alle Beteiligten als unangenehm, aber sie mussten ausgetragen werden, um einen neuen pädagogischen Anfang zu ermöglichen. Mitarbeiter, die mit der heimpädagogischen Konzeption nicht einverstanden waren, zogen teilweise die Konsequenzen, indem sie das Heim verließen. Diese Begleiterscheinungen eines erforderlichen Umstrukturierungsprozesses erschienen der neuen Heimleitung notwendig, damit ‚neue' pädagogische Ideen und Prinzipien von allen im Heim tätigen Mitarbeiterinnen und Mitarbeitern mitgetragen werden konnten. Es reicht für die pädagogische Effektivität eines Heimes nämlich nicht aus, wenn pädagogisch ‚neue' Vorstellungen nur von ‚oben' eingeführt und praktiziert werden, viele Mitarbeiter dagegen ‚alte' pädagogische Auffassungen weiter wirksam werden lassen."[204] Eine Auffassung, die man sich nach dem mit Gründung der Bundesrepublik Deutschland erfolgten gesellschaftspolitischen Neuanfang für die Heimerziehung insgesamt gewünscht hätte. Mit dieser Voraussetzung war jedenfalls nach einer

---

203 Die Informationen zu dem hier dargestellten Modellversuch sind folgenden Bänden entnommen: Karl-Josef Kluge/Hans-Joachim Kornblum: *Entwicklung im Heim. Was Erzieher zu leisten vermögen.* Teil V f. München 1984; Kluge, Karl-Josef/Fürderer-Schoenmackers, Heidi: *Entwicklung im Heim. Berufsprobleme und Chancen von Heimerziehern.* Teil VI g. München 1984
204 Kluge/Fürderer-Schoenmackers, a.a.O., S. 99

ersten krisenbehafteten Zeit die Möglichkeit geschaffen, eine Reihe von Veränderungen konzeptioneller sowie struktureller Art umzusetzen, die in Viersen zu einer humanen Art der Heimerziehung beitrugen.

Rahmenbedingungen

Die Zahl der zu erziehenden Jungen schwankte in den Jahren 1971 bis 1977, dem Zeitraum des Modellversuches, zwischen 60 und 72. Bis 1974 umfasste die Altersspanne 13 bis 21 Jahre, nach Herabsetzung der Volljährigkeitsgrenze 10 bis 18 Jahre. Alle Kinder und Jugendlichen lebten in besonderen Problemlagen und waren entweder durch die Jugendämter im Rahmen angeordneter Fürsorgeerziehung oder durch Maßnahmen der Freiwilligen Erziehungshilfe des Jugendwohlfahrtsgesetzes in das Heim überstellt worden. Zu der Zeit, als die Heimordnung verabschiedet wurde, waren die jüngsten Heimbewohner 13 Jahre alt.

Die Umstrukturierung gestaltete das Heim zu einer offenen Einrichtung mit dem Charakter einer Wohnsiedlung. Die Heimbewohner teilten sich in sieben Heimgruppen auf. Jede Gruppe verfügte über eine Etage mit fünf bis sechs Einzelzimmern, ein bis zwei Dreibettzimmern, einem Gruppenraum sowie Küche, Bad und Waschraum. Die kleinen Wohngruppen dienten dem Aufbau eines erwünschten, sozialen Bezugfeldes – ganz im Sinne Mollenhauers. Die Kinder und Jugendlichen wurden von ungefähr 60 Heimangestellten versorgt, betreut und gefördert. Dazu gehörten zwei Erziehungsleiter, fünf ausgebildete Erzieher und Erzieherinnen mit zweiter Prüfung als Sozialarbeiter (landschaftsverbandsintern abgelegt), zwölf ausgebildete Erzieher und Erzieherinnen mit erster Prüfung als Sozialarbeiter (landschaftsintern abgelegt), fünfzehn Erzieher und Erzieherinnen, die noch in der Ausbildung an einer Fachschule für Sozialpädagogik und Heimerziehung standen, sechs Lehrwerksmeister, drei Sonderschullehrer beziehungsweise -lehrerinnen, ein Psychologe, eine Krankenschwester, ein Kinder- und Jugendpsychiater (ambulant) und ein praktischer Arzt (ambulant). Weitere Personalstellen entfielen auf Verwaltungsangestellte und Angestellte wie das Küchenpersonal.

Eine holz- und metallverarbeitende Werkstatt sowie eine Maler- und Lackiererwerkstatt sollten den Jugendlichen im Rahmen ihrer Berufsorientierung Hilfestellung leisten. Etwa die Hälfte der Kinder und Jugendlichen besuchte entweder externe Schulen oder nahm an Heimschulförderkursen zur Vorbereitung auf den Besuch einer externen Schule teil. Die anderen Jugendlichen standen in der Berufsausbildung. In heimeigenen Werkstätten wurden jene Jugendlichen ausgebildet, die sich für ein externes Ausbildungsverhältnis noch nicht ausreichend belastungsfähig sahen.

Konzeptionelle Veränderungen

Die hierarchisch und autoritär geführte Einrichtung wich demokratischen Strukturen mit einer hohen Entscheidungsbeteiligung der Kinder und Jugendlichen an nahezu allen wichtigen Fragen des Alltags.

Den juristischen Rahmen bildeten die gesetzlichen Bestimmungen, Verordnungen und Erlasse sowie die Beschlüsse der zuständigen Ausschüsse des Landschaftsverbandes Rheinland, insbesondere des Landesjugendwohlfahrtsausschusses, und die Verfügungen, Weisungen und Richtlinien des Landesjugendamtes für die Fürsorgeerziehung und die Freiwillige Erziehungshilfe nach dem Jugendwohlfahrtsgesetz.

Die Frage war, wie sich der Erziehungsstil in einer Heimerziehung gestalten ließe, die sich als Vorbereitung auf ein den freiheitlich-demokratischen Gesellschaftsverhältnissen angemessenes Leben verstand. Die Antwort auf diese Frage ergab sich aus den geforderten Eigenschaften des mündigen Bürgers in einem demokratischen Staat, die sich in Eigeninitiative, Verantwortungsbewusstsein, Kritikfähigkeit, Toleranz, Selbstständigkeit im Denken etc. ausdrücken. Das Jugendheim musste also Möglichkeiten zur Erlangung und Übung solcher Eigenschaften anbieten.

Den strukturellen Rahmen für die Erreichung der angestrebten Erziehungsziele bot die neue Konzeption des Jugendheimes. Diese Konzeption macht die Umstrukturierung des Heimes auf organisatorischer und inhaltlicher Ebene deutlich, durch die die intendierten Erziehungsprozesse eingeleitet und die intendierten Erziehungsziele realisiert werden sollten. Sie erfolgte unter dem Motto „Demokratie in Funktion". Die Umgestaltung zu einer demokratisch orientierten Organisation erfolgte schrittweise vor allem über Beschlüsse und Vereinbarungen in zahlreichen Konferenzen und in pädagogischen Trainingsseminaren für die Erzieher. Erste Schritte waren die Beseitigung der Fenstergitter, das Gewähren freien Ausgangs, der Besuch öffentlicher Schulen, der Beginn von Ausbildungen in umliegenden Unternehmen. Ausgehandelte Geschäftsordnungen für Konferenzen, Diskussionsregeln und unter einem gemeinsamen Konsens vereinbarte Umgangsformen sollten es ermöglichen, von der dirigistischen Ordnung des Vorgängers zu einer partnerschaftlich-kollegialen Lebensordnung überzuleiten. Beispiele hierfür sind die gemeinsame Erstellung der Heimordnung – in Anlehnung an das Grundgesetz Grundordnung genannt – oder das Stimmrecht der Kinder und Jugendlichen in der Gesamtkonferenz. Die wesentlichen Elemente der organisatorischen Struktur des Landesjugendheimes waren in der Grundordnung festgelegt. Prinzipiell wurde jedem Jugendlichen dreimal in der Woche Ausgang eingeräumt, wochentags von 19.00 bis 21.30 Uhr, an Sonn- und Feiertagen von 13.00 bis 21.00 Uhr, in Ausnahmefällen über 22.00 Uhr hinaus. Taschengeld wurde nach den Bestimmungen des Landesjugendamtes ausgezahlt. Die Kleidung war nunmehr Eigenbesitz der Jugendlichen. „Begrenzungen" waren für Gewalthandlungen gegen Personen und Sachen und bei groben Eigenmächtigkeiten vorgesehen. Dabei handelte es sich um Freizeitbeschränkung, Geldbußen und besondere Pflichten. Jedem Jugendlichen stand das Recht zu, jederzeit seine Beschwerden auf dem Dienstweg zu äußern.

Die Grundordnung wies ausdrücklich darauf hin, dass körperliche Züchtigung, Arrest und andere entehrende Maßnahmen unzulässig waren. Sie sicherte dem Jugendlichen weiterhin die grundsätzliche Möglichkeit der Mitwirkung und Mitentscheidung am Sozialleben des Heimes durch Teilnahme an Konferenzen und Informationsrunden. Dadurch wurden die Jugendlichen in ihrem Recht bestätigt, in Bezug auf die eigene Person stärker selbstbestimmend und eigenverantwortlich zu denken und zu handeln.

Die Gesamtkonferenz wurde durch eine formelle schriftliche Einladung, in der die Tagesordnungspunkte bekannt gegeben wurden, viermal im Jahr einberufen. Jede Heimgruppe wählte aus ihren Reihen der Kinder und Jugendlichen zwei Vertreter, die die vorangegangenen Diskussionen und Entscheidungen innerhalb der Gruppe in der Konferenz darlegten. Außerdem entsandte jede Heimgruppe einen Erzieher beziehungsweise eine Erzieherin in die Gesamtkonferenz. Die Kinder und Jugendlichen stellten dort 50 Prozent der Teilnehmer, während sich die anderen 50 Prozent aus der Heimleitung, den von den Heimgruppen entsandten Erziehern und Vertretern anderer Funktionsbereiche zusammensetzten. Jeder Teilnehmer besaß eine Stimme, so dass Parität zwischen Kindern/Jugendlichen und Erwachsenen gewährleistet war. Das ansonsten uneingeschränkte Stimmrecht der Kinder und Jugendlichen war nur dann aufgehoben, wenn über finanzielle Angelegenheiten, Rechtsverordnungen und Anträge, die gegen die Sitten verstießen und rechtlich fragwürdig erschienen, entschieden wurde. Als Beispiel lassen sich hierfür die Höhe des Taschengeldes nennen oder die Frage des nächtlichen Ausbleibens von Jugendlichen, deren Freundinnen außerhalb des Heimes lebten. Die Tagesordnungspunkte, die während dieser Konferenz zur Beratung und zur Abstimmung kamen, verfolgten das Ziel, neue Lebens- beziehungsweise Sozialformen des Zusammenlebens zu beobachten und zu diskutieren.

Die einzelnen Wohngruppen trafen sich einmal in der Woche zu einer Gruppenkonferenz, an der alle Kinder und Jugendlichen sowie ein Erzieher der Gruppe teilnahmen. Hier wurden auf partnerschaftlicher Ebene aktuelle Fragen und Probleme der Woche besprochen, wie zum Beispiel das Einhalten der Nachtruhe, das aggressive Verhalten einzelner oder auch Schulerfolge.

Die Einrichtung der demokratischen Diskussions- und Entscheidungsgremien im Landesjungendheim Viersen stellte den Versuch dar, autoritäre Strukturen einer veralteten Heimerziehung abzubauen. Regeln und Anordnungen wurden nicht mehr nur über die Einrichtung vorgegeben, sondern waren ein gemeinschaftlicher Verhandlungsprozess aller Beteiligten. Damit sollten die Jugendlichen gleichzeitig in ihrer individuellen Persönlichkeit wahrgenommen, respektiert, wertgeschätzt und akzeptiert werden, was zu einer wertebezogenen, liberalen und humanen Heimerziehung beitragen sollte.

Sechs Wochen nach der Aufnahme eines Jungen in das Heim fanden sich alle beteiligten Gruppenerzieher, Lehrer, der Arbeitspädagoge, der Psychologe und der Niveaustufenleiter zu einer Erstbesprechung oder Teambesprechung zusammen. Auf der Basis von vorliegenden anamnestischen Daten und zusammengetragenen Verhaltensbeobachtungen aller Art wurden Hypothesen über Entstehungsbedingungen der Problematik des Jungen und seiner Bezugspersonen, Veränderungsmöglichkeiten und Zielvorstellungen aufgestellt. Diese wiederum bildeten die Grundlage für einen individuellen Erziehungsplan. Die Ergebnisse dieser Sitzung wurden in einem Erstbericht festgehalten, in dem für die konkrete Förderung Teilziele formuliert und Methoden und Vorgehensweisen schriftlich fixiert wurden. Alle Mitarbeiter des Heimes, die mit dem Kind beziehungsweise Jugendlichen zusammenarbeiteten, mussten Einsicht in diesen Bericht nehmen. Außerdem diente er zur Kontrolle im Sinne einer Qualitätssicherung, der mit dem Kind oder Jugendlichen durchgeführten Fördermaßnahmen.

Die Entlassung aus dem Heim erfolgte grundsätzlich mit dem 18. Lebensjahr, bei „sozialer Funktionstüchtigkeit" des Jugendlichen auch eher. Vorgesehen war ausdrücklich die Entlassung in eine Wohngruppe. Für die Zeit nach dem Heimaufenthalt waren Wohngemeinschaften im Aufbau, die an das Heim gekoppelt, aber räumlich an ganz anderer Stelle in der Stadt untergebracht wurden. Diese externen Wohngruppen in Viersen sollten die jungen Männer durch eine kontinuierliche gemeinschaftliche Lebensform dabei unterstützen, ihre soziale Rolle zu finden und Konflikte zu bewältigen. So wurden beispielsweise Konflikte, die sich aus dem Zusammenwohnen ergaben, mit den Erziehern des Heimes besprochen.

Die Qualifizierung und Professionalisierung des Fachpersonals stellte in Viersen einen der grundlegenden Faktoren des Reformprozesses dar. Realisiert wurde dies durch verschiedene Veranstaltungen, die von der Leitung in regelmäßigen Abständen über das Jahr verteilt angeboten wurden und deren Teilnahme freiwillig war.
Supervisionen gaben den Erziehern die Möglichkeit, ihre Fähigkeiten in Selbstkritik und Selbstkontrolle zu erweitern. Außerdem trugen sie zur Integration von Theorie und Praxis bei. Die Durchführung der Supervision oblag einem externen Supervisor, der heiminternen Prozessen unbefangen begegnen konnte.
Weiterhin nahmen die Mitarbeiter des Landesjugendheimes Viersen, soweit sie hierfür freigestellt werden konnten, an Tagungen und Seminaren des Landschaftsverbandes Rheinland, also dem Träger des Heimes, teil. Um ein breites Spektrum an Sichtweisen und fachwissenschaftlichen Standpunkten zu erarbeiten, wurden auch Fortbildungsveranstaltungen anderer Träger und Institutionen besucht.

Freizeitangebot und Projekte

Für die Freizeitgestaltung standen eine Aula, eine Schwimm- und Turnhalle, ein Fotolabor, ein kleiner Sportplatz und ein Begegnungszentrum, in dem man sich auch mit Jugendlichen treffen konnte, die nicht im Heim wohnten, zur Verfügung. Mit dem Blick auf die Notwendigkeit einer erfüllenden Freizeitgestaltung erstellte das Landesjugendheim ein breites Angebot an Freizeitbeschäftigungen für die Kinder und Jugendlichen. Hierbei wurden nicht nur die speziellen Begabungen und Eignungen der Erzieher berücksichtigt, sondern auch darauf geachtet, dass es nicht nur beim Angebot blieb, sondern eine anregende Einführung erfolgte und das Angebot in der Regel auch außerhalb des Heimes ausübare Tätigkeiten beinhaltete. Von einer „restlosen" Durchorganisierung der Freizeit wurde abgesehen. Alle Veranstaltungen boten Gelegenheit zur freien Entscheidung und wurden auch in ihren therapeutischen Aspekten genutzt. Als Freizeittätigkeiten mit bildenden und sozialisierenden Wirkungen oder Nebenwirkungen wurden Musik, Laienspiel, Schach, Tierpflege, Wandern, Zelten wie alle Arten von musischem Tun betrachtet. Jedem Selbsttun wurde der Vorrang gegeben, da es stärkere Bildungskräfte entwickelt, als Belehrungen allein es vermögen. Besonderer Wert wurde auf Freizeitgestaltung gelegt, die es dem Jugendlichen auch erlaubte, sich selbstständig außerhalb des Heimes zu bewegen und auch Kontakte zu Menschen außerhalb des Heimes aufzubauen. Dieses Ziel hatte zum Beispiel auch ein längerfristiges Projekt, das 1975 die Erneuerung eines Kinderspielplatzes vorsah. Der Kinderspielplatz, der acht Jahre vorher eingerichtet worden war und nun einem Trümmerfeld glich, wurde unter Einbeziehung von Kindern und Eltern neu geplant und gestaltet. In einer gemeinsamen Aktion nahmen das Landesjugendamt, Stadtjugend- und Gartenamt, Studenten der Pädagogischen Hochschule und Bewohner des Jugendheims unter der Federführung des Heimleiters die Erneuerung des Spielplatzes in Angriff. Das rund 3300 Quadratmeter große Areal wurde zu einem Abenteuerspielplatz hergerichtet. Die Materialkosten von 25.000 DM übernahm die Stadt, Lohnkosten entstanden nicht. Sämtliche Geräte, angefangen bei der kleinen Holzeisenbahn bis hin zum großen Kletterhaus, wurden in rund eineinhalb Jahren von 18 Jugendlichen des Jugendheims in präziser Arbeit angefertigt. Die Jugendlichen hatten dabei unter Anleitung von Fachkräften die Vorstellungen der Grundschulkinder berücksichtigt, die in der Planungsphase an einem Malwettbewerb zu diesem Thema teilgenommen hatten.

Transparenz und wissenschaftliches Interesse

Da das Heim vor dem Hintergrund der Heimkampagne im Rahmen der Umstrukturierung größtmögliche Transparenz anstrebte, zeigte es sich allen Besuchern gegenüber offen. Insbesondere Studentinnen und Studenten des Seminars Verhaltensauffälligenpädagogik an der Pädagogischen Hochschule Köln machten von den Besuchsmöglichkeiten Gebrauch. Durch verschiedene Besuche im Heim angeregt, entwickelten sich bei vielen Studenten des Seminars Forschungsinteressen, einzelnen in der Praxis beobachteten Aspekten wissenschaftlich nachzugehen. Zwischen 1971 und 1977 entstanden auf diese Weise zahlreiche praxisbegleitende Studien. Die Veröffentlichung einer Reihe von Untersuchungen über einzelne Themenbereiche der heimpädagogischen Praxis zeigt die breite Palette des Interesses, in dem geforscht wurde. Die Themen behandelten zum Beispiel die Untersuchung des Selbst- und Fremdbildes von Heimerziehern und Heimjugendlichen, die Frage nach der heilpädagogischen Funktion von Spiel und Spielmitteln, die Frage nach angstauslösenden Faktoren in Erziehung und Unterricht, die Untersuchung von Sexualität und Partnerschaft in der Vorstellung der Jugendlichen sowie die Darstellung des schulpädagogischen Integrationsversuches verhaltensauffälliger Schüler in die öffentliche Schule.

Zusammenfassung

Das Ziel der konzeptionellen Umgestaltung des Landesjugendheims Viersen war, eine zeitgemäße, an demokratischen Prinzipien und wissenschaftlichen Erkenntnissen orientierte Heimerziehung aufzubauen. Verhaltensdispositionen auffälliger Kinder und Jugendlicher im sozialen, emotionalen und intellektuellen Bereich sollten so aufgearbeitet werden, dass diese Kinder und Jugendlichen für eine aktive Mitgestaltung gesellschaftlicher Prozesse und für eine selbstkritische und kooperationsfähige Integration in die Gesellschaft vorbereitet werden konnten.

Durch die eingeleitete demokratische Heimstruktur wurde ein Raum geschaffen, in dem nicht nur die offene Gewalt seitens bestimmter Vertreter der Institution vollständig abgeschafft war, sondern in dem „schwererziehbaren" Kindern und Jugendlichen unter anderem durch Partizipation und Entscheidungsbeteiligung die Möglichkeit geboten wurde, sich in einem andauernden Lernprozess Schritt für Schritt die Eigenschaften eines mündigen Bürgers anzueignen und diese einzuüben. Dieses Modell lieferte aufgrund seiner Struktur den äußeren und inhaltlichen Rahmen dafür, in einem nicht autoritären erzieherischen Klima Eigeninitiative, Verantwortungsbewusstsein für die eigene Person und für andere, Kritikfähigkeit, Partnerschaft, Toleranz etc. entwickeln zu können.

Die besonderen sonderpädagogischen Förderangebote für die Kinder und Jugendlichen waren vielfältig und auf das intendierte Erziehungsziel abgestimmt. Langzeitprogramme wie zum Beispiel die Neugestaltung des Kinderspielplatzes in Viersen hatten darüber hinaus eine integrative Funktion auf lokaler Ebene. Alle Bewohner des Stadtteils Viersen-Süchteln, nicht nur die Kinder aus dem Heim, konnten das Angebot nutzen.

Zieht man die Vorgehensweise der Träger und Einrichtungen der Heimerziehung bis zur Heimkampagne in Betracht, wird durch das hier aufgezeigte – dies kontrastierende – Beispiel besonders deutlich, wie verkrustet, marode und untragbar für eine demokratische Gesellschaft das alte System war. Veränderungen im Landesjugendheim Viersen-Süchteln konnten entsprechend auch nur gelingen, indem dort „Erzieher", wie Dietmar Krone sie noch bis Anfang 1971 erlebt hatte, nicht mehr auf die Kinder losgelassen wurden. Kluges Vorgabe, es reiche nicht aus, wenn pädagogisch neue Vorstellungen nur von oben eingeführt würden, Mitarbeiter dagegen alte pädagogische Auffassungen weiter wirksam werden ließen, war eine der Grundvoraussetzungen für das Gelingen der Reform. Und genau diese Voraussetzung, dass nämlich nur Erzieher, die sich in ihrem Denken und Handeln den demokratischen Grundprinzipien verpflichtet fühlen, Kinder und Jugendliche auf ihrem Weg zu selbstständigen Persönlichkeiten und mündigen Bürgern begleiten können, war in den 50er und 60er Jahren – wie es heute scheint – in den meisten Heimen nicht im Ansatz gegeben. Im Gegenteil, diese Erzieher wurden eher bekämpft. Erst die Studentenrevolte von 1968 bewirkte hier ein Umdenken. Der Modellversuch Viersen-Süchteln ist auch ein Beispiel für die Aufbruchstimmung zu Beginn der 70er Jahre. Manches von dem, was hier an demokratischen Veränderungen in der Struktur des Heimes ausprobiert wurde, wird heute wieder mit kritischen Augen betrachtet. Das ändert jedoch nichts an der Tatsache, dass hier 1971 das alte menschenverachtende System restlos weggefegt wurde. Das ist die große Leistung, die allen daran Beteiligten hoch anzurechnen ist. Dass theoretischer Anspruch und gelebte Praxis nicht eins zu eins umsetzbar sind, versteht sich von selbst.

Alternativen wie das vorgestellte Beispiel Viersen-Süchteln und andere Formen der Heimerziehung waren in den 70er Jahren die große Ausnahme. Sie wurden erst in den 80er Jahren allmählich zur Regel, nachdem die erneut aufgenommene Heimkampagne noch ein ganzes Jahrzehnt die Aufdeckung von weiterhin katastrophalen Verhältnissen in Heimen geleistet hatte: Das katholische Vincenz-Heim in Dortmund (Fürsorgeheim für Mädchen) sorgte während der gesamten 70er Jahre für Schlagzeilen. Die brutale Erziehungspraxis in Freistatt (Bethel) wurde erst Mitte der 70er Jahre eingestellt. Die staatlichen Fürsorgeheime Fuldatal (Hessen) und Glückstadt (Schleswig-Holstein) wurden 1973 aufgelöst. Die großen Heimskandale Isenbergheim (Bremen), Birkenhof (Hannover), Diakoniezentrum Heiligensee (Berlin), Mädchenaufnahmeheim der Diakonie (Köln) zum Beispiel wurden 1977/78 aufgedeckt.[205]

1977 veröffentlichte Hans Thiersch den Klassiker der Sozialarbeitsliteratur *Kritik und Handeln – interaktionistische Aspekte der Sozialpädagogik*, in dem er die Diskrepanz zwischen den Möglichkeiten der Heimerziehung und ihrer Praxis als unerträglich kritisiert. [...] daß die Institution Heimerziehung gegenwärtig zunehmend heftiger, verzweifelter und aggressiver kritisiert und attackiert wird, resultiert aus offenkundigen Widersprüchen zwischen gesellschaftlichen Postulaten und Praxis und Theorie der Heimerziehung [...] Erfahrungen und Empirie belegen übereinstimmend, wie oft Heimerziehung nur als Abbruch von Lebensmöglichkeiten, als Einengung und Entindividualisierung realisiert ist [...] Die Armut, die Dominanz der Verwaltung und Entindividualisierung in der Totalen Institution sind für den Heranwachsenden nicht nur deshalb so fatal, weil sie ihn direkt in der Entfaltung der Selbstkompetenz hindern, sondern auch indirekt, weil der Heranwachsende in ihnen spürt, daß man eine solche Selbstkompetenz von ihm nicht erwartet. Die kläglichen Verhältnisse etwa demonstrieren ihm, daß er nichts wert ist,

---

205 Vgl. Kappeler, *Einordnung*, S. 2

die Dominanz der Verwaltung macht evident, daß er nur als Objekt zählt, die Totale Institution, daß man Möglichkeiten der Individualität und Kreativität in ihm nicht voraussetzt. Indem er solche institutionalisierten Verhaltenserwartungen übernehmen muß, verfestigt sich bei ihm das entmutigende Bewußtsein von seiner Wertlosigkeit [...] Eine solche Heimerziehung pervertiert den pädagogischen Schonraum, um in ihm jene gesellschaftlichen Bedingungen und Zwänge zu wiederholen, ja zu intensivieren, vor denen sie, ihrer Intention gemäß, die Heranwachsenden zu schützen hätte." [206] Bei dieser Darstellung handelt es sich um die Regelpraxis, wie sie in der Bundesrepublik 1977 noch bestand. Es würde den schmerzvollen Erfahrungen der ehemaligen Heimkinder nicht gerecht, diesen Sachverhalt nicht genügend zu betonen. Noch 1978 musste auf dem 6. Deutschen Jugendhilfetag in Köln, der von 30.000 Menschen besucht wurde, eine bittere Bilanz gezogen werden. „Zwischen 1969 und 1978 liegen 9 Jahre Fürsorge- und Heimerziehung in bundesrepublikanischen Heimen, an deren Funktion sich für das Erziehungssystem in der BRD und praktischer Auswirkungen auf die Lebensgeschichte der betroffenen Jugendlichen nichts Wesentliches verändert hat. Die 1969 beendete Heimkampagne hat nicht dazu geführt, daß wir die folgenden 9 Jahre dazu benutzen konnten, uns systematisch einen Einblick und Überblick in die konkreten Zustände in den Erziehungsheimen der 11 Bundesländer zu verschaffen. So war es möglich, daß sich Zustände unverändert und unangetastet erhalten und weiter stabilisieren konnten, die von Grundrechts- und Menschenrechtsverletzungen gezeichnet sind [...] Die Hintergründe dieser Skandale zeigen, daß es in allen Fällen immer um zentrale Grundrechtseingriffe und Menschenrechtsverletzungen gegenüber den betroffenen Jugendlichen geht. Die Verantwortlichen für diese von Menschenverachtung und Ignoranz gezeichneten Unterdrückungspraktiken finden wir sowohl in den Spitzenverbänden der ‚freien' und privaten Wohlfahrtspflege (vor allem Caritasverband, Diakonisches Werk) als auch den aufsichtführenden Landesjugendbehörden. Die konfliktlose Zusammenarbeit zwischen den Landesjugendämtern und den großen Heimträgern ist ein System für das gemeinsame Interesse von Staat und Kirche an der Aufrechterhaltung eines Erziehungszustandes in Fürsorge-Erziehungsheimen, der die Kinder und Jugendlichen zur Unterordnung unter Hausordnungen, Anweisungen, Befehle, Verbote und

---

206 Hans Thiersch: *Kritik und Handeln – interaktionistische Aspekte der Sozialpädagogik*, Neuwied 1977, S. 75 ff

Strafe zwingen will." [207] Der Titel einer Großveranstaltung auf dem Jugendhilfetag 1978, an der circa 8.000 Menschen teilnahmen, lautete entsprechend *Der alltägliche Skandal der Heimerziehung.* Für die heutige Generation der Einrichtungen der Kinder- und Jugendhilfe sind allerdings viele der ab 1971 innerhalb des Landesjugendheimes Viersen-Süchteln umgesetzten Reformen zum Standard geworden. Die Ergebnisse der langwierigen Reformen, die durch die Heimkampagne initiiert wurden, sollen nun kurz aufgezeigt werden, indem ein Blick auf die gegenwärtige Situation in der Kinder- und Jugendhilfe geworfen wird.

---

[207] Damm/Fiege u.a.: *Jugendpolitik in der Krise. Repression und Widerstand in Jugendfürsorge, Jugendverbänden, Jugendzentren, Heimerziehung. Materialien zum Jugendhilfetag 1978.* Frankfurt am Main 1978, S. 153

6. Die aktuelle Situation in der Kinder- und Jugendhilfe

Erst nach dem 6. Deutschen Jugendhilfetag wurden endgültig umfangreiche Neuerungen in der Heimerziehung eingeleitet. Die nach 1978 begonnenen Reformen dauern im Grunde bis heute an, werden ständig weiter modifiziert und verbessert und münden in immer neue und innovative pädagogische und therapeutische Angebote und (Wohn-) Konzepte. Wie kein anderer Bereich der Jugendwohlfahrt, beziehungsweise heute der Kinder- und Jugendhilfe, hat sich die Heimerziehung in den letzten Jahrzehnten verändert. Die Reformen fanden vorwiegend auf einer politischen, strukturellen und organisatorischen Ebene statt. Vor allem in den 80er Jahren wurden die Totalen Institutionen aufgelöst. Es wurden Erziehungsstellen und Kleinstheime geschaffen, das Pflegekinderwesen erweitert und verbessert, sozialpädagogische Wohngemeinschaften beziehungsweise betreutes Einzelwohnen eingerichtet. Ein bis heute wachsendes Angebot von ambulanten Erziehungshilfen ermöglicht ein individuelles Eingehen auf die spezifischen Problemlagen der Kinder und Jugendlichen mit ihren Eltern, Verwandten und Freunden mitten in ihrem „Sozialraum." [208] Es hat ein grundsätzlicher Wandel im Erziehungsverständnis und im Interaktionsverhalten zwischen „Heimzögling" und Erzieher stattgefunden. Diese neue Interaktion ist wesentlich stärker durch gegenseitige Wertschätzung und Achtung der Menschwürde geprägt. Die Forderungen nach Professionalisierung der Beschäftigten wurden so weit vorangetrieben, dass heute kaum jemand in der Heimerziehung ohne entsprechende Ausbildung oder zumindest Weiterbildung arbeitet. Auf struktureller und organisatorischer Ebene wurde die Auflösung der Großheime weit weg von städtischer Anbindung vorangetrieben. Große, unpersönliche, teilweise gefängnisähnliche Einrichtungen mit hohen Mauern, großen Toren und sogar Stacheldrahtzäunen wurden dezentralisiert und regionalisiert. Die Einrichtungen bemühen sich, im Sinne einer Angebotsdifferenzierung ein zunehmend größeres Spektrum an verschiedenen Möglichkeiten zu bieten, sowohl hinsichtlich des Angebots der jeweiligen Gruppenform (teilstationäre Tagesgruppe, familienähnliche Wohngruppen, therapeutische Intensivgruppen usw.) als auch der gruppenübergreifenden (heil-)pädagogischen und therapeutischen Optionen (z.B. Erlebnispädagogik, Reittherapie, motorische Förderung, Psychotherapie). Der Prozess der Reformen ist allerdings nicht abgeschlossen und innovative Konzepte (z.B. individualpädagogische Angebote) werden immer wieder ins Leben gerufen und überprüft. Seit Ende der 90er Jahre hat sich die Heimerziehung zunehmend mit den Themen der

---

208 Vgl. Wolfgang Hinte: *Jugendhilfe im Sozialraum – Plädoyer für einen nachhaltigen Umbau.* In: Der Amtsvormund, Jg. 73, H. 11, S. 930-942

Ambulantisierung, Steigerung von messbarer Effektivität und Qualität der Hilfen und den Fragen des zunehmenden Kostendrucks zugewendet. Eine große Veränderung und Errungenschaft der heutigen Kinder- und Jugendhilfe ist mit der Einführung des Kinder und Jugendhilfegesetzes 1991 eingetreten. Die neue Gesetzeslage betont deutlich mehr als das vorherige Jugendwohlfahrtsgesetz die Freiwilligkeit von angebotenen und nicht von staatlicher Seite verordneten Maßnahmen, die Beteiligung der Kinder und Eltern an den Hilfen und den Entscheidungsprozessen und die verbesserte Steuerung und Aufsicht durch das Jugendamt in Form des Hilfeplanungsprozesses. Im Zuge der Reformen rückte die Persönlichkeit des Kindes oder Jugendlichen mit seinen Wünschen und Bedürfnissen, mit seinen Ängsten und Hoffnungen zunehmend ins Bewusstsein der Politik und der Verantwortlichen. Mitverantwortung für den eigenen Lebensweg, Förderung einer selbstständigen Lebensgestaltung und die Integration in die Gesellschaft nach der Entlassung aus dem Heim wurden langsam aber stetig zu erklärten Zielen. Und auch dem Interaktionsverhalten zwischen Heiminsassen und Erziehern schenkte man mehr Beachtung bis hin zu methodischen und wissenschaftlichen Analysen und Untersuchungen der Beziehungsmuster. Die Einzelarrestzellen wurden völlig aus den Heimen verbannt, Prügelstrafen abgeschafft, Freiheit und Taschengeld entziehende Maßnahmen auf einen Bruchteil reduziert. Das Bild des „folgsamen Untertans" wurde ersetzt durch das des selbstbestimmten, eigenverantwortlichen Jugendlichen, für den nicht eine möglichst strenge Erziehung, sondern eine individuell zugeschnittene Förderung und Behandlung angestrebt wird. Dementsprechend haben die Einrichtungen nicht nur ihr Konzept, sondern auch ihr Leitbild drastisch verändert. Christliche Werthaltungen in den kirchlichen Einrichtungen, die sich an kontinuierlich reflektierten pädagogisch-therapeutischen Prinzipien orientieren, ersetzen heute „Schläge im Namen des Herrn". Das Kind oder der Jugendliche steht im Mittelpunkt des Bemühens. Mit ihm gemeinsam und zusammen mit seiner Familie werden Ziele für die pädagogische Arbeit entwickelt. Der Blickwinkel hat sich so von einer Defizitorientierung auf eine Fokussierung auf die Stärken und Ressourcen des Einzelnen verschoben. Die Tendenz vom Befehlen und Gehorchen weicht immer mehr Prozessen gemeinsamen Aus- und Verhandelns, aktiven Mitredens und dem Treffen gemeinsamer, nicht einseitiger Entscheidungen. Das Kinder- und Jugendhilfegesetz versteht sich wesentlich deutlicher als Dienstleistungs- und Hilfsangebotsgesetz als das eingreifende und kontrollierende Jugendwohlfahrtsgesetz, das die Eltern eher als Gegner denn als Partner betrachtete. Beispielsweise wird den Erziehungssorgeberechtigten im neuen Gesetz nach §5 ermöglicht, die Auswahl einer Einrichtung mitzubestimmen, soweit dadurch keine unverhältnismäßigen Mehrkosten entstehen. Das KJHG betont die Freiwilligkeit der Hilfsangebote und die gleichgestellte Zusammenarbeit mit den Erziehungssorgeberechtigten der betroffenen Kinder und Jugendlichen. Gemeinsam und partnerschaftlich mit den Eltern und den Kindern will es Lösungen für die Problemsituationen des Kindes beziehungsweise Jugendlichen suchen. Dabei respektiert das Gesetz die Erziehungsautonomie der Eltern und schafft eine nie dagewesene Transparenz in den potenziellen Interventionsangeboten. In der Praxis stellt sich die Situation so dar, dass Erziehungssorgeberechtigte kaum unmittelbar per Gesetz zu einer Heimeinweisung ihres Kind gezwungen werden. Es kommt aber vor, dass den Eltern mündlich vonseiten des Jugendamtes und der durchführenden Einrichtung angedroht wird, das Vormundschaftsgericht einzuschalten, wenn das Kindeswohl aus Sicht der Fachkräfte bedroht erscheint und keine freiwillige und konstruktive Kooperation mit den Eltern herbeigeführt werden kann.

Professionalisierung des Personals

Die Veränderungen der Einstellung gegenüber der Klientel und die stärker werdende Beachtung und Wertschätzung des Kindes beziehungsweise des Jugendlichen ging eng einher mit einer zunehmenden Professionalisierung des Personals, einer der wichtigsten Forderungen der Heimkampagne und der Reformer. Für die zahllosen unausgebildeten Kräfte wurden berufsbegleitende Erzieherausbildungen eingerichtet, die Ausbildungskapazität an Berufsfach- und Fachhochschulen erweitert sowie die Ausbildung zum Sozialarbeiter beziehungsweise -pädagogen an Fachhochschulen bundesweit eingeführt. Das Pflegegeld für Kinder in Familienpflege erhöhte sich, die Ausbildung für Heimerzieherinnen und Kindergärtnerinnen unterzog sich einem Reformprozess.[209] Neben dem Professionalisierungsschub in den angebotenen Ausbildungsberufen nahmen viele Einrichtungen interne Umstrukturierungen vor, die die Qualität und Fachlichkeit der Arbeit steigern sollten. Darunter fielen zum Beispiel die Einrichtung von Fachbibliotheken, das Schaffen von informativeren Kommunikations- und Dokumentationsstrukturen, die Konzeption interner Fortbildungs- und Supervisionsangebote, Fachexkursionen und wissenschaftliche Untersuchungen in der Heimerziehung[210]. Der Anteil der Mitarbeiter ohne Ausbildung ist seit Ende der 70er Jahre drastisch zurückgegangen und derjenige der ausgebildeten Kräfte soweit gestiegen, dass sich heute in der Jugendhilfe nur noch im Einzelfall Mitarbeiter bzw. Mitarbeite-

---

209 Vgl. Arbeitsgruppe Heimreform, a.a.O.
210 Vgl. Karl-Josef Kluge/Hans-Joachim Kornblum: *Entwicklung im Heim. Freund oder Erzieher? Über Erzieher und Jugendliche im Viersener Heim.*Teil IV e . München 1984

rinnen ohne pädagogische Berufsausbildung befinden. Trotz dieser Verbesserungen auf personeller Seite besteht bis heute das Problem der relativ geringen Bezahlung, der wenig familienfreundlichen Schicht- und Wochenendarbeitszeit und das generell geringe gesellschaftliche Ansehen eines pädagogischen Berufes, was unter anderem ein Grund für die relativ hohe Personalfluktuation im sozialen Arbeitsbereich sein dürfte. Und auch heute richtet sich trotz Verbesserungen die Kritik darauf, dass die Ausbildungsmöglichkeiten an den Fach(hoch-)schulen den Erwartungen der Praxis nicht entsprechen und die Kooperation zwischen den Ausbildungsinstituten und den Einrichtungen der Kinder- und Jugendhilfe sich auf strukturelle Abläufe beschränkt.

Differenzierung und Regionalisierung

Die Heime selber unterwarfen sich im Zuge der Reformbestrebungen umfassenden organisatorischen Umstrukturierungsprozessen. Großheime wurden aufgelöst, Mauern, Stacheldrahtzäune und auch symbolische Grenzen wurden eingerissen und die Heime öffneten ihre Türen. Die Eltern durften die Einrichtungen betreten und mussten nicht mehr vor ihren Toren stehen bleiben. Besuchskontakte wurden erwünscht, ausgebaut und erweitert, die Wochenend- und Ferienbeurlaubungen verlängert und individuell angepasst. Die Heime zogen von abgeschiedenen Gegenden auf dem Lande näher an die urbanen Strukturen der Städte heran, unter anderem auch um den Heimkindern soziale Kontakte mit anderen Jugendlichen außerhalb des Heimes zu ermöglichen. Damit wurde dem negativen Stigma durch eine lebensweltorientierte Heimerziehung entgegengewirkt.[211] Die weiterhin bestehenden Großheime nahmen zumindest interne Umstrukturierungen vor. Darunter fielen zum Beispiel Auslagerungen von Wohngruppen, die sich selber verpflegten und sich mit den alltagsüblichen Aufgaben ihrer sozialen Umgebung auseinander setzen mussten (Einkaufen, Vermieterangelegenheiten, Nachbarn usw.). Heute bestehen solche Gruppen unter dem Namen und dem Konzept von Außenwohngruppen beziehungsweise Verselbstständigungswohngruppen. Es ist zu neu konzeptionierten Wohnformen gekommen, wie zum Beispiel Familienwohngruppen, Erziehungsstellen, Tagesgruppen, Jugendwohngruppen. Die pädagogischen, therapeutischen, schulischen und Ausbildungsangebote erweiterten sich, der ambulante und teilstationäre Bereich wurde ausgebaut und differenzierte Beratungs- und Therapieangebote (zum Beispiel sozialpädagogische Familienhilfe, diagnostische Angebote, Elternberatung)

---

211 Vgl. Klaus Wolf: *Veränderungen der Heimerziehungspraxis: Die großen Linien*. In: Wolf, K. (Hrsg.): Entwicklungslinien in der Heimerziehung. Münster 1995

geschaffen. Man konzipierte und erprobte spezialisierte Behandlungsgruppen für Kinder und Jugendliche mit besonderen Problemlagen, wie zum Beispiel Wohngruppen für sexuell traumatisierte Kinder, Kinder- und Jugendliche mit Essstörungen, autistische Kinder usw. Winkler sieht in der aktuellen beziehungsweise zukünftigen Entwicklung der Heimerziehung eine Dreiteilung in den Angebotsformen: Zum einen hat sich seiner Meinung nach eine von staatlicher Zuwendung relativ unabhängige Form von „Jugendhotels mit hohem Bildungsanspruch" herausgebildet, die mit ihren intensiven Angeboten auf die Jugendlichen der Mittel- und Oberschicht ausgerichtet sind. Auf der anderen Seite gibt es die Einrichtungen, die sich mit hoffnungsvollen Fällen beschäftigen und über eine Grundversorgung für das sogenannte Prekariat mit einer disziplinierenden und kontrollierenden, auf jeden Fall aber gesellschaftlich ausgrenzenden Einstellung kaum hinauskommen. Dazwischen können als dritte Entwicklung die Spezialeinrichtungen angesiedelt werden, die mit einem marktorientierten Konzept als „sozialpädagogische Intensivbetten mit hoher Qualifikation" fungieren. [212] Die „Therapeutisierung der Heimerziehung" [213] ist heute mehr denn je Thema und hat mit der Einführung des §35a Kinder- und Jugendhilfegesetzes („seelische Behinderung") einen rechtlichen Auftrag erhalten. Kritiker der „Heimtherapie" stehen dieser Entwicklung allerdings skeptisch gegenüber und sehen für die pädagogische und psychologische Behandlung in der stationären Erziehungshilfe nicht die enge, nachgewiesene Verbindung wie den in der Medizin wichtigen Zusammenhang zwischen Diagnostik und Therapie.[214] Insgesamt ist jedoch festzustellen, dass der Bereich auf jeden Fall vielschichtiger und komplexer geworden ist und die differenzierten Angebote heute wesentlich enger auf die speziellen Lebenssituationen und subjektiven Biographien der Betroffenen zugeschnitten sind, gleich, ob es sich um spezielle heilpädagogisch-therapeutische Einrichtungen zur Förderung und Behandlung von Kindern und Jugendlichen mit einer psychischen Störung beziehungsweise „seelischen Behinderung" (Kinder- und Jugendhilfegesetz) handelt oder um die von Winkler erwähnten Jugendhotels.

---

212 Vortrag an der 3. Landeskonferenz Heimerziehung, Frankfurt/Main, 25.April 2007
213 Vgl. Ulrich Bürger: *Heimerziehung*. In: Birtsch/Münstermann/Trede (Hrsg.): Handbuch Erziehungshilfen. Leitfaden für Ausbildung, Praxis und Forschung. Münster 2001
214 Vgl. Wolf,a.a.O., 1995

Ökonomisierung und Qualitätsentwicklung

Die Reformen und Veränderungen in der Heimerziehung hatten allerdings ihren Preis und mündeten Mitte der 90er Jahre in eine bis heute geführte Debatte der „Ökonomisierung der Kinder- und Jugendhilfe". Die Pflegesätze stiegen von ehemals cirka 20 DM im Jahre 1970 auf heutige Tagessätze von weit über 200 Euro pro Tag für einen Platz in einer vollstationären intensivtherapeutischen Gruppe.[215] Die Kosten haben sich also um das Zwanzigfache erhöht. Aufgrund dieses immensen Kostenanstiegs angesichts der hohen Staatsverschuldung wurden in den 90er Jahren Forderungen nach Evaluations- und Effektivitätsstudien lauter und vor allem die teure, vollstationäre Heimerziehung ist primär in den Focus der Kritik geraten.[216] Der im Rahmen der Entgeltfinanzierung für die (teil-)stationären Leistungen eingeführte §78b des Kinder- und Jugendhilfegesetzes lieferte die juristische Grundlage für die Überprüfung von Effektivität und Erfolg. Die Einrichtungen sind durch diese gesetzliche Regelung dazu verpflichtet, die Qualität ihrer Arbeit nachzuweisen. Für die betroffenen Kinder und Jugendlichen haben sich diese Diskussionen um Geldknappheit und Effektivität bislang nur marginal ausgewirkt. Was nicht heißen soll, dass dies auch so bleiben wird. Vor allem, wenn die zukünftige Entwicklung, wie vielfach prognostiziert, dahingeht, dass eine Grundversorgung eine umfassende soziale Absicherung ersetzen wird und zusätzliche pädagogische und/oder (psycho-)therapeutische Dienste in Eigenleistung finanziert werden müssen.[217] In Fachkreisen wird derzeit erwartet, dass sich die Konkurrenzsituation zwischen den verschiedenen Einrichtungen verstärken wird, die Einrichtungen aufgrund neuer Finanzierungsmodelle mit einem noch höheren finanziellen Eigenrisiko innovative Konzepte ins Leben rufen müssen und betriebswirtschaftliches Denken mit den entsprechenden Steuerungsinstrumenten unter dem Stichwort der „Neuen Steue-

---

215 Vgl. Thomas Köhler-Saretzki: *Heimerziehung damals und heute - Eine Studie zu Veränderungen und Auswirkungen der Heimerziehung über die letzten 40 Jahre!* Berlin 2009. Der *Zwischenbericht* des Runden Tisches spricht für 1950 von Tagessätzen, die bei 1,70 DM lagen (heutige Kaufkraft etwa 4,10 Euro), für 1968 von Tagessätzen, die bei 12,60 DM lagen (heutige Kaufkraft etwa 20 Euro), und für heute von Tagessätzen, die zwischen 110 Euro im Regelangebot bis 250 Euro liegen. Vgl. *Zwischenbericht RTH*, S. 18
216 Vgl. Ulrich Bürger: *Stellenwert der Heimerziehung im Kontext der erzieherischen Hilfen - Entwicklungslinien und Standort stationärer Erziehungshilfen nach §34 KJHG.* In: Hast/Schlippert/Schröter/Sobiech/Teuber (Hrsg.): *Heimerziehung im Blick. Perspektiven des Arbeitsfeldes Stationäre Erziehungshilfen.* Frankfurt am Main 2003
217 Vgl. T. Behler: *Die freie Wohlfahrtspflege im Zeitalter der Globalisierung.* In: Deutscher Caritasverband (Hrsg.): caritas '99. Jahrbuch des Deutschen Caritasverbandes. Freiburg 1998

rung"[218] vermutlich noch mehr in den Kinderheimen Einzug halten wird. Hierbei ist zu hoffen, dass das Wohl der Kinder und Jugendlichen weiterhin im Blick behalten wird und sich nicht betriebswirtschaftlichen Überlegungen und Strukturen unterordnen muss. Günder bezweifelt generell, dass sich die betriebswirtschaftlich ausgerichteten Inhalte der „Neuen Steuerung" auf die Jugendhilfe übertragen lassen, da der eindeutige Zusammenhang zwischen Ursache und Wirkung seiner Meinung nach nicht herstellbar ist aufgrund der unterschiedlichen Biographien und Sozialisationserfahrungen der Kinder und Jugendlichen, und demzufolge keine eindeutigen Prognosen über die Erreichbarkeit von Zielen hergestellt werden können. Eine Schnittstelle zwischen den betriebswirtschaftlichen Forderungen einerseits und den weiterhin primär zu beachtenden Problemlagen der Kinder und Jugendlichen stellen Qualitätsmanagementsysteme dar, die vor allem seit den 90er Jahren in die Kinder- und Jugendhilfelandschaft Einzug gehalten haben. Ziel derartiger Konzepte ist es, die Qualität der Arbeit zu erhöhen und die Wirksamkeit der Hilfen messbar nachzuweisen. Das in der Jugendhilfe heute differenzierte Angebot soll wissenschaftlich überprüfbar gemacht werden, um es gegebenenfalls zu verbessern oder zu modifizieren. Trotz erster positiver und inzwischen auch erfolgreich erprobter Ansätze erscheinen die existierenden Qualitätsmanagementsysteme noch zu wenig auf den Bereich der Kinder- und Jugendhilfe zugeschnitten. Für die Mitarbeiter bringen diese Systeme einen hohen Arbeits- und Dokumentationsaufwand mit sich, berücksichtigen nicht ausreichend die alltagsüblichen Arbeitsschritte des Personals und zu wenig die individuellen Besonderheiten der Betroffenen. Wissenschaftlich begleitete Studien und Untersuchungsdesigns haben trotz einiger in den 90er Jahren groß angelegten Studien der Kinder- und Jugendhilfe noch vergleichsweise wenig Einzug gehalten.[219] Gerade solche Studien könnten aber für die betroffenen Kinder und Jugendlichen umfangreiche, langfristige Verbesserungen bringen, weil die damit gewonnenen Erkenntnisse eine wissenschaftliche Legitimation erhalten würden, die nicht von der Politik, der Gesellschaft oder im Praxisalltag von einzelnen wenig einsichtigen Fachkräften, zum Beispiel aufseiten des Jugendamtes, ignoriert werden könnten.

---

218 Vgl. Richard Günder: *Praxis und Methoden der Heimerziehung. Entwicklungen, Veränderungen und Perspektiven der stationären Erziehungshilfe.* Freiburg im Breisgau 2003
219 Vgl. Thiersch: *Leistungen und Grenzen von Heimerziehung: Ergebnisse einer Evaluationsstudie stationärer und teilstationärer Erziehungshilfen.* Hrsg. vom Bundesministerium für Familie, Frauen, Senioren und Jugend. Forschungsprojekt Jule. Köln 1998; Martin Schmidt: *Effekte erzieherischer Hilfen und ihre Hintergründe.* Hrsg. vom Bundesministerium für Familie, Senioren, Frauen und Jugend. Stuttgart 2002

Vernetzung und interdisziplinäres Arbeiten

Einen hohen Gewinn für eine adäquate Förderung und Behandlung der subjektiven Problemlagen der heutigen Heimkinder hat die verbesserte interdisziplinäre Zusammenarbeit der verschiedenen Fachbereiche gebracht. Vor allem Kinder und Jugendliche mit schweren psychischen und psychiatrischen Syndrombildern profitieren von dem vernetzten Arbeiten der Fachkräfte des schulischen, pädagogischen, psychologischen und medizinischen Bereiches. Vernetztes Arbeiten gilt als ein Qualitätsmerkmal für eine moderne und hochwertig arbeitende Einrichtung der Kinder- und Jugendhilfe. Eine stationäre Aufnahme wird unter anderem aufgrund der hohen Kosten, nur noch als letzte Lösung in einer Kette von Hilfsangeboten in Erwägung gezogen. Einer stationären Maßnahme vorgeschaltet werden meist eine Vielzahl niederschwellig ausgerichteter ambulanter und teilstationärer Hilfsangebote. Nicht selten hat sich die Situation in der Familie dann aber bereits so verfestigt beziehungsweise sich die intrapsychische Problematik des betroffenen Kindes oder Jugendlichen so verschlechtert, dass es keine andere Möglichkeit mehr gibt, als in enger Kooperation der verschiedenen Fachgebiete einschließlich des Einsatzes von psychopharmakologischer Medikation zu arbeiten. Vor allem den Einsatz von Psychopharmaka betrachtet die Jugendhilfe dabei teilweise sehr skeptisch. Sie bringt der Psychiatrie insgesamt große Bedenken entgegen, gilt diese doch nach wie vor als die „Pillenfabrik", welche ihre Klientel einfach ruhig stellen und gefügig machen will.

Einführung des Kinder- und Jugendhilfegesetzes

Seit der Einführung des KJHG werden die Erziehungssorgeberechtigten als gleichwertige Partner mit einem gesetzlichen Anspruch auf ein umfassendes und differenziertes Angebot an Hilfeleistungen angesehen und behandelt. Die Kooperation mit den Eltern und auch mit den Kindern und Jugendlichen wird ausdrücklich gewünscht. Die Sorgeberechtigten haben ein Recht auf umfassende Beratung und beauftragen gemeinsam eine Einrichtung der Kinder- und Jugendhilfe, eine ambulante, teilstationäre oder stationäre Hilfe für das Kind durchzuführen. Den Eltern wird im Wunsch- und Wahlrecht §5 des KJHG das Recht eingeräumt, eine geeignete Einrichtung auswählen zu können, wenn damit nicht unverhältnismäßige Mehrkosten verbunden sind. Der Erfolg einer Maßnahme wird regelmäßig in dem im KJHG festgeschriebenen Hilfeplanungsverfahren (§36 KJHG) überprüft. In der Regel treffen sich die zuständigen Fachkräfte des Jugendamtes mit den Eltern und dem

Kind in der behandelnden Einrichtung und überprüfen anhand von Zielkriterien die bereits erreichten Erfolge. Auch Vorkommnisse und die weitere Vorgehensweise werden in den Planungsgesprächen diskutiert. Die Personensorgeberechtigten sind zur Mitwirkung an dem Hilfeplanungsverfahren verpflichtet.

In den Heimen hat eine Verschiebung stattgefunden von bedingungsloser Disziplinierung zu förderlicher Erziehungs- und Beziehungsarbeit. Partizipativ ausgerichtete freiheitlich-demokratische Organisationsstrukturen hielten Einzug in die Heime. Die Einflussmöglichkeiten der Kinder und Jugendlichen am Erziehungs- beziehungsweise Beziehungsprozess haben zugenommen. Das Recht auf gewaltfreie Erziehung wurde im Jahr 2000 in §1631 des Bürgerlichen Gesetzbuches verankert. Wissenschaftler hatten dies seit langem gefordert. Wie schwer sich die Bundesrepublik mit der Etablierung des gesetzlichen Schutzes von Kindern und Jugendlichen gegen Gewalt in der Erziehung tat, wird deutlich, wenn man bedenkt, dass zum Beispiel Schweden schon seit 1979 gute Erfahrungen mit einem absoluten Verbot von Körperstrafen macht.

Wissenschaftliche Studien zu Erziehungszielen bestätigen den Trend von Gehorsam und Unterordnung zu Selbstständigkeit und freiem Willem.[220] Es gibt in Fachzeitschriften inzwischen unzählige Beiträge zu Beteiligungsmöglichkeiten von Kindern und Jugendlichen. Der Begriff Partizipation ist in den meisten Leistungsbeschreibungen der Träger und Einrichtungen der Kinder- und Jugendhilfe fest verankert.

Man kann zusammenfassend sagen, dass sich die Jugendhilfe spätestens seit dem Inkrafttreten des KJHG auch rechtlich als ein Leistungs- und Hilfsangebot für Eltern versteht, um sie bei ihrem langen Weg, Kinder zu erziehen, zu unterstützen.[221] Es ist dabei festzuhalten, dass sich das KJHG mit dem Hilfeplanverfahren bewährt hat und eine völlig andere juristische Lage bietet als das Jugendwohlfahrtsgesetz. Der Zwangseinweisungsparagraf Fürsorgeerziehung FE §64-68 des Jugendwohlfahrtsgesetzes wurde allerdings unmittelbar nach den Aktionen der Heimkampagne kaum mehr angewendet. Heute wird auf jeden Fall keine „Hilfe" mehr angedroht oder von oben verordnet, sondern es werden verschiedene Hilfsmöglichkeiten angeboten; ohne die Zustimmung und Mitwirkung der Personensorgeberechtigten ist keine staatliche Intervention mehr möglich. Als Ausnahme gilt nur, wenn das Wohl des Kindes gefährdet ist. Außerdem hat das Instrumentarium des Hilfeplanver-

---

220 Vgl. Bussmann 2001
221 Jörg Fegert/Christian Schrapper: *Kinder- und Jugendpsychiatrie und Kinder- und Jugendhilfe zwischen Kooperation und Konkurrenz.* In: Fegert/Schrapper (Hrsg.): Handbuch Jugendhilfe - Jugendpsychiatrie. Interdisziplinäre Kooperation. Weinheim/München 2004. S. 19

fahrens bewirkt, dass die einweisenden beziehungsweise Hilfe gewährenden und unterstützenden Sozialarbeiter die Einrichtungen von innen und außen kennen, da sie mindestens alle sechs Monate zum Hilfeplanungsgespräch vor Ort sind.

Zusammenfassung

Der Auftrag an die stationäre Kinder- und Jugendhilfe hat sich von Grund auf geändert. Die Einrichtungen sind an den individuellen Problemlagen interessiert, beschäftigen sich mit der Förderung und Behandlung psychisch kranker Kinder und sperren diese nicht einfach nur zu Aufbewahrungszwecken weg. Die soziale Integration seelisch behinderter Kinder und Jugendlicher in die Wohngegend, in den Kindergarten, die Schule oder in die Arbeitswelt ist pädagogischer Arbeitsschwerpunkt geworden. Sozial auffällige Kinder oder Bettnässer erhalten keine körperlichen Strafen mehr, sondern Therapie und/ oder heilpädagogische Übungsbehandlung.

Trotz der erreichten positiven Veränderungen kann die heutige Situation jedoch nicht als zufriedenstellender Endzustand betrachtet werden. Angefangene Prozesse sowohl auf strukturell-organisatorischer Ebene (zum Beispiel Ausdifferenzierung des pädagogischen und psychologischen Angebotsspektrums, Einführung und Weiterentwicklung von praxistauglichen Qualitätsmanagementsystemen) als auch auf direkter Seite der Kinder (zum Beispiel weitere Stärkung der Kinderrechte, Beteiligung der Eltern und Kinder an wichtigen Entscheidungsprozessen) müssen weitergeführt, modifiziert und verbessert werden. Für die Heimerziehung der Gegenwart kann man festhalten, dass eine deutliche Professionalisierung in jeder Hinsicht erfolgt ist und sich fachlich anerkannte Standards hinsichtlich der pädagogischen Arbeit weitestgehend etabliert haben. Trotzdem ist Heimerziehung noch immer ein Instrument zur gesellschaftlichen Sanktionierung und Disziplinierung, wenn auch in weit moderaterer Form als in den 50er und 60er Jahren. Deutlich geworden ist auf jeden Fall, dass der Umgang mit Kindern und Jugendlichen, die öffentliche Hilfe erfahren, in einem offensichtlichen Kontrast zu dem steht, was damals geschah. Den Impuls für diese Entwicklung hat die Heimkampagne von 1969 gegeben.

Und dennoch: 2008 zieht Manfred Kappeler nach seiner Teilnahme am 13. Deutschen Jugendhilfetag in Essen folgende Bilanz: „Die Zustandsbeschreibungen und Analysen und der dominante Ruf nach einer neuen Politisierung der Kinder- und Jugendhilfe auf dem Jugendhilfetag in Essen zeigen, dass die Kinder- und Jugendhilfe nicht nur mit Theorien und Reden, sondern auch mit Handeln, das heißt mit ‚unkonventionellen Aktionsformen' politisch offensiv werden muss, wenn der Leitsatz ‚Gerechtes Aufwachsen ermöglichen!' in der Praxis verwirklicht werden soll. Das geht heute aber nur gegen den sozialpolitischen und jugendpolitischen Mainstream in der Republik. Der politische Wind weht der Kinder- und Jugendhilfe ins Gesicht, er stärkt ihr nicht den Rücken. Wir müssen uns selbst ‚ermächtigen', müssen die Kraft, die wir brauchen, in uns selber finden und bewegen – anders bewegt sich nichts. Wie schwer das sein wird, wurde in Essen in Berichten aus der Praxis deutlich, die hinter der Hochglanzfolie des ‚Marktes der Möglichkeiten', auf dem sich die Kinder- und Jugendhilfe der Öffentlichkeit als ein einziges Erfolgsunternehmen präsentierte, eine insgesamt defensive Kinder- und Jugendhilfe zeigte, die um das Erreichte von gestern trauert. In meiner Wahrnehmung war die Schere zwischen kritischer Analyse und Theorie und einer in den Verstrickungen des restriktiven Alltags gefangenen Praxis der große Widerspruch auf diesem Jugendhilfetag." [222]

---

[222] Kappeler, Heimkampagne, S. 374 f

7. Fazit: Die Heimkampagne und die Wahrnehmung gesellschaftlicher Verantwortung

Zur Bedeutung der Heimkampagne

Die Heimkampagne war in der Geschichte der Heimerziehung von wesentlicher Bedeutung, da sie zum Auslöser für tiefgreifende Reformen wurde. Hatte es aus Fachkreisen heraus bereits seit Jahren Kritik an der Heimerziehung und Bemühungen gegeben, auf die skandalösen Verhältnisse in den Heimen aufmerksam zu machen, so konnten diese Initiativen keine wesentlichen Veränderungen bewirken; seitens der Behörden, Träger und Einrichtungen bestand kein Interesse an Veränderungen. Dass die Bemühungen aus Fachkreisen nicht die gewünschte Wirkung haben konnten, wird klar, wenn man sich die nazistischen Kontinuitäten in Politik und Gesellschaft sowie die Wirksamkeit des mit ihnen übernommenen Geistes berücksichtigt. Insofern stellen die katastrophalen Verhältnisse in Heimen bis in die 80er Jahre hinein eine logische Konsequenz des politischen Vorgehens nach 1945 dar. Und es sind genau die Ursachen dieser Folgerichtigkeit, welche die Studentenrevolte beseitigen wollte. In einem demokratischen System war die Kontrolle der Durchführung der Heimerziehung unter den Vorgaben des Grundgesetzes eigentlich eine Aufgabe, die den staatlichen Organen zugekommen wäre. Da Politik und Gesellschaft in diesem Bereich versagt hatten, indem sie den Exekutivorganen der Fürsorgeerziehung diese Kontrolle nicht abverlangten, waren die Aktionen der Heimkampagne genauer betrachtet sogar mehr als nur die Initialzündung für eine Reformbewegung. Die Heimkampagne hat im demokratischen Sinne das bewirkt, was Staat und Gesellschaft hätten tun müssen. Sie hat mit deutlichen Methoden Veränderungen erzwungen und damit gezeigt, dass Garantien des Grundgesetzes erkämpft werden müssen und auch erkämpft werden können, dass selbst so ein verkrustetes System wie die öffentliche „Fürsorge" aufgebrochen werden konnte, in der die Prinzipien Totaler Institutionen mit großer Härte und Konsequenz angewendet wurden. Der Kampf der Studentenbewegung hatte sich gegen die Totalen Institutionen in der Gesellschaft der Bundesrepublik gerichtet und damit wesentlich zu einem gesellschaftlichen Bewusstwerdungs- und Demokratisierungsprozess beigetragen. Erst durch die massiv und teilweise auch aggressiv durchgeführte Kampagne im Rahmen der Studentenbewegung ist das Maß an Öffentlichkeit erreicht worden, das notwendig war, um Veränderungen zu bewirken. Und selbst dann noch schafften es die für die skandalösen Zustände

Verantwortlichen, den Reformprozess derart in die Länge zu ziehen, dass von umfassenden strukturellen Veränderungen erst seit den 80er Jahren die Rede sein kann. Von der Heimkampagne 1969 brauchte der Staat mehr als zwei Jahrzehnte, um das Kinder- und Jugendhilfegesetz zu verabschieden.

Vom Umgang mit der Wahrheit

Es fällt bei der Lektüre von Darstellungen der Heimkampagne und von Darstellungen der Gründe für die von den Studenten initiierten Aktionen auf, dass die Auseinandersetzungen mit dem Thema, die zeitlich ganz nah an der Heimkampagne entstanden sind, eine völlig andere Sprache sprechen als später in wissenschaftlichen Zusammenhängen entstandene Betrachtungen. Die Dokumentationen derjenigen, die zu den Akteuren der Heimkampagne gehörten, weisen eine viel größere Emotionalität auf als die späteren Beschreibungen. Wer kommt mit seinen Aussagen der Wahrheit näher? Das ist eine wichtige Frage, wenn es um eine Wahrheitsfindung geht, wie sie zur Aufgabe des Runden Tisches geworden ist. Denn auf der einen Seite berichten hier die Betroffenen, die von ihrem Leid bis heute geprägt sind, und auf der anderen Seite berichten dort Vertreter von Institutionen, welche die Nachfolger der Verantwortlichen für dieses Leid sind und die Geschehnisse nur aus der Distanz, nicht aber aus eigener Erfahrung betrachten können. An zwei Beispielen soll das Problem verdeutlicht werden.

Die beiden Dokumentationen von Lothar Gothe und Rainer Kippe über die Heimkampagne in Köln belegen mit einer Anzahl von zeithistorischen Quellen ihre Ausführungen über das Leid der Jugendlichen, die sich in ihrer Not an den SSK gewandt haben, und das, was die Betroffenen in der Auseinandersetzung mit den Behörden erleben mussten. Diese Textdokumente sind auch notwendig, da ihre Ausführungen und Schlussfolgerungen dem Leser, vor allem einem Leser, der aus einem entfernten soziokulturellen Zusammenhang kommt oder in größerer zeitlicher Distanz zu dem Geschehen steht, „subjektiv" im Sinne von „politisch gefärbt" erscheinen können und deswegen als nicht so ganz ernst zu nehmen abgetan werden könnten. So schreibt zum Beispiel Annette Lützke 2002 in ihrer Untersuchung über die *Öffentliche Erziehung und Heimerziehung für Mädchen 1945 bis 1975 – Bilder „sittlich verwahrloster" Mädchen und junger Frauen*, in der sie auch der Heimkampagne in Köln ein Kapitel widmet: „In ‚Ausschuß' (1970) und ‚Aufbruch' (1975) dokumentierten Gothe und Kippe als Mitinitiatoren der rheinischen ‚Heimkampagnen' den Versuch, entflohenen Zöglingen durch Wohnkollektive eine Alternative zur herkömmlichen Heimerziehung anzubieten. Aus

Erzählungen von Jungen und Mädchen zeichneten sie ‚Heimkarrieren' nach und gaben Einblicke in die autoritäre Praxis einiger (Mädchen)Erziehungsheime im Rheinland der späten sechziger Jahre. Auch wenn die Darstellungen kritischer Gruppen aus heutiger Sicht z.T. etwas überzeichnet wirken, spiegeln sie die politisch aufgeheizte Stimmung im Heimbereich der späten sechziger und frühen siebziger Jahre wider." [223] Warum die Beurteilung: „aus heutiger Sicht z. T. etwas überzeichnet"? Die Berichte der ehemaligen Heimkinder belegen, dass die Darstellungen des Leids, das die Jugendlichen in den Heimen erlitten haben, und die „autoritäre" Praxis durch Lothar Gothe und Rainer Kippe *nicht* überzeichnet waren. Sie geben eine Wirklichkeit wieder, die so von vielen Menschen erlebt und erlitten wurde und ihr ganzes Leben beeinflusst hat. Und warum die Formulierung, Gothe und Kippe dokumentierten „den Versuch, entflohenen Zöglingen durch Wohnkollektive eine Alternative zur herkömmlichen Heimerziehung anzubieten", wo es sich doch nicht nur um einen Versuch handelte, sondern um die tatsächliche Realisierung. Genau darum geht es doch in den beiden Dokumentationen. Was veranlasst die Autorin, sich auf diese Weise von den Tatsachen zu distanzieren? Und der Wert der beiden Dokumentationen liegt keineswegs vorrangig in der Veranschaulichung der politisch aufgeheizten Stimmung der späten 60er und frühen 70er Jahre, sondern in der Aufdeckung der katastrophalen Verhältnisse in der Heimerziehung und dem Aufzeigen des Weges, auf dem der SSK für die Durchsetzung der Rechte der Jugendlichen gekämpft hat, welche Probleme dabei in den eigenen Gruppen zu lösen waren, welche Steine ihm seitens der Behörden in den Weg gelegt wurden und wie er die Situation gemeistert hat. All das wird durch die vorgenommene Bewertung ausgeblendet beziehungsweise abgewertet.

In *Ausschuß* veröffentlichten Lothar Gothe und Rainer Kippe Protokolle, die ihrer Arbeit mit mehr als 120 Jugendlichen entstammten und von Erlebnissen in Heimen und Familien, Schulen und Arbeitsstätten berichteten, aber auch von der Flucht aus dem Heim und von dem Versuch, in der „Freiheit" zu existieren. „Jedes dieser Protokolle bringt das ganz persönliche Erleben eines Menschen, der an die Maschinerie der staatlichen Zwangserziehung ausgeliefert wurde. Insofern ist es einzig und unverwechselbar. Jedes Protokoll ist aber auch exemplarisch, weil sich hinter jedem Schicksal tausend andere verbergen, die dieselben Stationen des Elends durchgemacht haben. Mit der Auswahl der Protokolle wollen wir die Breite und Vielschichtigkeit des Problems andeuten [...] Diese Geschichten konnten nur erzählt werden, weil die Erzähler mit den Verfassern zusammenlebten und von ihnen immer Hilfe bekamen. So entstand eine Art Vertrauen. Für den Erzählenden selbst

---

223 Lützke, a.a.O., S. 4

beginnt mit der Erzählung die Bewältigung seiner Geschichte. Die positive Reaktion des Zuhörers hilft dem Erzähler, langsam ein neues Selbstbewusstsein zu gewinnen. Dafür wurden diese Protokolle angefertigt. Sie sind nicht bestimmt für Wissenschaftler und andere ‚objektive' Zuschauer."[224] In diesem kurzen Abschnitt zeigt sich nicht nur die tiefe Empathie für die in Not geratenen Jugendlichen und die Ernsthaftigkeit der beiden Mitbegründer des SSK, sondern auch ihr klares Wissen davon, wie leicht das, was sie eigentlich dokumentieren wollen, mittels eines vorgeblichen Anspruchs auf Objektivität weggewischt werden kann.

Dass die Darstellung kritischer Gruppen nicht „überzeichnet" war, belegt auch der *Zwischenbericht* des Runden Tisches zur Situation in den Heimen der 50er und 60er Jahre [225], in dem vermerkt wird: „Häufig waren Heime keine Schutzräume, sondern Orte, in denen körperliche und psychische Misshandlungen und in manchen Fällen offenbar auch sexuelle Gewalt möglich waren und nicht oder nur unzureichend unterbunden oder geahndet wurden. Es war möglich, dass sich in Heimen repressive und rigide Erziehung etablierte, die in geschlossenen Systemen jedes Maß verlor. Aufsichts- und Kontrollinstanzen, sowohl einrichtungs- und trägerintern als auch extern und staatlich, waren offenbar nicht in der Lage oder gewillt, diese Missstände – selbst wenn sie bekannt wurden – abzustellen."[226]

Heute sind die beiden Veröffentlichungen von Lothar Gothe und Rainer Kippe als zeitgeschichtliche Dokumente nun doch von wissenschaftlicher Bedeutung. Sie belegen, wie massiv sich die exekutiven Organe des Staates während der Heimkampagne gegen Veränderungen im Bereich der Heimerziehung sträubten und damit verantworteten, dass viele junge Menschen weiterhin großes Leid erfuhren. Sie belegen nicht nur, dass die Anklage der ehemaligen Heimkinder berechtigt ist, sondern auch, dass das, was die ehemaligen Heimkinder sagen, bereits 1970 bekannt und dokumentiert war.

Das zweite Beispiel bezieht sich auf die Heimkampagne in Hessen. Peter Brosch, Mitinitiator der Staffelberg-Kampagne, stellt in seinem Vorwort fest: „Dieses Buch berichtet über Fürsorgeerziehung und praktische Gegenwehr, richtige wie falsche. Im ersten Teil wird in drei exemplarischen Lebens-

---

224 Gothe/Kippe, *Ausschuß*, S. 12
225 Der Runde Tisch weist darauf hin, dass die Formulierung „50er und 60er Jahre" eine Epoche bezeichnet und so auch im Auftrag des Petitionsausschusses des Deutschen Bundestages an den Runden Tisch aufgenommen wurde. Die Epoche der „50er und 60er Jahre" ist begrifflich nicht auf die Zeit bis 1969 begrenzt, sondern reicht bis in die 70er Jahre hinein. Vgl. *Zwischenbericht RTH*, S. 5, Fußnote 1
226 *Zwischenbericht RTH*, S. 46

läufen gezeigt, wann, wo und warum die Fürsorge eingreift. Die zerrütteten, im wesentlichen proletarischen Familienverhältnisse, aus denen die meisten Fürsorgezöglinge kommen, werden dargestellt und erklärt aus ihren gesellschaftlichen Bedingungen, deren Folgen die Kinder zu tragen haben. Denn sie können sich deswegen nicht an gesellschaftliche Normen richtig anpassen. Sie werden ‚auffällig', sie fallen der Fürsorge auf. Der zweite Teil schildert die Erlebnisse der Jugendlichen in den Klauen der Fürsorge, in den Erziehungsheimen. Dort wird klar, dass die wirkliche De-Klassierung der Jugendlichen erst im Erziehungsheim durch die totale Isolation von der gesellschaftlichen Realität erfolgt. Denn im Heim werden die Anpassungsprobleme der Jugendlichen nicht ernstlich erforscht und zu lösen versucht, sondern das einzige Ziel ist: Zwangsanpassung der Jugendlichen an eine autoritäre, kleinbürgerliche Scheinwelt und idiotische Arbeitsverhältnisse. Wer nicht zu Kreuze kriecht, Duckmäuser wird, wird mit terroristischen Disziplinierungsmitteln zur radikalen Auflehnung getrieben, die dann zwangsläufig zur Kriminalisierung führt. Diese beiden Teile analysieren die Funktionen und Aufgaben der Fürsorge, die für den kapitalistischen Staat sorgt, nicht aber für die Arbeiterklasse und ihre Kinder [...] Der dritte Teil macht deutlich, wie vergeblich die individuellen Versuche der gefangengehaltenen Jugendlichen sind, sich aus eigener Kraft zu befreien. Sie erreichen nur das Gegenteil: sie kriminalisieren sich, gehen also von selber den Weg, den die Fürsorge für sie vorgesehen hat. Im vierten Teil wird der Kampf verfolgt, den eine Gruppe von ehemaligen Fürsorgezöglingen, Lehrlingen und Studenten in Frankfurt gegen den Heimterror der Fürsorge monatelang führen: die ‚Staffelberg-Kampagne'. Im Gegensatz zu den individuellen Einzelaktionen ist die Gegenwehr der Kampfgruppe kollektiv organisiert; ihr Ziel ist langfristig die Abschaffung der Erziehungsheime und die Einrichtung von politischen Wohnkollektiven für sozial geschädigte Jugendliche, wobei ihr aber klar ist, dass dieser Kampf Teil eines allgemeinen Kampfes gegen die Grundlagen des kapitalistischen Staatsapparates sein muß, soll er erfolgreich sein." [227] Broschs Sprache drückt seinen kämpferischen Geist aus und zeigt eine große Emotionalität in der Vermittlung der Dringlichkeit seines Anliegens. Das verwundert nicht, da er doch selbst eigene Heimerfahrungen hat. Seine Aussagen über den Umgang der damaligen Fürsorgeerziehung mit den Jugendlichen haben sich als zutreffend erwiesen. Ist er wegen seiner politischen Vision in seinem Anliegen nicht ernst zu nehmen? Es scheint so; diesen Eindruck erweckt zumindest Christian Schrapper, Professor für Pädagogik und Sozialpädagogik an der Universität Koblenz-Landau und Mitglied des Runden Tisches. In seinem Aufsatz *Vom Heilerziehungsheim zum sozialpädagogischen Zentrum – Der Kalmenhof*

---

227 Brosch, a.a.O., S. 7 f

seit 1968 stellt Schrapper kurz und knapp den Ablauf der Heimkampagne in Hessen dar. Er benutzt eine weniger emotionale Sprache als Brosch und hat auch eine andere Sicht der Dinge. Schrappers Aufsatz wurde 1988 veröffentlicht. Schrapper schreibt also aus einer fast zwanzigjährigen Distanz über die Ereignisse. Dabei behauptet er, Peter Brosch begründe sein Engagement für die Heimkampagnen vielmehr damit, bei der Agitation von Arbeiterkindern besser argumentieren zu können'." [228] Schrapper gibt als Fundstelle für das Zitat die Seite 96 in Broschs Dokumentation an. Der von ihm zitierte Satzteil steht in einem Kontext, in dem vorher aufgezeigt wurde, wie von den Studenten organisierte Aktionen in zwei Lehrlingsheimen in Frankfurt gescheitert waren und daraus die Notwendigkeit einer Analyse der Heime sowie der Situation der Jugendlichen und eine daraus abzuleitende Strategie gefolgert wurden; in dem festgestellt wird, dass das Thema „Erziehungsheime" von fünf entwichenen Fürsorgezöglingen, die in der Basisgruppe mitarbeiteten, aufgebracht wurde; in dem dann (nach dem Zitat) aufgezeigt wird, dass nun gründlicher vorgegangen wurde, indem man zunächst einen Bericht über Erziehungsheime und Fürsorgeerziehung erstellte. Der wörtliche Kontext, in dem der zitierte Satzteil steht, lautet: „Die auch weiterhin bestehenden ständigen Auseinandersetzungen dieser fünf mit der Fürsorge lässt dann Anfang Juni in der Basisgruppe Sachsenhausen, in der die fünf mitarbeiten, die Idee entstehen, Material gegen die Fürsorgebürokratie, inclusive Heimerziehung, zu sammeln, um bei der Agitation von Arbeiterkindern besser argumentieren zu können. Doch aus dieser Materialsammlung wird die Idee zur Heimkampagne." Da steht *nicht*, dass der Grund für Peter Broschs Engagement für die Heimkampagnen darin liegt, bei der Agitation von Arbeiterkindern besser argumentieren zu können. Da steht, dass durch die Auseinandersetzung mit der Fürsorge die Idee entstanden sei, Material zu sammeln, um bei der Agitation von Arbeiterkindern besser argumentieren zu können. Und aus dieser Materialsammlung heraus sei die Idee zur Heimkampagne entstanden. Die Begründung für sein Engagement liefert Brosch an ganz anderer Stelle, nämlich da, wo er von dem Ziel der Kampfgruppe spricht: „ [...] ihr Ziel ist langfristig die Abschaffung der Erziehungsheime und die Einrichtung von politischen Wohnkollektiven für sozial geschädigte Jugendliche [...]" [229] Das ist der Grund für sein Engagement. Warum diese Diffamierung Broschs in Schrappers Darstellung der Heimkampagne? Was soll damit bezweckt werden? Indem Schrapper Brosch als Person in seinem

---

228 Christian Schrapper: *Vom Heilerziehungsheim zum Sozialpädagogischen Zentrum – Der Kalmenhof seit 1968.* In: Schrapper/Sengling (Hrsg.): Die Idee der Bildbarkeit - 100 Jahre Sozialpädagogische Praxis in der Heilerziehungsanstalt Kalmenhof, Weinheim/München 1988, S. 201
229 Brosch, a.a.O., S. 8

Engagement für die Heimkampagne als unglaubwürdig erscheinen lässt, negiert er implizit die Bedeutung der Aktionen der Studenten im Rahmen der Heimkampagne. Wenn die Akteure in ihrem Anliegen nicht ernst zu nehmen sind, kann es auch nicht die Aktion sein. Da die tatsächliche Begründung für Broschs Engagement in der Abschaffung der Heime und der Einrichtung von politischen Wohnkollektiven liegt, ist es konsequent, dass er Anfang 1970 aus dem Projekt aussteigt, „als ihm klar wird, dass das Projekt immer unpolitischer und zerfahrener wird. Außerdem hat ihn die Kampagne physisch wie psychisch fast kaputt gemacht."[230] Alle Versuche der Verharmlosung, des Minimierens und des Leugnens sind Bestandteile einer Haltung, die von dem, worauf es ankommt, ablenken will. Das, worauf es ankommt, sind in diesem Zusammenhang die Ursachen für die Entstehung der Heimkampagne, nämlich die katastrophalen Verhältnisse in der Heimerziehung.

Die Frage, wer der Wahrheit näher kommt: der, der das Geschehen erlebt und erlitten hat und das Erlebte mit der Leidenschaft seiner Gefühle wiedergibt, oder der, der nachträglich einen „objektivierenden" Blick darauf wirft, ist damit jedoch noch nicht beantwortet. Es ist lediglich deutlich geworden, dass vordergründige Wissenschaftlichkeit bei der Darlegung eines Sachverhaltes nicht zwangsläufig die Richtigkeit eines Urteils nach sich zieht. Es ist bekannt, dass die Beachtung der Perspektive des Berichtenden eine wesentliche Rolle bei der Einschätzung der Wahrhaftigkeit des Berichteten spielt. Auch die gesellschaftliche (Macht-) Position des Berichtenden kann dem Gesagten den Glanz einer scheinbaren Wahrheit oder – je nachdem – den Geruch der Übertreibung und damit der Unwahrheit verleihen. Aus diesem Grund ist neben der wissenschaftlichen Erforschung von Sachverhalten auch ihre Dokumentation durch Betroffene und Zeitzeugen wichtig, will man sich den Tatsachen annähern. Erst durch die Kombination der verschiedenen Perspektiven kann sich derjenige, der dazu bereit ist, ein der „Wahrheit" annäherndes Bild machen. Durch die Entwicklung der Ereignisse, die Peter Wensierski mit seinem Buch *Schläge im Namen des Herrn* anstieß, sind Bücher entstanden, in denen ehemalige Heimkinder ihre Lebensgeschichte erzählen, die dazu beitragen, in der Öffentlichkeit mehr Bewusstsein dafür zu schaffen, was fehlgeleitete Erziehungsvorstellungen auch noch nach 1945 angerichtet haben.[231] Diese Geschichten sind wichtig, wie alles,

---

230 Ebd., S. 162 f

231 Das Erzählen ihrer eigenen Geschichte ist für die ehemaligen Heimkinder nicht nur ein Kundtun dessen, was ihnen widerfahren ist, sondern auch eine Weise der persönlichen Aufarbeitung ihrer Lebenserfahrungen. Veröffentlicht sind zum Beispiel folgende Berichte: Dietmar Krone: *Albtraum Erziehungsheim. Die Geschichte einer Jugend* (2007); Marie Petry: *Herr ich bin nicht würdig... und... meine Seele wird gesund. Ein Lebensbe-*

was die ehemaligen Heimkinder dem Runden Tisch vortragen, denn dabei handelt es sich sozusagen um Geschichte aus erster Hand. Häufig sind die Geschichten der ehemaligen Heimkinder, die das Leben schrieb, für den heutigen Leser so unglaublich, dass sie unglaubwürdig wirken könnten, wenn es nicht gleichzeitig eine wissenschaftliche Aufarbeitung gäbe, die – wie jetzt schon zu sehen ist – dem Erzählten den bestätigenden Rahmen gibt. Es wäre wichtig, alle diese Beiträge zu sammeln, wie es zum Beispiel Sefa Inci Suvak und Justus Herrmann mit ihrem Projekt *migration-audio-archiv* tun, ein wachsendes Archiv, das in der Tradition der *Oral History* das kulturelle und historische Gedächtnis der Migranten aufbewahrt. Das Besondere ist dabei, dass die Migranten ihre Geschichte selbst erzählen und der Zuhörer nicht nur den Inhalt des Gesagten erfährt, sondern über die gehörte Stimme und Erzählweise einen zusätzlichen Eindruck gewinnt.[232]

Die Heimkampagne und die Aktualität des Themas

Der Heimkampagne kommt neben der Bedeutung als Initialzündung für die nachfolgende Reformbewegung noch eine weitere Bedeutung zu. In ihrem historischen Kontext betrachtet zeigt sie, dass es innerhalb der nachwachsenden Generation Ende der 60er Jahre, wenn auch eine Minderheit, so doch eine Gruppe von bewussten jungen Menschen gab, die bereit waren, mit Zivilcourage für ihre Ideale der Freiheit und der Emanzipation einzutreten; die gesellschaftliche Veränderungen anstrebten und bereit waren, sich aktiv dafür einzusetzen; die vor allen Dingen endlich den Bruch mit der braunen Vergangenheit vollzogen und damit postfaschistischen Geist und postfaschistisches Handeln beseitigt wissen wollten. Sie sahen die gesellschaftlichen Folgen der verfehlten und verhinderten Entnazifizierung und gingen das System vor allem in den Bereichen an, in denen sich die Folgen der personellen nazistischen Kontinuität am offensichtlichsten ausdrückte.

---

richt (2008); Annelen Schünemann: *Heim-Weh* (2008); Hilma Karoline Wolf: *Herbstglück* (2008); Alexander Wutz: *„Und es war doch meine Heimat". Eine Kindheit und Jugend in den Heimen von Marktl am Inn und München* (2008); Richard Sucker: *Der Schrei zum Himmel.* (2008); Jenö Alpár Molnár: *Wir waren doch nur Kinder...: Geschichte einer geraubten Kindheit* (2008); Mathilde Simeoni: *Glückliche Kindheit – Trostlose Jugend* (2008); Franz Josef Stangl: *Der Bastard* (2008); Johann Lambert Beckers: *Protokoll eines Heimkindes* (2009); Peter Urmesbach: *Liebe konnte ich mir nicht leisten!* (2009); Olaf Junge: *Kein Heimvorteil. Ein Enthüllungsbuch* (2009); Resi Röder: *Weihrauch und Bohnerwachs. Eine Jugend als Heimkind* (2009)
232 www.migration-audio-archiv.de; siehe auch Sefa Inci Suvak/Justus Herrmann: *„In Deutschland angekommen..." Einwanderer erzählen ihre Geschichte 1955 - heute*, München 2008

Heute erscheint es auch wichtig, sich die Heimkampagne in Erinnerung zu rufen, um zu begreifen, was erreicht werden kann und was noch nicht erreicht ist, im Bereich der Kinder- und Jugendhilfe, aber auch gesamtgesellschaftlich. Am konkreten Beispiel des Umgangs mit den ehemaligen Heimkindern, die eine Wiedergutmachung für in den Heimen erlittenes Unrecht fordern, wird deutlich werden, wo diese Gesellschaft heute steht.

Die Reaktionen auf die Forderungen der ehemaligen Heimkinder sind sehr unterschiedlich. Sie reichen von krasser Ablehnung bis hin zu Verständnis und dem explizit formulierten Wunsch nach Wiedergutmachung für die Opfer. Die krasse Ablehnung erfolgt in Argumentationszusammenhängen, die deutlich machen, dass hier immer noch die Stigmatisierung der Heimkinder greift. Es werden auch Klischees und beschönigende Beschreibungen benutzt, welche sich wie ein nebulöser Schleier über die anscheinend immer noch zu versteckenden Tatsachen legen sollen. Aussagen wie „So wurde doch überall erzogen", „Die Zeiten waren nun einmal so", „Man kann nicht mit Maßstäben von heute die Heimerziehungspraxis der vierziger bis siebziger Jahre beurteilen" werden von vielen Verantwortlichen der Kinder- und Jugendhilfe und von öffentlichen Trägern in Abwehr der Realität getätigt.[233] Sie sind nicht nur falsch; sie legen eine maßlose Ignoranz gegenüber der Realität und ein Denken bloß, in dem sich immer noch die Diskriminierung und Stigmatisierung von Menschen zeigt, die in ihrem Leben das Unglück hatten, als Kind oder Jugendlicher keine für sie sorgende Familie zu besitzen. Damit erleben die ehemaligen Heimkinder erneut, was sie in ihrer Kindheit und Jugend schon erlebt haben.

Manfred Kappeler weist darauf hin, dass es zu allen Zeiten, besonders aber in der deutschen Nachkriegsgeschichte, eine entwickelte Kritik an menschenunwürdigen und kontraproduktiven Verhältnissen, Sichtweisen und Methoden gegeben hat. Zu jedem einzelnen Kritikpunkt gab es Veränderungs- beziehungsweise Verbesserungsvorschläge. Es gab eine alternative Praxis bis hin zu als Modelleinrichtungen konzipierten Heimen, die sich als Kritik am vorherrschenden System verstand. Aber diese Kritik und die aufgezeigten Alternativen wurden bewusst ignoriert und ihre Vertreter zum Teil sogar diffamiert.[234]

---

233 Vgl. Manfred Kappeler: *Zur zeitgeschichtlichen Einordnung der Heimerziehung.* Vortrag in der 1. Arbeitssitzung des Runden Tisches zur Aufarbeitung der Heimerziehung der vierziger bis siebziger Jahre am 2./3. April 2009, S. 18 f
234 Vgl. Manfred Kappeler: *Überlegungen zum Umgang mit Vergangenheitsschuld in der Kinder- und Jugendhilfe.* In: AFET – Bundesverband für Erziehungshilfe e.V. mit der Universität Landau: Fürsorgeerziehung der 1950er und 1960er Jahre. Stand und Perspek-

Nach übereinstimmender Aussage unterschiedlicher Experten kann davon ausgegangen werden, dass etwa 700.000 bis 800.000 Kinder und Jugendliche in fraglicher Zeit in Heimen lebten. „Der Anteil der Heime in öffentlicher Trägerschaft lag in den 50er und 60er Jahren bundesweit bei etwa 25%. In konfessioneller Trägerschaft befanden sich etwa 65% der Einrichtungen und etwa 10% befanden sich in Händen anderer Träger."[235] Für die Einschätzung der gesellschaftlichen Entwicklung ist es deswegen auch wichtig zu sehen, wie die Nachfolger der Verantwortlichen heute auf die Anklagen und Forderungen der ehemaligen Heimkinder reagieren.

Die Kirchen und die Heimerziehung in den 50er und 60er Jahren

Die Tatsache, wie gut sich beide Kirchen mit dem Nationalsozialismus arrangiert hatten, wirft die Frage auf, in welchem Ausmaß in ihren Heimen Zustände tradiert wurden, die aus der Zeit der NS-Diktatur stammten. Wenn man das Ausmaß der Verstrickung der Kirchen mit dem Nationalsozialismus betrachtet, kann davon ausgegangen werden, dass nationalsozialistische Erziehungspraktiken auch nach 1945 weite Verbreitung fanden. Seitens der katholischen Kirche wurde Hitler durch das Konkordat mit Pius XI. bereits 1933 für die internationale Politik hoffähig gemacht; in der evangelischen Kirche schlossen sich die Deutschen Christen, die unter den Protestanten gegenüber der den Nazismus ablehnenden Bekennenden Kirche die große Mehrheit bildeten, mit der evangelischen Reichskirche dem Nationalsozialismus an. Beide Kirchen zählten nach 1945 zu den schärfsten Kritikern der Entnazifizierung, was für die intendierte Durchführung der Entnazifizierung durch die Alliierten nicht ohne Belang war, da die moralische Autorität der Kirchen in den ersten Nachkriegsjahren weit über den Kreis der engeren Gemeinde hinausreichte. Innerhalb der Kirchen selbst wurde keine Entnazifizierung vorgenommen, da ihnen von den Alliierten das Recht auf eine weitgehend autonome Bewältigung ihrer eigenen schuldhaften Verstrickung in den Nationalsozialismus zugebilligt wurde. Eine scharfe Entnazifizierung mit der Entlassung kirchentreuer Parteimitglieder und ihrer Ersetzung aus Kreisen der Arbeiterbewegung und des liberalen Bürgertums hätte ihren politischen Einfluss geschmälert.[236] Beide Kirchen setzten sich aktiv für die

---

tive der (fach-)historischen und politischen Bearbeitung. Dokumentation des Expertengesprächs vom 05.03.2008, S. 45 f
235 *Zwischenbericht RTH*, S. 17
236 Vgl. Vollnhals, *Entnazifizierung*, S. 60

Freisprechung von NS-Tätern ein. Dass in kirchlichen Heimen von den Nazis übernommene Erziehungsmethoden praktiziert wurden, ist bereits nachgewiesen; welches Ausmaß dies hatte, wird die begonnene Forschung zeigen. Im Rahmen der Heimkampagne haben die Kirchen im Verbund mit den Behörden die gegen das alte System und insbesondere gegen das Unrecht in den Heimen anstürmende Jugend erst einmal erfolgreich zurückgedrängt, auch wenn sie die nachfolgenden Veränderungen nicht mehr aufhalten konnten. Das alles ist Zeitgeschichte.

Aber diese Geschichte ist noch nicht zu Ende. Sie geht weiter, weil es diejenigen, die unter ihrer „Fürsorge" gelitten haben, gedemütigt, geschlagen und missbraucht worden sind, noch gibt. Und weil diese ehemaligen Heimkinder ihre Vergangenheit aufarbeiten wollen, weil sie eine Entschuldigung wollen, eine Wiedergutmachung für ihr erlittenes Leid und Rentenansprüche für die von ihnen geleistete Arbeit.

Die öffentliche Diskussion um diese Forderungen ist eine Chance für die Kirchen, die beide in der Bundesrepublik immer mehr Mitglieder verlieren, begangenes Unrecht zuzugeben und dafür einzustehen. Nur so können sie beweisen, dass auch sie sich verändert haben, dass sie ihren Teil zu einem gesellschaftlichen Frieden beitragen und damit auch ihren eigenen christlichen Ansprüchen gerecht werden. Wie reagieren die Kirchen auf die Forderungen der ehemaligen Heimkinder? Die Antwort auf diese Frage ist von gesamtgesellschaftlicher Relevanz. Nicht nur, weil die Kirchen hier die Glaubwürdigkeit bezüglich ihrer Werte unter Beweis stellen können. Es geht auch darum, wie Rechtsnachfolger mit einer umstrittenen Vergangenheit umgehen und wie auf diesen Umgang gesellschaftlich reagiert wird.

Der Soziologe Alphons Silbermann und der Pädagoge Manfred Stoffers geben bezüglich institutioneller Organisation von Erinnern allerdings zu bedenken: „Ist es doch soziokulturellen Institutionen, Assoziationen und Organisationen – vom Staat über die Kirche, die Schule bis hin zur Wissenschaft – gegeben, ihre Protokolle, Akten und Archive so zu formulieren und zu manipulieren, dass sie quasi festlegen, was erinnert werden sollte und könnte. Hier klingt das unumstrittene Diktum an, dass derjenige, der die Vergangenheit kontrolliert, auch die Zukunft kontrolliert."[237] Das bedeutet im Fall der aktuellen Situation, dass *institutionelle Organisation* von Erinnern die Auseinandersetzung um die Anerkennung der Forderungen der ehemaligen Heimkinder mitbestimmt und Einfluss auf deren Ergebnis hat. Wie wird also erinnert?

---

237 Alphons Silbermann/Manfred Stoffers: *Auschwitz – Nie davon gehört? Erinnern und Vergessen in Deutschland.* Berlin 2000, S. 161 f

Bisher ist zu beobachten, das es in der Reaktion der Kirchen auf die Anschuldigungen durch die ehemaligen Heimkinder eine Entwicklung gegeben hat. Nach erster Abwehr und zögerlichem Akzeptieren haben einzelne Vertreter recht schnell ihr persönliches Bedauern zum Ausdruck gebracht. Aber auch auf hoher institutioneller Ebene ist mittlerweile reagiert worden.

Die Reaktion der katholischen Kirche

Im Auftrag der Deutschen Bischofskonferenz wurde unter dem Vorsitz von Kardinal Lehmann eine *Sachstandserhebung zur Situation von Heimkindern in katholischen Einrichtungen zwischen 1945 und 1975* erarbeitet und im Mai 2008 vom Sekretariat der Bischofskonferenz dem Petitionsausschuss vorgelegt. Darin wird behauptet, es gäbe „keine Quelle, aus der sich mit Sicherheit entnehmen lässt, ob in einem Heim geschlagen wurde oder nicht".[238] Wenn Erzieher oder Erzieherinnen geschlagen hätten, hätten sie davon ausgehen können, „dass sie den Kindern nicht schaden würden, da Schläge nach den damaligen Vorstellungen auch außerhalb der Heime nicht verpönt waren. Es bringt wenig, aus der heutigen Erkenntnis heraus Personen einer weit zurückliegenden Zeit zu beschuldigen, nicht so gehandelt zu haben, wie dies heute üblich sein sollte. Selbst Entschuldigungen scheinen unangebracht, denn warum soll sich jemand für eine Handlung entschuldigen, die unter damaligen rechtsstaatlichen Verhältnissen nicht anfechtbar waren, nur weil dies heute anders gesehen wird."[239] Diese Argumentation erinnert zum einen an die Haltung, mit der man schon einmal in der deutschen Geschichte mit vergangenem Unrecht und der Frage nach der Schuld umgegangen ist – nämlich nach 1945. Zum anderen blendet sie das Grundgesetz aus, das die Grundlage für die „damaligen rechtsstaatlichen Verhältnisse" bildete. In diesem Zusammenhang sei an Denningers Gutachten *Jugendfürsorge und Grundgesetz* erinnert. Gegen die erhobenen Vorwürfe bezüglich der kirchlichen Heimerziehung stellt der Autor der *Sachstandserhebung* zusammenfassend fest: „Es ist daher nicht korrekt, wenn bei den Beschuldigungen gegen konfessionell geführte Heime für die fünfziger bis siebziger Jahre von rechtlichen und gesellschaftlichen Bedingungen ausgegangen wird, wie sie am Ende des zwanzigsten beziehungsweise zu Beginn des einundzwanzigsten Jahrhunderts in der Bundesrepublik Deutschland herrschen."[240] Diese Feststellung ist nicht mehr als ein rhetorisches Mittel, das deutlich macht, wie sehr der

---

238 Zit. nach Kappeler, *Einordnung*, S. 7
239 Zit. nach Kappeler, *Einordnung*, S. 7
240 Zit. nach Kappeler, *Einordnung*, S. 8

Verfasser der *Sachstandeserhebung* darum bemüht ist, vom eigentlichen Thema, nämlich dem, was tatsächlich in Heimen passiert ist, abzulenken. Das Sekretariat der Deutschen Bischofskonferenz hat im September 2006 an katholische Einrichtungen und Organisationen ein Papier mit dem Titel *Wahrscheinliche Fragen an die Kirche mit Bezug zur Problematik der ehemaligen Heimkinder und Antworten dazu (im Sinne von Sprachregelungen im kirchlichen Bereich)* verteilt. Manfred Kappeler stellt in seinem Vortrag *Zur zeitgeschichtlichen Einordnung der Heimerziehung* im April 2009 vor dem Runden Tisch fest, dass der Autor der 117 Seiten langen *Sachstandserhebung* Punkt für Punkt diesem „Sprachregelungspapier" entsprochen hat. An keiner einzigen Stelle werden die berichteten und dokumentierten Erfahrungen der ehemaligen Heimkinder ernst genommen. Sie gehören nicht zu den empirischen Grundlagen der Forschung des von der Bischofskonferenz beauftragten Historikers. „Im Gegenteil: Dort, wo an den Aussagen Ehemaliger nicht vorbeizukommen ist, werden diese durchgängig als unglaubwürdig infrage gestellt und in bestimmten Wendungen sogar diskriminiert. Dagegen werden die 9 Stimmen solcher Ehemaligen, die über ihre Erfahrungen in der Heimerziehung positiv berichten, als glaubwürdig hervorgehoben. In einer Sprachanalyse dieser bislang von katholischer Seite umfangreichsten Stellungnahme zur Heimerziehung der vierziger bis siebziger Jahre bin ich zu dem Ergebnis gekommen, dass der Autor der Sachstandserhebung Punkt für Punkt das ‚Sprachregelungspapier' des Sekretariats der Bischofskonferenz vom September 2006 entlang der dort vorgegebenen Antworten abarbeitet. Ein klassischer Fall von Auftragsforschung. Darüber hinaus wird bei der Lektüre dieses Textes deutlich, dass der Autor sich weder mit der Theorie noch mit der Praxis der Heimerziehung des von ihm untersuchten Zeitraums auseinander gesetzt hat. Die Argumentation in der Sachstandserhebung ist von Anfang an darauf ausgerichtet, die kirchenoffizielle Sprachregelung ‚vom bedauerlichen Einzelfall', mit der dem Vorwurf umfangreicher Menschenrechtsverletzungen und der Missachtung der Würde von Kindern und Jugendlichen in der Heimerziehung begegnet werden soll, wissenschaftlich zu legitimieren. Mit der Argumentation ‚Die Zeiten waren nun einmal so [...]' wird im ersten Schritt versucht, das an Kindern und Jugendlichen in der Heimerziehung begangene Unrecht zu relativieren und zu minimieren, um im zweiten Schritt die Verantwortung für dieses Unrecht vom eigenen Handeln auf den ‚Zeitgeist' übertragen zu können – den schließlich niemand für irgendetwas wirklich verantwortlich machen kann."[241] Dieser Sicht der eigenen Verantwortlichkeit, aus der man sich rhetorisch geschmeidig hinausstiehlt, entspricht die Antwort auf die Forderung der ehemaligen Heimkinder: „Trotz allem Bedauern über

---

241 Kappeler, *Einordnung*, S. 8 f

das Schicksal einzelner ehemaliger Heimkinder können weder die Deutsche Bischofskonferenz als Ganze noch Kardinal Lehmann als der Vorsitzende eine grundsätzliche Entschuldigung aussprechen. Bei den beschriebenen Misshandlungen und Demütigungen handelt es sich um Verfehlungen einzelner Personen und um das Schicksal einzelner Menschen. Dafür können sich nur die damals Verantwortlichen selbst oder stellvertretend für sie die Leitungen der entsprechenden Einrichtungen oder Orden individuell bei den Betroffenen entschuldigen. Misshandlungen und Demütigungen von Kindern in Heimen können keiner Grundhaltung zugeschrieben werden, die durch die Kirche vorgegeben oder die von der Kirche gefordert worden wäre." [242] Eine derartige Negierung der Vergangenheitsschuld überrascht in einer Zeit, in der die Kirchen immer mehr an Einfluss und Bedeutung verlieren und es nötig haben, aus der eigenen Geschichte zu lernen.

Die Haltung der katholischen Kirche zu der vorliegenden Problematik hat sich innerhalb eines guten Jahres allerdings ein wenig gewandelt. In dem von Erzbischof Zollitsch, dem Nachfolger Kardinal Lehmanns, herausgegebenen Pressebericht der Deutschen Bischofskonferenz vom 25. September 2009 wird davon ausgegangen, dass erst noch herauszufinden sei, was in katholischen Einrichtungen an Unrecht geschehen ist. Es wird darauf hingewiesen, dass sich die Deutsche Bischofskonferenz, der Deutsche Caritasverband und die Deutsche Ordensobernkonferenz bereits in vielfältiger Weise engagierten, um mehr Klarheit über die Situation in den katholischen Einrichtungen der Kinder- und Jugendfürsorge der Nachkriegszeit zu erhalten und die Betroffenen bei der Aufarbeitung ihrer Biographien zu unterstützen. Wesentliche Bestandteile dieses Engagements seien – neben den unterschiedlichen Initiativen zur Ausarbeitung durch katholische Einrichtungen und ihre Träger – die Förderung eines Projektes an der Universität Bochum zur Erforschung der kirchlichen Heimerziehung in der frühen Bundesrepublik Deutschland und der nachhaltige Appell an alle Träger, die Akteneinsicht durch die Betroffenen nach Kräften zu unterstützen. Das Angebot seelsorgerischer und psychotherapeutischer Hilfen solle stärker in den Mittelpunkt gestellt werden. So werde die Möglichkeit geprüft, eine bundesweite Hotline für Betroffene aus katholischen Heimen einzurichten. Durch diese Hotline könnten das Angebot von Gesprächen und, wenn notwendig, die Vermittlung möglichst passgenauer Hilfsangebote wie etwa therapeutische Beratung sein. Betroffene könnten bei Bedarf Kontakte zu den jeweiligen Trägern der Einrichtung beziehungsweise ihren heutigen Rechtsnachfolgern erhalten. Der Punkt *Ehemalige Heimkinder - aktuelle Entwicklung* des Presseberichts endet nach den hier wiedergege-

---

242 Zit. nach Kappeler, *Überlegungen*, S. 52

benen Aussagen mit der Feststellung: „Uns liegt diese Idee auch deshalb am Herzen, weil dies eine gute Möglichkeit wäre, in persönlichen Gesprächen mit Betroffenen die Vergangenheit und die tatsächlichen Geschehnisse kennen zu lernen und so eine gemeinsame Aufarbeitung zu erreichen. Wir setzen uns mit der Vergangenheit auseinander und wollen herausfinden, wie groß das Unrecht tatsächlich ist, das geschehen ist."[243] Eine mögliche Entschuldigung – und damit die Anerkennung der eigentlichen Verantwortlichkeit der katholischen Kirche werden allerdings nicht in Aussicht gestellt. Auf diese Thematik wird an keiner Stelle eingegangen. Auch bleibt die Frage offen, ob mit dem Hinweis auf die bisherige Unkenntnis des Geschehenen die Aussagen der *Sachstanderhebung* vom Mai 2008 als hinfällig zu betrachten sind.

Im Januar 2010 hat die katholische Kirche die angekündigte bundesweite Telefon-Hotline für Heimkinder, die in den 50er und 60er Jahren in katholischen Häusern gewalttätige Übergriffe erleben mussten, eingerichtet. Diese Hotline ist vorläufig auf die Dauer eines Jahres befristet. Bei entsprechender Nachfrage wird danach über eine Fortsetzung entschieden werden. Sie soll eine erste Anlaufstelle für Betroffene sein, telefonisch über das zu sprechen, was sie erfahren und erlitten haben; falls es gewünscht wird, auch anonym. Es können auch mehrere telefonische Beratungsgespräche in Anspruch genommen werden. Außerdem haben die Betroffenen die Möglichkeit, eine Beratung im Internet als Onlineberatung zu erhalten. Dort werden Berater und Beraterinnen Email- und Chatberatungen anbieten.[244]
Der Sekretär der Deutschen Bischofskonferenz Pater Dr. Hans Langendörfer hob bei der Vorstellung des Beratungsangebotes hervor, dass die Deutsche Bischofskonferenz zutiefst bedauere, „dass offenbar auch in katholischen Heimen Kindern und Jugendlichen Unrecht sowie seelische und körperliche Gewalt angetan wurde. Katholische Organisationen haben in diesen Fällen dem christlichen Auftrag Kinder und Jugendliche in ihrer Entwicklung zu fördern und ihre Würde zu schützen, nicht entsprochen. In den 50er und 60er Jahren gab es – neben Mitarbeitern, die diesen Auftrag der Nächstenliebe erfüllt haben – auch solche, die ihre Pflichten verletzt haben oder schuldig geworden sind. Sie haben das Vertrauen, das man in sie als Erzieherinnen und Erzieher gesetzt hat, enttäuscht."[245] Er verspricht, dass die Deutsche Bischofskonferenz alle Bemühungen unterstütze, die eine Entstigmatisierung der betroffenen ehemaligen Heimkinder und ihre Rehabilitation zum Ziel haben, und verweist dabei auf Initiativen auf überdiözesaner Ebene: die Förderung

---
243 Pressebericht der Deutschen Bischhofskonferenz vom 25. September 2009. www.dbk.de
244 Vgl. Pressemitteilung der Deutschen Bischofskonferenz am 11.01.2010; www.dbk.de
245 Statement des Sekretärs der Deutschen Bischofskonferenz Pater Dr. Hans Langendörfer SJ am 11.01.2010; www.dbk.de

eines Projektes zur Erforschung der kirchlichen Heimerziehung in der frühen Bundesrepublik an der Universität Bochum gemeinsam mit der evangelischen Kirche, den nachdrücklichen Appell an alle katholischen Einrichtungen, ihre Träger oder deren Rechtsnachfolger im Bereich der Heimerziehung zur Sicherung sämtlicher Akten über die ehemaligen Heimkinder sowie sämtliche aus damaliger Zeit noch vorhandenen Unterlagen über die Kinder- und Jugendheime und die Gespräche des Vorsitzenden der Deutschen Bischofskonferenz mit unterschiedlichen ehemaligen Heimkindern mit dem Ziel, das Schicksal dieser Personen und die Folgen der Heimerziehung für ihr heutiges Leben auch persönlich kennen zu lernen. Auch wenn die Hotline als ein klares Signal an ehemalige Heimkinder gesendet werde, dass die katholische Kirche sich den Vorwürfen ehemaliger Heimkinder stelle, bleibt hier doch der Eindruck haften, dass die Frage der Schuld lediglich im Zusammenhang mit einzelnen Mitarbeitern, nicht aber im Zusammenhang mit der Institution gesehen wird. Noch deutlicher wird dies in der Stellungnahme von Sr. Sara Böhmer. Die Generalpriorin der Dominikanerinnen von Bethanien und Vertreterin der Deutschen Ordensobernkonferenz, dem Zusammenschluss der Ordensgemeinschaften in Deutschland, weist darauf hin, dass im Zeitraum der 50er und 60er Jahre ein großer Teil der in den Heimgruppen tätigen Personen Ordensleute waren. Die Deutsche Ordensobernkonferenz sehe es deswegen als ihre Aufgabe, im Zusammenwirken mit ihren Mitgliedern eine Aufarbeitung der damaligen Situation in den Heimen aktiv zu betreiben. Diese Aufarbeitung finde auf verschiedenen Ebenen statt. Eine Ebene sei der Dialog zwischen einzelnen ehemaligen Heimkindern und den jeweiligen Ordensgemeinschaften, die im fraglichen Zeitraum in dem betreffenden Heim tätig gewesen seien oder deren Trägerschaft innegehabt hätten. Es sei selbstverständlich, dass ehemaligen Heimkindern Akteneinsicht gewährt werde, sofern Akten noch vorhanden seien. Die Deutsche Ordensobernkonferenz habe ihre Mitgliedsgemeinschaften in diesem Zusammenhang immer wieder auf die Wichtigkeit hingewiesen, vorhandene Aktenbestände zu sichern und Akten zugänglich zu machen. Eine weitere Ebene sei die aktive Beteiligung an den Forschungsprojekten, die seitens der katholischen Kirche beziehungsweise gemeinsam von katholischer und evangelischer Kirche angestoßen worden seien. Dazu zähle auch die Zuarbeit zu Arbeitsgruppen des Runden Tisches und Forschungsaufträgen, die seitens des Runden Tisches in Auftrag gegeben worden seien. Darüber hinaus hätten verschiedene Ordensgemeinschaften für ihren Bereich eine intensive eigene Aufarbeitung eingeleitet. So hätten einige Einrichtungen im vergangenen Jahr mit wissenschaftlicher Begleitung eine Befragung aller Ehemaligen, von denen noch Kontaktdaten vorhanden waren, durchgeführt. Erste Auswertungen der sehr differenzierten, durchaus auch positiven, Reaktionen der Ehemaligen für die Einrichtung ihrer eigenen

Gemeinschaft seien in ihrer Einrichtungszeitung bereits veröffentlicht worden. Sr. Sara Böhmer erkennt an, dass eine nur akademische Aufarbeitung „keinesfalls" genüge, „denn es geht um Menschen. Menschen, denen Unrecht geschehen ist. Teils durch damalige gesellschaftliche Einstellungen und Strukturen, teils aus persönlicher Schwäche und Schuld."[246] Es ist die deutliche Einschränkung der Schuldzuweisung, die hier zu denken gibt. Die Schuld wird gesellschaftlichen Einstellungen und Strukturen und einzelnen Personen zugewiesen. Die institutionellen Einrichtungen der katholischen Kirche, die das Schuldigwerden zuließen und eventuell auch förderten, werden hier ausgeklammert. Da eine akademische Aufarbeitung keinesfalls genügt, bieten die Ordensgemeinschaften den betroffenen ehemaligen Heimkindern an, ihnen bei der Aufarbeitung ihrer Schicksale behilflich zu sein und diese mit ihnen gemeinsam anzugehen. Ein Baustein dafür sei die nun freigeschaltete Hotline. Sie solle vor allem diejenigen erreichen, „die bisher nicht in Kontakt treten konnten – sei es, weil sie keine direkten Anknüpfungspunkte mehr haben, sei es, weil sie aufgrund ihrer Erfahrungen den direkten Kontakt bisher vermieden haben. Uns ist es wichtig, möglichst passgenaue Hilfeangebote zu vermitteln (Beratung, Seelsorge, Psychotherapie). Darüber hinaus wird die Hotline natürlich auch den Kontakt zu konkreten Ordensgemeinschaften vermitteln können."[247] Die Vertreterin der Ordensobernkonferenz betont: „Jeder Fall von Misshandlung, Demütigung und Gewalt war und ist einer zuviel. Das gilt für jedes Kind und jeden Jugendlichen, das/der auch in unseren Heimen gelitten hat. Deshalb bemühen wir uns nach Kräften, mit möglichst jedem und jeder Einzelnen zu sprechen, der/die dies möchte. Wir wollen unseren Beitrag zur Aufarbeitung schwerer Lebenswege leisten."[248] Die Ordensobernkonferenz bedauere zutiefst, dass junge Menschen in ihren Einrichtungen gelitten haben. „Für meine eigene Ordensgemeinschaft kann ich sagen, dass ich im Rahmen der Jubiläumsfeierlichkeiten zum 50jährigen Bestehen um Verzeihung für empfundenes Unrecht und ungute Erlebnisse gebeten habe." Wie mag diese Bitte um Verzeihung in den Ohren ehemaliger Heimkinder klingen? Aus dem geschehenen Unrecht wird hier ein „empfundenes Unrecht", und aus den Gewalterfahrungen der ehemaligen Heimkinder, die die Ordensgemeinschaften in die Kritik gebracht haben, werden „ungute Erlebnisse". Vielleicht sind es genau diese Euphemismen, diese Verharmlosungen, die Sr. Sara Böhmer selbst veranlassen, in ihrem Statement abschließend die Hoffnung auszusprechen, dass viele Ehemalige „sich trauen", über dieses neue Angebot der Hotline mit ihnen in Kontakt zu treten. Hatte sie vorher schon vermutet, dass ehemalige Heimkinder „aufgrund ihrer Erfah-

---
246 Statement von Sr. Sara Böhmer OP am 11.01.2010; www.dbk.de
247 Ebd.
248 Ebd.

rungen den direkten Kontakt bisher vermieden haben", so macht sie hier durch die Wortwahl „sich trauen" deutlich, dass sie auch vermutet, dass es seitens der betroffenen ehemaligen Heimkinder einer großen Überwindung bedarf, mit ihnen in Kontakt zu treten. Das ist wahrscheinlich auch gar nicht so falsch. Zum einen schüren die große Zurückhaltung in der Anerkennung eigener Schuld und das fehlende Eingehen auf die klar formulierten Forderungen der ehemaligen Heimkinder naturgemäß das Misstrauen in nicht geringem Maße. Zum anderen besteht schon allein aus der Sachlage heraus eine Schwierigkeit für ehemalige Heimkinder darin, sich therapeutische Hilfe von einer Institution zu holen, in deren Einrichtungen die erlittenen Traumatisierungen erfolgten und die in ihrem Gebaren wenig Einsicht in die eigene Schuld erkennen lässt.

Die Reaktion der evangelischen Kirche

Die evangelische Kirche geht mit den an sie gerichteten Forderungen anders um als die katholische. Bischof Wolfgang Huber, Ratsvorsitzender der Evangelischen Kirche in Deutschland, hat bereits im März 2006 öffentlich von dem Mut und der Kraft gesprochen, den ehemalige Heimkinder fänden, über das Erlittene zu sprechen. Wörtlich führte er aus: „Es erfüllt uns mit Scham, was dabei zutage tritt. Aber wir dürfen uns nicht davor verschließen: denn wenn dieses Unrecht nicht beim Namen genannt wird, wird die Würde der betroffenen Menschen heute genauso verletzt wie damals." [249]
Margot Käßmann, Bischöfin der Evangelisch-lutherischen Landeskirche Hannovers, antwortete im April 2009 auf die Frage, ob sich die Kirche nicht auch bei den Opfern entschuldigen müsse: „Ich kann das für meine Kirche tun. Ich bitte um Entschuldigung. Aber ich finde das Wort ‚Entschuldigung' im Grunde zu banal. Die Verletzungen, die man den Kindern und Jugendlichen beigebracht hat, haben deren gesamtes Leben geprägt." [250] Dass Erbrochenes aufgegessen werden musste und dass Kinder geschlagen und in Dunkelzellen eingesperrt wurden, sei ihres Erachtens nicht mit dem Verweis auf den zeitlichen Kontext der 50er und 60er Jahre zu rechtfertigen. Sie schließe nicht aus, dass es zu einer Entschädigungszahlung kommen werde. Auf einer Tagung zu dem Thema *Verantwortung für das Schicksal früherer Heimkinder übernehmen* haben die Evangelisch-lutherische Landeskirche

---

249 Wolfgang Huber: *Bilden als Beruf - Lehrer sein in evangelischer Perspektive.* Vortrag auf dem Tag der Lehrerinnen und Lehrer in der Evangelischen Kirche von Westfalen am 10. März 2006
250 Margot Käßmann in einem Interview mit der TAZ am 1. April 2009. Seit Oktober 2009 ist Margot Käßmann Nachfolgerin Bischof Hubers und damit Ratsvorsitzende der EKD.

Hannovers und ihr Diakonisches Werk im Oktober 2009 eine Zwischenbilanz der bisherigen Aufarbeitung der Geschehnisse in ihren Einrichtungen der Jugendfüsorge gezogen. Im Abschlussgottesdienst zu dieser Tagung hat Margot Käßmann die betroffenen ehemaligen Heimkinder um Entschuldigung und um Vergebung für das Erlittene Unrecht gebeten. Christoph Künkel, der Direktor des Diakonischen Werks Hannover, hat sich dieser Bitte angeschlossen. Gemeinsam haben sie eine öffentliche Erklärung zur Situation in Heimen der Jugendfürsorge in den 50er und 60er Jahren herausgegeben. Diese Erklärung beginnt mit den Worten: „Mit Trauer stellen wir fest, dass in unseren Einrichtungen der Jugendfürsorge in den 50er und 60er Jahren schlimmes Unrecht geschehen ist."[251] In fünf Punkten wird dieses Unrecht konkretisiert und festgestellt, dass die Tatsache dieses Unrechts heute als beschämend erlebt wird. Zu jedem einzelnen Punkt wird erklärt, welche Konsequenzen daraus gezogen werden. Eine wissenschaftliche Dokumentation soll erstellt werden, um weitere Konsequenzen aus den Versäumnissen der Vergangenheit zu ziehen.

Als die v. Bodelschwinghschen Anstalten Bethel vor gut drei Jahren mit dem Vorwurf konfrontiert wurden, es habe gerade in ihrer Einrichtung Freistatt verschiedene Formen der Gewalt gegenüber Heimkindern gegeben, hat der Vorstand Bethels relativ schnell ein Forschungsprojekt zur Aufarbeitung der Geschichte der Fürsorgeerziehung in Auftrag gegeben. Im Frühsommer 2009 wurde das Ergebnis der zweijährigen Forschungsarbeit unter dem Titel *Endstation Freistatt* veröffentlicht. Da die Akten in Freistatt nicht vernichtet worden waren, stand ausführliches Quellenmaterial für die historische Forschungsarbeit zur Verfügung und in relativ kurzer Zeit konnte in Ergänzung schriftlicher und mündlicher Zeugnisse eine detaillierte Aufarbeitung der damaligen Ereignisse verwirklicht werden. Im Geleitwort dieser Studie stellt Bethels Vorstandsvorsitzender Pastor Ulrich Pohl fest: „Zum ehrlichen Umgang mit unserer Geschichte gehört [...] auch der selbstkritische Blick auf schwierige Zeiten und Schuldverstrickung [...] So ist die Aussage des Buches eindeutig: Die Fürsorgeerziehung in den 50er und 60er Jahren geschah auch in den Betheler Einrichtungen in einem System, das häufig von Gewalt, Einschüchterung und Angst geprägt war. Die eingangs genannten Werte Bethels (Achtung der unveräußerlichen Würde jedes einzelnen Menschen als Geschöpf Gottes, Nächstenliebe, Solidarität und ein fairer Interessenausgleich im Zusammenleben, Anm. d. Verf.) wurden dadurch in ihr Gegenteil verkehrt. Es schmerzt, sich das eingestehen zu müssen [...] Die Ergebnisse, die

---

251 Gemeinsame Erklärung der Evangelisch-lutherischen Landeskirche Hannovers und des Diakonischen Werkes der Evangelisch-lutherischen Landeskirche Hannovers e.V. zu der Situation in Heimen der Jugendfürsorge in den 50er und 60er Jahren

in dem vorliegenden Buch vorgestellt werden, bestätigen die erschütternden Erzählungen der Heimkinder zu einem großen Teil. So steht mit Erscheinen dieses Buches außer Frage, dass unter dem Namen Bethels junge Menschen unter den Bedingungen des Heimlebens gelitten haben. Dafür bitte ich im Namen Bethels in aller Form um Entschuldigung und von Herzen um Vergebung." [252] Als besonderer Wert dieses Buches ist hervorzuheben, dass in ihm sowohl ehemalige Heimkinder als auch damalige Betreuer als Zeitzeugen zu Wort kommen. In der Einleitung weisen die Herausgeber der Studie, Matthias Benad, Professor für Kirchengeschichte im Institut für Diakoniewissenschaft und Diakoniemanagement an der Kirchlichen Hochschule Wuppertal, Hans-Walter Schmuhl, Professor für Neuere Geschichte an der Universität Bielefeld, Kerstin Stockhecke, Historikerin und Leiterin des Hauptarchivs der v. Bodelschwinghschen Anstalten Bethel, auf zwei Impulse hin, die dem Sammelband zugrunde liegen. Der erste, indirekte Impuls sei von Peter Wensierskis Buch *Schläge im Namen des Herrn* ausgegangen, das die konfessionellen Fürsorgeeinrichtungen ins Kreuzfeuer der Kritik geraten ließ. Sie zählen die darin „eher implizit angedeuteten Insinuationen" gegen die konfessionell gebundene Fürsorgeerziehung auf:

– „Fürsorgeerziehungszöglinge seien in der Regel ‚ganz normale' Jugendliche gewesen, deren Verhalten im repressiven Gesellschaftsklima der 1950er und frühen 1960er Jahre abweichend erschien.
– In den konfessionellen Heimen habe ein drakonisches Strafregime geherrscht, Prügel und Misshandlungen seien an der Tagesordnung gewesen.
– Die dort tätigen Priester und Nonnen, Diakonissen und Diakone seien latent sadistisch gewesen und hätten dies auf Kosten ihrer Zöglinge ausgelebt.
– Das Christentum sei tendenziell repressiv und behindere die freie Entfaltung der Persönlichkeit.
– Die Träger der Heime hätten sich an der Fürsorgeerziehung bereichert.
– Die konfessionellen Heime seien in einem rechtsfreien Raum angesiedelt gewesen.

Der zweite, direkte Impuls kam von der Leitung der Diakonie Freistatt – heute: Bethel im Norden. Sie schlug dem Vorstand der v. Bodelschwinghschen Anstalten Bethel vor, dem Institut für Diakonie- und Sozialgeschichte an der Kirchlichen Hochschule Wuppertal-Bethel einen Forschungsauftrag zur Freistätter Fürsorgeerziehung zu erteilen. Die Vorwürfe sollten sachlich und fachlich angemessen untersucht, tatsächliche Missstände dargestellt und

---

252 Matthias Benad/Hans-Walter Schmuhl/Kerstin Stockhecke (Hrsg.): *Endstation Freistatt. Fürsorgeerziehung in den v. Bodelschwinghschen Anstalten Bethel bis in die 1970er Jahre.* Bielefeld 2009, S. 7 f

kritisch bewertet und allzu pauschale Urteile durch differenzierte Betrachtungen korrigiert werden. Es wurde das Ziel vorgegeben, die aus heutiger Sicht außerordentlich harte, pädagogisch höchst fragwürdige Fürsorgeerziehung der 1950er/60er Jahre mit den professionellen Methoden und Fragestellungen einer kritischen Diakoniegeschichtsschreibung unserer Tage zu erklären und zu bewerten."[253] Die Herausgeber stellen im Rahmen der Darstellung ihrer Forschungsergebnisse fest, dass es ab 1949 eine Reformdiskussion gegeben hat, die die totalitäre Pädagogik nationalsozialistischer Zeit durch eine vom christlichen Glauben befruchtete Pädagogik ersetzen und körperliche Gewalt in den Heimen überwinden wollte. „Für die Praxis ergaben sich daraus vorerst jedoch keine Konsequenzen. Erst in den 60er Jahren zeigten sich wieder zaghafte Ansätze, die im Zusammenhang mit dem Um- und Aufbruch von 1968 – vor allem unter dem Druck der Heimkampagne der APO – zum Durchbruch kamen. 1970/71 wurde angesichts massiver öffentlicher Kritik auf der Leitungsebene der v. Bodelschwinghschen Anstalten ernsthaft erwogen, die Fürsorgeerziehung ganz einzustellen. Schließlich entschied man sich aber dafür, dieses Arbeitsfeld nicht aufzugeben, sondern auf breiter Front einen Modernisierungsprozess einzuleiten […] Im Zeitraum zwischen 1969 und 1973 kam ein umfassender Reformprozess in Gang. Die über Jahrzehnte hinweg gewachsenen, fest verkrusteten Strukturen in der Erziehungsarbeit Freistatts konnten jedoch nicht innerhalb weniger Jahre aufgelöst werden […] In manchen Nischen hielten sich autoritäre Leistungsstrukturen, konservative Erziehungskonzepte und restriktive Erziehungspraktiken bis in die 1970er Jahre hinein […] Dennoch: Um 1970 war der point of no return eindeutig überschritten – eine Rückkehr zu den alten Verhältnissen war schlichtweg nicht mehr vorstellbar."[254] In einem „Resümee aus fünf Jahrzehnten" stellt Matthias Benad fest: „Sie (die Erziehung in Bethel, Anm. d. Verf.) arbeitete mit totalen Institutionen in einem geschlossenen System, das jahrelang ohne Außenkontrolle funktioniert hatte und auf die Wiedererrichtung der Heimaufsicht Anfang der 50er Jahre mit Vorsicht reagierte. Der Freistätter Anstaltsleiter etablierte ein doppeltes Berichtssystem über die Anwendung körperlicher Gewalt gegen die Zöglinge, das der Abschirmung nach außen und dem Schutz der Erzieher gegen Beschwerden dienen sollte. Freilich scheint er im Einvernehmen mit Vertretern der Aufsichtsbehörde gehandelt zu haben. In all dem dürften sich Freistatt und Bethel kaum von anderen Trägern dieser Arbeit unterschieden haben."[255] Hans-Walter Schmuhl zeigt auf, dass nach einem pädagogischen Konzept erzogen wurde, „das mit äußerster Konsequenz auf die Erziehung des Einzelnen in der Gruppe durch

---

253 Ebd., S. 13 f
254 Ebd., S. 23
255 Ebd., S. 140

die Gruppe setzte – wobei die Entstehung informeller Hierarchien, von Klientelverhältnissen, von ‚Banden' oder ‚Gangs' und die kaum eingeschränkte physische Gewalt in diesen und zwischen diesen Gruppen bewusst kultiviert wurden [...] Die Hausordnungen waren so angelegt, dass sie zwangsläufig eine Kultur der Gewalt in den Häusern hervorbrachten [...] Dieses System konnte indessen nur funktionieren, wenn die Erzieher bei der Vollziehung der Strafrituale innerhalb der Gangs ‚wegsahen' [...] Die Kultur der Gewalt war zur Aufrechterhaltung der Ordnung geradezu notwendig, erlaubte sie doch, die Erziehungsarbeit mit viel zu wenigen, pädagogisch nicht vorgebildeten Mitarbeitern in überfüllten Häusern durchzuführen. Hierbei zeichnete sich eine klare Kontinuitätslinie aus der Zeit vor 1945 bis weit in die 60er Jahre hinein ab." [256]

Diese selbstkritische Studie Bethels über die Geschichte der eigenen Heimerziehung gibt Anlass zur Hoffnung. Die Aufgeschlossenheit gegenüber Kritik und die Ernsthaftigkeit in der Auseinandersetzung mit den aktuellen Forderungen der ehemaligen Heimkinder zeigen, dass hier ein neues Denken vorherrscht und umgesetzt wird, das wegweisend für eine demokratische Institution ist. Der Vorstand von Bethel hat die einzig richtige Reaktion auf die Anklagen Wensierskis und der ehemaligen Heimkinder realisiert: Anhören des Gegenübers, eine wirkliche Auseinandersetzung mit dem Thema unter Einbeziehung wissenschaftlicher Forschung, eine Akzeptanz und Veröffentlichung der Forschungsergebnisse, eine Bitte um Entschuldigung – und eine Würdigung Peter Wensierskis und der ehemaligen Heimkinder, die das Thema der Fürsorgeerziehung seit 2006 in das Bewusstsein der breiten Öffentlichkeit gebracht haben.

Ebenso wichtig wie die Reaktion der v. Bodelschwinghschen Anstalten Bethel ist die breite gesellschaftliche Aufklärung über die Ergebnisse der erfolgten und noch stattfindenden wissenschaftlichen Forschung über die Geschichte der Heimerziehung insgesamt, um tradierte Vorurteile und Klischees aufzulösen. Diese Aufklärung erfolgt üblicherweise über die Medien, kann aber gerade auch über die Kirchen selbst erfolgen. Ein Beispiel dafür gibt Pfarrer Martin Dielmann in Herzogenrath, der im Juli 2009 in einer Predigtreihe zur Barmer Theologischen Erklärung die Möglichkeit während des Gottesdienstes nutzte, seiner Gemeinde das Ergebnis der Studie *Endstation Freistatt* mitzuteilen und deutlich festzustellen, dass die Anklagen und Forderungen der ehemaligen Heimkinder zu einem großen Teil berechtigt sind.

---

256 Ebd., S. 184 ff

Die Reaktion des Bundesdachverbandes für Erziehungshilfe e.V.

Im *AFET*, dem *Bundesdachverband für Erziehungshilfe e.V.* (bis 1972 *Allgemeiner Fürsorgeerziehungstag*) waren und sind die wichtigsten Gruppen organisiert, die seit gut 100 Jahren sowohl für die Konzeption als auch die konkrete Gestaltung öffentlicher Erziehung verantwortlich sind. Dazu gehören die örtlichen Jugendämter, die Landesjugendämter, die bis 1991 für die Ausführung der Freiwilligen Erziehungshilfe und die Fürsorgeerziehung zuständig waren, und die Heime und Einrichtungen, in denen Kinder betreut und erzogen wurden und werden. Darüber hinaus gehören ihm auch Vertreter von Ministerien und Obersten Jugendbehörden, Vertreter der Wohlfahrts- und Fachverbände, der kommunalen Spitzenverbände und zahlreicher Ausbildungsstätten und Hochschulen an. In den Jahren 1945 bis 1970 entstanden in der Arbeit des AFET vielfältige Stellungnahmen und Arbeitshilfen, die die vorherrschende Praxis begründeten, unterstützten und damit Veränderungen verhinderten, obwohl sich in den Dokumenten ebenfalls zahlreiche Nachweise für eine kritische Analyse und weiterführende Konzepte öffentlicher Erziehung finden.[257] Ursachen dafür sind in dieser Untersuchung aufgezeigt worden.

In seiner Positionierung bezüglich der aktuellen Debatte um die Fürsorgeerziehung der 50er und 60er Jahre stellt der *AFET* im Februar 2009 fest: „Nach dem heutigen Stand der Erkenntnis sind in Gruppen und Einrichtungen, die die Funktion der ‚letzten Station' erfüllt haben, systematisch – und nicht nur in Einzelfällen – junge Menschen unter Missachtung grundlegender Verfassungsgebote zur Achtung der Menschenwürde betreut worden: Körperliche Züchtigung, Wegsperren in Isolierzellen, pauschale Bestrafung, Zwangsarbeit, Verweigerung von Ausbildungsleistungen, Kontaktsperren usw. gehörten häufig zu den angewendeten Praktiken in solchen Gruppen und Anstalten. Diese Erkenntnis ist hinreichend durch seriöse Forschung, inzwischen mehrfach auch durch selbstkritische Dokumentation solcher Einrichtungen, belegt und wird aktuell in zahlreichen Forschungsprojekten vertiefend aufgearbeitet [...] Zu den grundlegenden Ansprüchen einer Zivilgesellschaft gehört es, Menschen vor unrechtmäßiger Gewalt zu schützen und daher auch Übergriffe zu kritisieren und ggf. für Wiedergutmachung zu sorgen, um den zivilen Frieden zu wahren. Die Erfahrungen gerade der letzten 50 Jahre in Deutschland zeigen, wie schwer es sein kann, solche individuellen Entschädigungsansprüche zu ‚beweisen' und durchzusetzen. Daher ist immer wieder zu prüfen, wie der zivilgesellschaftliche Anspruch auf Anerkennung und Wiedergutmachung begründet und ggf. realisiert werden kann [...] Der

---

[257] Vgl. AFET, a.a.O., S. 4

AFET steht dafür ein, einen sachlich, moralisch und gesellschaftlich akzeptablen Weg der Prüfung, Anerkennung und Entschädigung für erlittenes Unrecht zu finden, auch und gerade, wenn dafür die bestehende Gesetzgebung nicht ausreichend scheint." [258] Er erkennt an, dass auch er selbst zum Funktionieren der beklagten Praxis öffentlicher Erziehung beigetragen hat. „Der heutige Bundesverband für Erziehungshilfe AFET e. V. steht zu seiner Verantwortung auch für die Fehlentwicklungen öffentlicher Erziehung in den Jahren zwischen 1950 und 1970. Die tiefen Verletzungen der menschlichen Würde, die oft lebenslangen Beeinträchtigungen und das damit verbundene Leid der betroffenen Menschen, die in diesen Jahren in Heimen gelebt und von der öffentlichen Jugendfürsorge betreut wurden, bedauern wir zutiefst. Dieses tiefe Bedauern ist auch Antrieb, im AFET durch den Einfluss des Bundesverbandes auf seine Mitglieder und die Politik, zu einer gründlichen und unverzüglichen Aufarbeitung und möglichen Entschädigung erlittenen Unrechts aktiv beizutragen." [259] Das Ergebnis dieser Bemühungen muss nach Auffassung des AFET sein, „dass in den nächsten zwei Jahren eine fundierte Bearbeitung individueller Entschädigungsformen beginnen kann. Die betroffenen Menschen sind dann zwischen 50 und 70 Jahre alt. Es ist der letzte akzeptable Zeitpunkt glaubwürdiger Anerkennung und gegebenenfalls Entschädigung." [260]

Wenn der AFET feststellt, dass er dafür einsteht, „einen sachlich, moralisch und gesellschaftlich akzeptablen Weg der Prüfung, Anerkennung und Entschädigung für erlittenes Unrecht zu finden, auch und gerade, wenn dafür die bestehende Gesetzgebung nicht ausreichend erscheint", so ist dem ein Gedanke hinzuzufügen, den Bernhard Schlink in seinem Essay *Vergangenheitsschuld* formuliert: „Das Recht hat einen wichtigen Beitrag zur Bewältigung von Vergangenheit zu leisten, aber er liegt weniger, als ich gedacht hatte, in bestimmten Entscheidungen als in der Bereitstellung von Formen und Verfahren für das Finden der notwendigen Entscheidungen." [261] Eine solche Form ist der Runde Tisch.

---

258 Ebd., S. 3 f
259 Ebd., S. 5
260 Ebd., S. 1
261 Schlink, a.a.O., S. 9

Die Frage der Schuld

Ein wichtiges Thema, mit dem der Runde Tisch sich auseinander setzen muss, ist das der Schuld. Schlink stellt dazu fest: „Im juristischen Sinn kann nur der einzelne und kann der einzelne nur für sein eigenes Verhalten schuldig sein. Auch wenn er nicht Täter, sondern Teilnehmer ist, d.h. jemand anderen anstiftet oder durch Beihilfe unterstützt, ist es das eigene Anstifter- oder Beihelferverhalten, dessen er sich schuldig macht. Juristisch gibt es keinen Schluß von der Schuld eines Menschen auf die Schuld eines anderen [...] Was den alltäglichen Begriff der Schuld vom juristischen unterscheidet, ist nur der Bezugspunkt: Der Vorwurf bezieht sich einmal auf Handlungen und Unterlassungen, die in Widerspruch zu Normen des geltenden Rechts stehen, das andere Mal auf Verhalten, das andere Normen verletzt, Normen der Religion, der Moral, des Takts, der Sitte und des Funktionierens von Kommunikation und Interaktion. Beidemal wird an das eigene Verhalten eines einzelnen angeknüpft und für den Schuldvorwurf vorausgesetzt, dass der einzelne sich normwidrig verhalten hat, obwohl er zu normgemäßem Verhalten fähig war [...] Mit diesem Schuldbegriff können [...] auch die als Schuldige identifiziert werden, die Widerstand und Widerspruch unterlassen haben, obwohl sie dazu fähig waren. Voraussetzung dafür ist die Anerkennung der Norm [...]"[262]

Manfred Kappeler liefert in seinen *Überlegungen zum Umgang mit der Vergangenheitsschuld in der Kinder- und Jugendhilfe* eine prägnante Zusammenfassung der Schuld aller Beteiligten in diesem Sinne: „Die Landesjugendämter als ‚Fürsorgeerziehungs-Behörde' waren gesetzlich verpflichtet, die Minderjährigen, für die Fürsorgeerziehung angeordnet war oder freiwillige Erziehungshilfe vereinbart wurde, während der ganzen Zeit ihres Heimaufenthalts persönlich zu begleiten und sich über ihr Wohlergehen ständig zu informieren. Die kommunalen Jugendämter, die Kinder auf der Grundlage der Paragraphen 5 und 6 des Jugendwohlfahrtsgesetzes in Heimen ‚unterbrachten', waren verpflichtet, sich über die Wirkungen der Heimerziehung auf diese Kinder auf dem Laufenden zu halten. Die Vormünder, die ihre Zustimmung zur ‚Unterbringung' gaben, waren verpflichtet, ihre Mündel auch während ihres Heimaufenthalts zu begleiten, sich um ihr Wohlergehen zu sorgen und sie vor Schädigungen zu schützen. Da alle ‚unehelich geborenen' Kinder bis in die 70er Jahre hinein automatisch einen Amtsvormund bekamen und diese Kinder eine sehr große Gruppe in der Heim- und Fürsorgeerziehung bildeten, trug das ‚Vormundschaftswesen' insgesamt eine große Verantwortung für sehr viele Kinder und Jugendliche. Die Vormundschaftsrichter, die Fürsorgeerzie-

---

262 Schlink, S. 12 f

hung anordneten, waren verpflichtet, die Jugendlichen anzuhören und sich ein umfassendes Bild von ihrer Situation zu schaffen. Die Jugendrichter, die im Wege eines Jugendstrafverfahrens Fürsorgeerziehung verhängten, waren verpflichtet zu prüfen, ob die Anstalten, in die die Jugendlichen eingewiesen wurden, dem Erziehungsgedanken im Jugendstrafrecht gerecht werden konnten. Die öffentlichen und freien Träger der Heime waren verpflichtet, für optimale Rahmenbedingungen (Zustand und Einrichtung der Gebäude, leibliche Versorgung der Kinder und Jugendlichen, Möglichkeiten zur Schul- und Berufsausbildung) und für eine das Wohl der Kinder achtende und die Belastungen aus ihrer Vergangenheit überwindende Erziehung durch qualifiziertes Personal Sorge zu tragen. Die Heimleitungen waren verpflichtet, für die Umsetzung der entwickelten erziehungswissenschaftlichen und pädagogischen Standards durch ihre Mitarbeiter und Mitarbeiterinnen zu sorgen und darauf zu achten, dass die Würde der Kinder und Jugendlichen durch ‚harte Erziehungsmaßnahmen' nicht verletzt wurde. Die Erzieherinnen und Erzieher waren verpflichtet, in ihrem unmittelbaren Umgang mit den Kindern und Jugendlichen eine unterstützende und behütende Pädagogik zu praktizieren, im Geiste des Artikel 1 des Grundgesetzes ‚Die Würde des Menschen ist unantastbar [...]'. Auf allen diesen Ebenen von Verantwortlichkeit haben sich Verantwortliche ‚normwidrig' verhalten. Sie sind schuldig geworden, weil sie zu ‚normgemäßem Verhalten', zu dem sie das geltende Jugendrecht und die in der Kinder- und Jugendhilfe auch damals schon entwickelten Standards verpflichteten, fähig waren." [263]

Bemerkenswert ist in diesem Zusammenhang auch, dass den Jugendlichen von den Verantwortlichen sogar über die Zeit ihres Heimaufenthaltes hinaus aus finanziellen Motiven heraus bewusst Schaden zugefügt wurde. Dies geschah im Zusammenspiel von Einrichtung und Landesjugendamt. „Von dem Arbeitseinkommen eines jeden Jungen werden 60% seines Nettolohnes zur teilweisen Deckung der Kosten an das Landesjugendamt abgeführt. Von den restlichen 40% erhält der Minderjährige das festgesetzte Taschengeld. Der dann noch verbleibende Teil wird vom Heimleiter im Auftrag des Landesjugendamtes gemäß §69 Abs. 4 JWG verwaltet, soweit er nicht für Instandhaltung und Ergänzung der Kleidung, der Wäsche und des Schuhwerks in Anspruch genommen wird. In den Führungs- und Entwicklungsberichten ist das Arbeitseinkommen und die Höhe des Sparkontos anzugeben." [264] Christian Kaindl, der im Rahmen eines wissenschaftlichen Volontariats damit betraut ist, eine für das seit November 2007 bestehende Forschungsprojekt *Heimkinder und Heimerziehung 1945-1980* des Landschaftsverbandes Westfalen-Lippe eine

---

263 Kappeler, *Überlegungen*, S. 46 f
264 Lehrwerkstätten Martinistift Appelhülsen 1.7.1964. Einrichtungsakten des LJA Lfd. Nr. 1, zit. nach: Kaindl Projektbericht, S. 35 f

umfassende Dokumentation anzufertigen, weist darauf hin, dass in diesem Kontext nicht auf die Sozialversicherungspflicht eingegangen wird. Jedoch belegten Akten aus dem Martinistift, dass Einkommensgrenzen bewusst nicht überschritten werden sollten, um eine Sozialpflichtigkeit zu verhindern. Der Direktor des Martinistifts habe sich mit der Frage an das Landesjugendamt gewandt, ob die Entschädigungen – „Das Arbeitsentgelt wurde als Entschädigung bezeichnet!"[265] – für die dort beschäftigten Minderjährigen nicht wie in anderen Heimen erhöht werden könnten. In seiner Antwort habe das Landesjugendamt betont, dass sich folgende Schwierigkeiten aus derartigen Versuchen ergeben würden: „Durch eine wesentliche Erhöhung der Prämie könnte die Rechtsnatur des Arbeitsverhältnisses der Minderjährigen im Heim sich dahingehend ändern, dass von einem Arbeitsverhältnis im arbeitsrechtlichen Sinn die Rede sein könnte, was zwangsläufig zu einer Versicherungspflicht führen müßte."[266] Ob das Beispiel des Martinistifts eine Ausnahme oder die Regel war, bleibt noch herauszufinden. Kaindl stellt fest, dass wohl Richtlinien für Heime erlassen worden seien, die bei der Recherche jedoch bisher noch nicht gefunden werden konnten.

Durch die deutliche Einschätzung der Schuldfrage und die Dreistigkeit, mit der – wie im letzten Beispiel aufgezeigt – die Erlangung späterer Rentenansprüche verhindert wurde, wird die tiefgreifende Bedeutung der Heimkampagne noch klarer. Die Heimkampagne hatte die Schuldigen öffentlich an den Pranger gestellt, wie es nie zuvor geschehen war, aber die Bewegung war nicht stark genug, als dass sie mehr als die Initialzündung für den nachfolgenden langwierigen Reformprozess hat sein können; die Öffentlichkeit war damals in ihrer Empörung nicht konsequent genug, so dass tiefgreifende Veränderungen noch 20 Jahre brauchten, um bundesweit durchgesetzt zu werden. „Das Nicht-Lossagen (vom Täter, Anm. d. Verf.) verstrickt in alte und fremde Schuld, aber so, dass es neue, eigene Schuld erzeugt."[267] Die Geschichte der Heimerziehung in der Bundesrepublik ist der Beweis für die Richtigkeit dieser Aussage.

Im Kontext der Feierlichkeiten zum 60. Geburtstag der Bundesrepublik im Mai 2009 erfuhren das Grundgesetz und damit auch seine Väter eine besondere Würdigung. Dabei wurde hervorgehoben, dass das Grundgesetz Vorbildcharakter habe. Im Februar hatte sich der Runde Tisch konstituiert, dessen Aufgabe es ist festzustellen, wie mit den Garantien des Grundgesetzes in den ersten 20 Jahren seiner Geltung im Bereich der Heimerziehung umgegangen worden war. Was die bisherigen Forschungsergebnisse zu diesem Thema

---

265 Kaindl, a.a.O., S. 36
266 Vermerk des LJA zum Martinistift (Appelhülsen), Aktenzeichen 505629. 23.4.1969. Einrichtungsakten des LJA. Lfd. Nr. 1, zit. nach Kaindl, a.a.O., S. 36
267 Schlink, S. 26

deutlich machen, ist, dass die Umsetzung der Garantien des Grundgesetzes keinerlei Vorbildcharakter hatte. Nun, einem Geburtstagskind führt man seine Mängel nicht vor Augen. Und dennoch: Es ist Tatsache, dass individuelle wie kollektive Biographien die Integration des Vergangenen als Bedingung der Integrität der Selbstwahrnehmung und -darstellung brauchen. Abgespaltenes arbeitet im Untergrund weiter. „Das Vergangene muß integriert werden, damit es nicht gegen das Gegenwärtige ausgespielt werden und dabei die gegenwärtige Selbstwahrnehmung und -darstellung zerstören kann." [268] Für die Integration ist Erinnern und Aufarbeiten notwendig. Bernhard Schlink stellt fest: „Entscheidend dafür, ob erinnert oder vergessen wird und ob von Rechts wegen erinnert oder vergessen werden muß oder darf, ist ferner, ob es einen anderen gibt, der seinerseits erinnert und Erinnerung, Aufklärung, Wiedergutmachung, Strafverfolgung und -verurteilung fordert. Der einzelne tut sich mit dem Vergessen schwer, wenn er von anderen an einem Ereignis, einem Verhalten, einem Verbrechen festgehalten wird, und auch die Gemeinschaft, die von anderen mit bestimmten Ereignissen, Verhalten, Verbrechen identifiziert wird, kann sich davon nicht einfach durch Vergessen und Verdrängen befreien." [269] Durch die Forderungen der ehemaligen Heimkinder ausgelöst, wird begangenes Unrecht aufgearbeitet, und diese Aufarbeitung zeigt jetzt schon die Tendenz, dass es über Entschuldigungen hinaus auch zu Wiedergutmachung und Anerkennung der Rentenansprüche für geleistete Arbeit kommen muss. Durch diesen Prozess kann Vergangenes, das bisher abgespalten oder auch verleugnet wurde – beziehungsweise mancherorts auch jetzt noch verleugnet wird – integriert werden.

Manfred Kappeler hat in seinen *Überlegungen zum Umgang mit der Vergangenheitsschuld in der Kinder- und Jugendhilfe* bereits darauf hingewiesen, dass es sich hier um ein politisch brisantes Thema handelt, da sich die politischen Institutionen der Bundesrepublik Deutschland mit der Anerkennung und Entschädigung von Unrecht auseinander setzen müssen, das in ihrem eigenen Namen geschehen ist. Derartiges ist bisher noch nicht vorgekommen. Bei dem, was aktuell behandelt wird, handelt es sich um einen Präzedenzfall, dem weitere folgen können: im Bereich des Strafvollzugs, der Psychiatrie, des Pflegesystems.[270] Es ist auch gerade deswegen von politischer Brisanz, weil es um die Identität der Bundesrepublik geht. Diese Identität ist nur gegeben, wenn möglichst viele der in dieser Gesellschaft lebenden Menschen sich mit ihr identifizieren. Es ist davon auszugehen, dass eine Identifizierung dort am besten gelingt, wo die Verwirklichung von Gerechtigkeit augenfällig wird.

---

268 Schlink, S. 84
269 Ebd., S. 86
270 Vgl. Kappeler, *Überlegungen*, S. 50

Der Runde Tisch setzt sich aus 19 Personen zusammen, drei davon sind ehemalige Heimkinder. Neben der Vorsitzenden Antje Vollmer nehmen Vertreter staatlicher Institutionen, Vertreter der Kirchen, der Heimträger und ein Vertreter der Wissenschaft teil.[271] Die ehemaligen Heimkinder vertreten ihre Interessen innerhalb des Runden Tisches selbst; ihrem Wunsch auf Zulassung eines Anwaltes wurde nicht entsprochen.

Dierk Schäfer, Pfarrer der evangelischen Landeskirche Württemberg, seit Februar 2009 im Ruhestand, hat langjährige Erfahrungen im Umgang mit traumatisierten Menschen in der Notfallseelsorge und ist aufgrund seines Engagements zu einer Vertrauensperson für ehemalige Heimkinder geworden. Deshalb hätten sie ihn gerne an den Runden Tisch berufen gewusst. Diese Berufung ist nicht erfolgt. In der zweiten Sitzung des Runden Tisches im April 2009 war er jedoch zu einer Anhörung eingeladen, bei der er darauf aufmerksam machen konnte, welche Entwicklungen dazu geführt haben, dass aufseiten der ehemaligen Heimkinder, deren Erfahrungen mit staatlichen Institutionen wenig Anlass für Vertrauen gegeben haben, ein großes Misstrauen gegenüber den Absichten des Runden Tisches besteht. Dazu gehört, dass Peter Wensierskis Buch *Schläge im Namen des Herrn*, das die Problematik mit einem Schlag in die Wahrnehmung der Öffentlichkeit katapultiert hat, bei den Heimträgern und ihren Verbänden zunächst auf Ablehnung stieß. Es sei reißerisch und keine seriöse Forschung, hieß es. Die Heimkinder erlebten, dass versucht wurde, jemanden zu desavouieren, der für sie Partei ergriff. Dass den ehemaligen Heimkindern, die ihrer persönlichen Geschichte nachgehen wollten, keine Akteneinsicht gewährt, ihnen sogar mit Verleumdungsklagen gedroht wurde. Dass die Aussage der Familienministerin, die Einrichtung eines nationalen Entschädigungsfonds werde von Bundestag und Bundesregierung nicht angestrebt, verheerende Auswirkungen gehabt habe. Dass die Familienministerin die vorgeschlagene Konzeption für den Runden Tisch, gemeinsam erstellt vom *Bundesverband für Erziehungshilfe e.V.* und dem *Deutschen Institut für Jugendhilfe und Familienrecht e. V.,* dem *Deutschen Verein für öffentliche und private Fürsorge e. V.* übertragen hat (was sich nicht aufrechterhalten ließ; der Auftrag ging schließlich an die *Arbeitsgemeinschaft für Kinder- und Jugendhilfe*). Es sei dadurch zu Zeitverzögerungen gekommen. Die ehemaligen Heimkinder befürchteten bei diesem Gerangel hinter den Kulissen Gemauschel. Auch weiterhin habe die Trans-

---

[271] Informationen über die Zusammensetzung und die Arbeit des Runden Tisches sind unter www.rundertisch-heimerziehung.de zu finden.

parenz gefehlt.[272] Dierk Schäfer hat unter Berücksichtigung der Sensibilität des Sachverhaltes Verfahrensvorschläge entwickelt und dem Runden Tisch vorgelegt.[273]

Die Ergebnisse von Dierk Schäfers besonnener Reflexion geben zu denken. Wird es bei den gegebenen Machtverhältnissen des Runden Tisches zu einer Verwirklichung von Gerechtigkeit kommen können? Es scheint trotz dieser Konstellation möglich zu sein, denn die Forschungsergebnisse zeigen eine eindeutige Tendenz, die Äußerungen der Nachfolger der Verantwortlichen bekunden immer mehr Einsicht, ehrliches Bedauern und Selbstkritik. So kann der Runde Tisch in seinem Zwischenbericht im Januar 2010 zu folgendem Ergebnis kommen: „Der Runde Tisch sieht und erkennt, dass insbesondere in den 50er und den 60er Jahren auch unter Anerkennung und Berücksichtigung der damals herrschenden Erziehungs- und Wertevorstellungen in den Einrichtungen der kommunalen Erziehungshilfe, der Fürsorgeerziehung und der Freiwilligen Erziehungshilfe jungen Menschen Leid und Unrecht widerfahren ist." Nach den vorliegenden Erkenntnissen habe er Zweifel daran, dass diese Missstände ausschließlich in individueller Verantwortung einzelner mit der pädagogischen Arbeit beauftragter Personen begründet gewesen waren. „Vielmehr erhärtet sich der Eindruck, dass das ‚System Heimerziehung' große Mängel sowohl in fachlicher wie auch in aufsichtlicher Hinsicht aufwies. Zu bedauern ist vor allem, dass verantwortliche Stellen offensichtlich nicht mit dem notwendigen Nachdruck selbst auf bekannte Missstände reagiert haben. Der Runde Tisch bedauert dies zutiefst. Er hält daran fest, dass es einer grundlegenden gesellschaftlichen Auseinandersetzung mit der Heimerziehung in dieser Zeit und den sich daraus ergebenden gesellschaftlichen wie individuellen Folgen bedarf."[274]

Haben wir aus der Geschichte gelernt? Bernhard Schlink kommt bei der Reflexion über die deutsche Vergangenheit in der Zeit der nationalsozialistischen Diktatur zu dem Ergebnis: Was die Vergangenheit deutlich bezeuge, sei die völlige Hilflosigkeit individueller Moral, wenn Institutionen fehlten, an die sie appellieren könne, in denen sie sich anerkannt wisse, auf die sie rechnen könne. Soweit es in der Vergangenheit des Dritten Reiches und des Holocaust Widerstand gegeben habe, der über die heroische Geste hinausgegangen sei, habe er seine Grundlage nicht nur in individueller Moral, sondern in kommunistischer und sozialistischer Solidarität, christlichem Glauben

---

272 Vgl. Dierk Schäfer: Anhörung am Runden Tisch „Heimerziehung in den 50er und 60er Jahren", 2. April 2009, S. 1 f
273 Vgl. Schäfer: Verfahrensvorschläge
274 *Zwischenbericht RTH*, S. 40

und kirchlicher Verantwortung, Adels- und Offiziersehre gehabt. Die Lehre aus der Vergangenheit zeige, dass individuelle Moral in gesellschaftlichen und staatlichen Institutionen (wie Parteien, Gewerkschaften und Verbände, Kirchen und Vereine, Universitäten, Schulen und Gerichte) aufgehoben sein müsse, wenn sie im entscheidenden Augenblick die Kraft des Widerstands haben solle. Die Lehre aus der Vergangenheit gelte dem Einsatz für sie und in ihnen. Das heiße nicht, dass das Funktionieren von Institutionen moralisch eigens durchwirkt und überhöht werden müsse; moralisierende Appelle in der Politik, moralisierende Argumente in der Rechtsprechung, das Moralisieren der Kirchen auf allen Feldern des gesellschaftlichen Lebens oder die Erörterung der Verantwortung von Schulen und Universitäten mit moralischer Emphase seien wieder falsches Erbe der Vergangenheit.
Denn:
„In richtig funktionierenden Institutionen versteht sich das Moralische von selbst." [275]
Eine solche Institution kann der Runde Tisch sein.

---

[275] Schlink, S. 116 f

8. Literatur

Adorno, Theodor W.: *Was bedeutet: Aufarbeitung der Vergangenheit?* In: ders.: Eingriffe. Neun kritische Modelle, Frankfurt/M. 1963, S. 125-146

AFET-Vorstand: *Position des AFET zur aktuellen Debatte um die Fürsorgeerziehung der Jahre 1950 bis ca. 1970 in der alten Bundesrepublik.* Hannover 2009, www.afet-ev.de

Arbeitsgruppe Heimreform: *Aus der Geschichte lernen. Analyse der Heimreform in Hessen (1968-1983).* Hrsg.: Internationale Gesellschaft für erzieherische Hilfen. Frankfurt/Main 2000

Arendt, Hannah: *Besuch in Deutschland,* Nördlingen 1993

Autorenkollektiv: *Gefesselte Jugend. Fürsorgeerziehung im Kapitalismus.* Frankfurt/Main 1971

Bakos, Daniela: *Vom Auffanglager zum „Jugendheim besonderer Art". Der Kalmenhof 1945-1968.* In: Schrapper, Christian/Sengling, Dieter (Hrsg.): Die Idee der Bildbarkeit. 100 Jahre sozialpädagogische Praxis in der Heilerziehungsanstalt Kalmenhof. Weinheim/München 1988, S. 127-179

Behler, T.: *Die freie Wohlfahrtspflege im Zeitalter der Globalisierung.* In: Deutscher Caritasverband (Hrsg.): caritas '99. Jahrbuch des Deutschen Caritasverbandes. Freiburg 1998

Benad, Matthias/Schmuhl, Hans-Walter/Stockhecke, Kerstin (Hrsg.): *Endstation Freistatt. Fürsorgeerziehung in den v. Bodelschwinghschen Anstalten Bethel bis in die 1970er Jahre.* Bielefeld 2009

Berger, Andrea/Oelschläger, Thomas: *>Ich habe sie eines natürlichen Todes sterben lassen<. Das Krankenhaus im Kalmenhof und die Praxis der nationalsozialistischen Vernichtungsprogramme.* In: Schrapper, Christian/Sengling, Dieter (Hrsg.): Die Idee der Bildbarkeit. 100 Jahre sozialpädagogische Praxis in der Heilerziehungsanstalt Kalmenhof, Weinheim und München 1988, S. 269-336

Blandow, Jürgen: *Heimerziehung und Jugendwohngemeinschaften,* in: Blandow/Faltermeier, J. (Hrsg.): Erziehungshilfen in der Bundesrepublik Deutschland. Stand und Entwicklungen, Frankfurt/M. 1989, S. 276-315

Brosch, Peter: *Fürsorgeerziehung. Heimterror und Gegenwehr.* Frankfurt am Main/Hamburg 1971

Bürger, Ulrich: *Heimerziehung.* In: Birtsch/Münstermann/Trede (Hrsg.): Handbuch Erziehungshilfen. Leitfaden für Ausbildung, Praxis und Forschung. Münster 2001

Ders.: *Stellenwert der Heimerziehung im Kontext der erzieherischen Hilfen – Entwicklungslinien und Standort stationärer Erziehungshilfen nach §34 KJHG.* In: Hast/Schlippert/Schröter/Sobiech/Teuber (Hrsg.): Heimerziehung im Blick. Perspektiven des Arbeitsfeldes Stationäre Erziehungshilfen. Frankfurt am Main 2003

Damm/Fiege/Hübner/Kahl/Maas: *Jugendpolitik in der Krise. Repression und Widerstand in Jugendfürsorge, Jugendverbänden, Jugendzentren, Heimerziehung. Materialien zum Jugendhilfetag 1978.* Frankfurt am Main 1978

Deuerlein, Ernst: *Deutschland nach dem Zweiten Weltkrieg.* In: Handbuch der Deutschen Geschichte. Neu hrsg. von Leo Just, Bd. 4, Konstanz 1964

Fegert, Jörg/Schrapper, Christian: *Kinder- und Jugendpsychiatrie und Kinder- und Jugendhilfe zwischen Kooperation und Konkurrenz.* In: Fegert/Schrapper (Hrsg.): Handbuch Jugendhilfe – Jugendpsychiatrie. Interdisziplinäre Kooperation. Weinheim/München 2004. S.19

Frei, Norbert: *Amnestiepolitik in den Bonner Anfangsjahren. Die Westdeutschen und die NS-Vergangenheit.* In: Kritische Justiz: Vierteljahresschrift für Recht und Politik, Jg. 1996, Heft 29, S. 484-494

Ders.: *Vergangenheitspolitik. Die Anfänge der Bundesrepublik und die NS-Vergangenheit.* München 1997

Ders.: *Amnestiepolitik in den Anfangsjahren der Bundesrepublik.* In: Smith/Avishai (Hrsg): Die Politik der Erinnerung in der Demokratie, Frankfurt/M. 1997, S. 120-137

Ders.: *1968 – Jugendrevolte und globaler Protest,* München 2008

Friedrich, Jörg: *Freispruch für die Nazi-Justiz. Die Urteile gegen NS-Richter seit 1948. Eine Dokumentation.* Überarbeitete und ergänzte Ausgabe, Berlin 1998

Gall, Lothar u.a.: *Fragen an die deutsche Geschichte. Ideen, Kräfte, Entscheidungen. Von 1800 bis zur Gegenwart.* Bonn 1985

Goffmann, Erving: *Asyle. Über die soziale Situation psychiatrischer Patienten und anderer Insassen.* Frankfurt am Main 1973

Gothe, Lothar/Kippe, Rainer: *Ausschuß,* Köln/Berlin 1970

Dies.: *Aufbruch,* Köln/Berlin 1975

Günder, Richard: *Praxis und Methoden der Heimerziehung. Entwicklungen, Veränderungen und Perspektiven der stationären Erziehungshilfe.* Freiburg im Breisgau 2003

Guse, Martin: *Wir hatten noch gar nicht angefangen zu leben* (Ausstellungskatalog), Moringen/ Liebenau 2004; auch www.martinguse.de/wander/index.htm

Hellfeld, Matthias von/Klönne, Arno (Hrsg.): *Die betrogene Generation. Jugend im Faschismus.* Quellen und Dokumente. Köln 1985

Hinte, Wolfgang: *Jugendhilfe im Sozialraum – Plädoyer für einen nachhaltigen Umbau.* In: Der Amtsvormund, Jg. 73, H. 11, S. 930-942

Holl, Kurt/ Glunz, Claudia: *1968 am Rhein,* Köln 1998

Jantzen, Wolfgang: *Eklektisch-empirische Mehrdimensionalität und der „Fall" Stutte – Eine methodologische Studie zur Geschichte der deutschen Kinder- und Jugendpsychiatrie.* In: Zeitschrift für Heilpädagogik 44 (1993) 7, S. 454-472. Auch: www.basaglia.de/Artikel/ Stutte.pdf

Jordan, Erwin/Trauernicht, Gitta: *Ausreißer und Trebegänger. Grenzsituationen sozialpädagogischen Handelns,* München 1981

Kaindl, Christian: *(Erster) Projektbericht für die Dokumentation: Heimkinder und Heimerziehung in Westfalen-Lippe 1945-1980.* In: AFET – Bundesverband für Erziehungshilfe e. V. mit der Universität Landau: Fürsorgeerziehung der 1950er und 1960er Jahre. Stand und Perspektive der (fach-)historischen und politischen Bearbeitung. Dokumentation des Expertengesprächs vom 05.03.2008, S. 31-41

Kaminsky, Uwe, in: *Geschlagen und gedemütigt.* http://www.ksta.de/servlet/OriginalContentSe rver?pagename=ksta/ksArtikel/Druckfassung&aid=1238966906876

Kappeler, Manfred: *Überlegungen zum Umgang mit Vergangenheitsschuld in der Kinder- und Jugendhilfe*. In: *AFET - Bundesverband für Erziehungshilfe e. V. mit der Universität Landau: Fürsorgeerziehung der 1950er und 1960er Jahre. Stand und Perspektive der (fach-)historischen und politischen Bearbeitung*. Dokumentation des Expertengesprächs vom 05.03.2008, S. 45-55

Ders.: *Heimerziehung in der Bundesrepublik Deutschland (1950-1980) und der Deutschen Demokratischen Republik*. In: Forum Erziehungshilfen. Hrsg. von der Internationalen Gesellschaft für erzieherische Hilfen. 14. Jg., H. 2, April 2008, S. 68-74

Ders.: *Von der Heimkampagne zur Initiative des Vereins ehemaliger Heimkinder. Über den Umgang mit Vergangenheitsschuld in der Kinder- und Jugendhilfe*. In: neue praxis, Zeitschrift für Sozialarbeit, Sozialpädagogik und Sozialpolitik, 4/08, S. 371-384

Ders.: *„Achtundsechzig" und die Folgen für Pädagogik und Soziale Arbeit*. In: Forum Erziehungshilfen. Hrsg. von der Internationalen Gesellschaft für erzieherische Hilfen. 14. Jg., H.5, Dezember 2008, S. 268-273

Ders.: *Zur zeitgeschichtlichen Einordnung der Heimerziehung*. Vortrag in der 1. Arbeitssitzung des Runden Tisches zur Aufarbeitung der Heimerziehung der vierziger bis siebziger Jahre am 2./3. April 2009 (http://dierkschaefer.files.wordpress.com/2009/05/vortrag_am_runden_tisch)

Kenkmann, Alfons: *Wilde Jugend. Lebenswelt großstädtischer Jugendlicher zwischen Weltwirtschaftskrise, Nationalsozialismus und Währungsreform*, Essen 1996.

Kluge, Karl-Josef/Kornblum, Hans-Joachim: *Entwicklung im Heim. Am liebsten mache ich Sport und tanze. Was Heimbewohner denken, hoffen, fühlen* Teil III d, München 1984

Dies.: *Entwicklung im Heim. Freund oder Erzieher? Über Erzieher und Jugendliche im Viersener Heim*. Teil IV e . München 1984

Dies.: *Entwicklung im Heim. Was Erzieher zu leisten vermögen*. Teil V f. München 1984

Dies.: *Entwicklung im Heim. Freund oder Erzieher? Über Erzieher und Jugendliche im Viersener Heim*. Teil IV e . München 1984

Kluge, Karl-Josef/Heidi Fürderer-Schoenmackers: *Entwicklung im Heim*. Teil VI g. München 1984

Dies.: *Entwicklung im Heim. Berufsprobleme und Chancen von Heimerziehern*. Teil VI g. München 1984

Köhler-Saretzki, Thomas: *Heimerziehung damals und heute – Eine Studie zu Veränderungen und Auswirkungen der Heimerziehung über die letzten 40 Jahre*. Berlin 2009

König, Helmut, u.a. (Hrsg.): *Vertuschte Vergangenheit. Der Fall Schwerte und die NS-Vergangenheit der deutschen Hochschulen*, München 1997

Krone, Dietmar: *Albtraum Erziehungsheim. Die Geschichte einer Jugend*. Leipzig 2007

Dietmar Krone im Interview. Der Paritätische Wohlfahrtsverband Berlin, 2007 http://www.paritaetberlin.de/artikel/artikel.php?artikel=3292, S. 1

Kuhlmann, Carola: *Erbkrank oder erziehbar? Jugendhilfe als Vorsorge und Aussonderung in der Fürsorgeerziehung in Westfalen von 1933-1945*. Weinheim/München 1989.

Kurbjuweit, Dirk, u.a.: *Verrat vor dem Schuss*. In: DER SPIEGEL, Nr. 22, 25.5.2009, S. 42-51

Lützke, Annette: *Öffentliche Erziehung und Heimerziehung für Mädchen 1945 bis 1975 – Bilder „sittlicher Verwahrlosung" junger Mädchen und junger Frauen,* Essen 2002

Meinhof, Ulrike Marie: *Bambule, Fürsorge – Sorge für wen?* Neuausgabe. Berlin 1987

Morsey, Rudolf: *Die Bundesrepublik Deutschland,* München 1995

Münchmeier, Richard: *Gesellschaft – Wertewandel.* In: Arbeitsgemeinschaft für Erziehungshilfe (AFET) e.V. Bundesvereinigung. Netzwerk Jugendhilfe. Allianz der Kräfte. Bericht über die Fachtagung der Arbeitsgemeinschaft für Erziehungshilfe e.V. vom 2. bis 4. Juni 1998 in Celle. Neue Schriftenreihe Heft 54/1998

Perels, Joachim: *Entsorgung der NS-Herrschaft. Konfliktlinien im Umgang mit dem Hitler-Regime.* Hannover 2004

Ders.: *Der Mythos von der Vergangenheitsbewältigung,* in: DIE ZEIT, Nr. 5, 26.01.2006. online: www.zeit.de/2006/05/NS_Rechtsstaat

Post, Wofgang: *Erziehung im Heim. Perspektiven der Heimerziehung im System der Jugendhilfe.* Weinheim/München 2002

Pross, Harry: *Die Zerstörung der deutschen Politik. Dokumente 1871-1933,* Frankfurt/M. 1959

Schäfer, Dierk: *Anhörung am Runden Tisch „Heimerziehung in den 50er und 60er Jahren, 2. April 2009,* www.gewalt-im-jhh.de/Runder_Tisch_bericht_ds.pdf

Ders.: *Verfahrensvorschläge zum Umgang mit den derzeit diskutierten Vorkommnissen in Kinderheimen in der Nachkriegszeit* in Deutschland. www.gewalt-im-jhh.de/Blick_ueber_ Tellerrand/Verfahrensvorschläge

Landeswohlfahrtsverband Hessen/Internationale Gesellschaft für erzieherische Hilfen (Hrsg.): *Aus der Geschichte lernen – die Heimerziehung in den 50er und 60er Jahren, die Heimkampagne und die Heimreform. Tagungsdokumentation* vom 09.06.2006 in Idstein, Kassel 2006

Schlink, Bernhard: *Vergangenheitsschuld. Beiträge zu einem deutschen Thema.* Zürich 2007

Schmid, Carlo: *Erinnerungen,* Bern/München/Wien 1979

Schmid, Heinz Dieter: *Fragen an die Geschichte,* Bd. 4, Frankfurt/M. 1983

Schmid, Martin: *Effekte erzieherischer Hilfen und ihre Hintergründe.* Hrsg. vom Bundesministerium für Familie, Senioren, Frauen und Jugend. Stuttgart 2002

Schneider, Peter: *Ein armer, aggressiver Tropf. Der 2. Juni 1967 in neuem Licht.* In: DER SPIEGEL, Nr. 22, 25.05.2009

Schrapper, Christian: *Vom Heilerziehungsheim zum Sozialpädagogischen Zentrum – Der Kalmenhof seit 1968. Der Kalmenhof seit 1968.* In: Schrapper/Sengling (Hrsg.): Die Idee der Bildbarkeit – 100 Jahre Sozialpädagogische Praxis in der Heilerziehungsanstalt Kalmenhof, Weinheim/München 1988, S. 193-229

Silbermann, Alphons/Stoffers, Manfred: *Auschwitz: Nie davon gehört? Erinnern und Vergessen in Deutschland.* Berlin 2000

Friedrich Specht: *Sozialpsychologische Gegenwartsprobleme der Jugendverwahrlosung* Stuttgart 1967

Suvak, Sefa Inci/Herrmann, Justus: *„In Deutschland angekommen..." Einwanderer erzählen ihre Geschichte 1955 – heute,* München 2008

Tenbruck, Friedrich: *Alltagsnormen und Lebensgefühle in der Bundesrepublik.* In: Löwenthal/ Schwarz: *Die zweite Republik. 25 Jahre Bundesrepublik Deutschland. Eine Bilanz.* Stuttgart 1975

Thiersch, Hans: *Kritik und Handeln – interaktionistische Aspekte der Sozialpädagogik,* Neuwied 1977

Ders: *Leistungen und Grenzen von Heimerziehung: Ergebnisse einer Evaluationsstudie stationärer und teilstationärer Erziehungshilfen.* Hrsg. vom Bundesministerium für Familie, Frauen, Senioren und Jugend. Forschungsprojekt Jule. Köln 1998

Vanja, Christina: *Kontinuität und Wandel – die öffentliche Heimerziehung in Hessen vom Kaiserreich bis zur Bundesrepublik der 50er und 60er Jahre.* In: Landeswohlfahrtsverband Hessen/Internationale Gesellschaft für erzieherische Hilfen (Hrsg.): Aus der Geschichte lernen – die Heimerziehung in den 50er und 60er Jahren, die Heimkampagne und die Heimreform. Tagungsdokumentation vom 09. 06. 2006 in Idstein. S. 12-25

Vollnhals, Clemens: *Evangelische Kirche und Entnazifizierung 1945-1949. Die Last der nationalsozialistischen Vergangenheit.* München 1989

Ders.: *Entnazifizierung. Politische Säuberung und Rehabilitation in den vier Besatzungszonen 1945-1949.* München 1991

Wagenbach, Klaus: *Nachwort.* In: Meinhof: Bambule, Berlin 1987

Wensierski, Peter: *Schläge im Namen des Herrn,* München 2007

Ders.: *Das Leid der frühen Jahre.* In: DIE ZEIT VOM 9.2.2006, online S.6

Wolf, Klaus: *Veränderungen der Heimerziehungspraxis: Die großen Linien.* In: Wolf, K. (Hrsg.): Entwicklungslinien in der Heimerziehung. Münster 1995

Zwischenbericht des Runden Tisches „Heimerziehung in den 50er und 60er Jahren". Eigenverlag: Arbeitsgemeinschaft für Kinder- und Jugendhilfe (AGJ), Berlin 2010

Internet:

www.frauennews.de/ Mädchenkonzentrationslager Uckermarck

www.ssk-bleibt.de

Sonderwege Berlins in der Jugendhilfe. 25 Jahre Jugendberufshilfe in der Anwendung des KJHG, Berlin o.J., http://www.ashberlin.eu/hsl/freedocs/237/25_jahre_jbh_in_berlin.pdf, S. 2

www.migration-audio-archiv.de

www.dbk.de

www.ekd.de

Für Informationen über die weitere Entwicklung können folgende Portale interessant sein:

www.rundertisch-heimerziehung.de

www.veh-ev.org (Verein ehemaliger Heimkinder; neu: veh-ev.info)

www.heimseite.eu

www.heimkinder-ueberlebende.de

www.heimkinder-blogspot.com

www.heimkinder-forum.de